HOPFEN
&
MALZ

Die kulinarische Bibliothek bei Deuticke

Conrad Seidl

HOPFEN & MALZ

Pils, Bock, Ale und Co.

Bildnachweis

Gemäldegalerie Alter Meister, Dresden *S. 9*
Kunsthistorisches Museum, Wien *S. 11*
Amsterdams Historisch Museum, Amsterdam *S. 18/19, 120/121*
Archiv Conrad Seidl, Wien *S. 23, 24, 25, 27, 29, 31, 32, 37, 41, 43, 49, 50, 51, 52, 53, 55, 57, 60, 61, 63, 70/71, 83, 84, 108, 109, 123, 126, 132, 138, 163, 165, 181, 183*
Klosterbrauerei Aldersbach, Aldersbach *S. 39*
Brauerei Pardubice, Pardubice *S. 73*
Brauerei Georg Schneider, Kelheim *S. 77*
Österreichische Brau AG, Linz *S. 89*
Miller, Milwaukee *S. 86, 168*
Anheuser Busch Corporate Archives, St. Louis *S. 92/93, 137, 139, 140, 141, 144, 161*
Brewer's Society, London, London *S. 101*
Boston Beer Company, Boston *S. 103*
Carlsberg, Kopenhagen *S. 105*
Sammlung Rastal, Höhr-Grenzhausen *S. 111*
Privatbrauerei Hohenfelde, Langenberg *S. 114/115*
Heineken International, Amsterdam *S. 96/97, 117, 147, 159*
Presseamt Dortmund, Dortmund *S. 125*
Ottakringer Brauerei, Wien *S. 129*
Brauerei Budvar, Budweis *S. 136*
Privatbrauerei Michael Ketterer, Hornberg *S. 151, 153*
Redhook Ale Brewery, Seattle *S. 169*
Pike Place Brewery, Seattle *S. 173*
Full Sail Brewing, Hood River *S. 175*

Deuticke
A-1010 Wien, Schwarzenbergstraße 5

Umschlaggestaltung: Robert Hollinger
Umschlagfoto: Atelier Staudinger & Franke
Druck: Druck- und Verlagsanstalt Gutenberg GesmbH, Wr. Neustadt
ISBN 3-216-30128-1

Inhalt

Ein Vor-Wort zum flüssigen Brot

Als den Seefahrern die gewohnte Ration von 32 Kannen Bier ausging, war ihr Entdeckergeist rasch gedämpft.

GENAU 66 TAGE waren sie unterwegs gewesen, stets in der Hoffnung, das Gelobte Land zu finden. Aber das, was sich an jenem 21. Dezember 1620 vor den Augen der Pilgrims an Bord der Mayflower zeigte, hatte nichts Vielversprechendes an sich: Anstatt wie geplant an der Mündung des Hudson waren sie weiter nördlich angekommen. New England zeigte sich von einer unerfreulichen Seite, als ein karges Land. Man hätte weiterreisen können, obwohl die südlich des Plymouth Rock gelegene Küste gefährlich aussah. Was die Pilgrim Fathers aber bewog, zu bleiben, war ganz einfach der Mangel an Bier. „Wir hatten keine Zeit, weiterzusuchen oder zu überlegen, da unsere Verpflegung weitgehend aufgebraucht war, speziell unser Bier", heißt die berühmt gewordene Tagebucheintragung[1].

Amerikanische Brauer[2] sind stolz darauf, daß Bier am Beginn der Geschichte der ersten englischen Kolonie Amerikas steht. Aber recht bedacht ist das auch wieder nicht ganz so ungewöhnlich. Wer vom Bier ein bißchen mehr Ahnung hat als zum Bestellen eines schön gezapften Pils notwendig ist, der stößt immer wieder darauf, daß Bier das älteste Kulturgetränk der Menschheit ist. Aber wie es schon so geht: Ein allgemein verfügbares Gut verliert rasch die ihm gebührende Wertschätzung - wer sieht heute ein Auto, ein Telefon oder einen Computer als die Wunderdinge an, als die sie zur Zeit ihrer Erfindung gegolten haben?

Ja, auch das Bier war einmal ein Wunderding. Nur hat man vergessen, daß es Wunderdinge zu leisten im Stande war (und noch ist). Nicht nur an Bord der Mayflower, deren Passagiere Bier als flüssiges Brot ansahen - nahrhaft und weniger verderblich als Brote oder Trinkwasserreserven. Auf allen Schiffen jener Zeit war das Bier eine wichtige Aufbesserung der Verpflegung, wie etwa aus den Aufzeichnungen[3] der Kronan, des im Mai 1676 vor Öland gesunkenen schwedischen Kriegsschiffes, hervorgeht. Damals standen jedem Offizier 48 Kannen Bier pro Monat zu, jedem Matrosen immerhin 32 Kannen - bei einem Inhalt von 2,62 Litern pro Kanne waren das rund vier Liter pro Tag, die ein

Offizier trinken konnte. Das Bier diente nicht nur zum Löschen des Durstes in der Seeluft - es hatte auch Vitamine und Nährwert, wie wir auf unserem kulturgeschichtlichen Streifzug sehen werden.

Nehmen wir die Erfahrung von jahrhundertealter Brautradition mit auf die Lektüre, wie sie 1784 in einem „kurzen Unterricht, alle Arten Biere zu brauen"[4] niedergeschrieben worden ist: „Alles gut und wohlgebraute Bier, giebt gute Nahrung, nicht des Wassers halber, denn das ist ein leicht und schlechtes Element, auch nicht wegen des Hopfen, dann der verursacht einige Veränderung im Leibe, sondern wegen der Frucht, so seine Kraft und Wirkung auch dem Wasser einverleibet und mittheilet, daß solche auch davon kann getrennet und geschieden werden." Nehmen wir uns aber andererseits die Warnung zu Herzen, die im Churpfälzischen Intelligenzblatt im Jahre 1805[5] zu finden war: „Ein gutes Bier ist nicht nur überhaupt ein gesunder, labender Trank, sondern auch eine vorzügliche Stärkung für stark arbeitende Personen. Indessen findet man selbst noch an solchen Orten, wo man sich von der Aufsicht der Polizey mehr versprechen könnte, viel schlechtes, ungesundes und ungleiches Bier, so daß es desfalls dem stark Arbeitenden, der eines kräftigen Trunks bedarf, nicht genügt. Wegen seiner durchgängigen Schwäche kommt es zugleich nicht recht zum Gähren, und die Hefen bleiben darin zurück. Anstatt zu stärken und zu laben, verursacht es dem Arbeiter, der es genießt, vielmehr Blähungen und Verstopfungen in den Gefäßen."

„Bier ist nicht nur überhaupt ein gesunder, labender Trank, sondern auch eine vorzügliche Stärkung für stark arbeitende Personen."

Halten wir uns also an gutes Bier - und üben wir unsere Zunge darin, gutes Bier zu erkennen. Immer noch glauben 19 Prozent der Männer und 41 Prozent der Frauen (die ja vor allem die Flaschenbier-Käufe tätigen), daß es beim Bier keine Qualitätsunterschiede gäbe. Andererseits sind es die jüngeren, höher gebildeten, wohlhabenderen Käuferschichten, die Unterschiede erkennen[6] - wir Biertrinker wissen, daß es lohnt, gutes Bier zu suchen.

Wenn wir solch „flüssiges Brot" genießen, dann vergessen wir nicht, daß es ein Naturprodukt landwirtschaftlichen Ursprungs ist. Wenn man durch eine südliche Landschaft mit Weinbergen fährt, dann weiß jeder Familienvater den Kindern zu erzählen: „Guckt mal, da wächst Wein." Fährt derselbe Mann durch Ackerland, wo die zweizeilige Sommergerste steht - weiß er dann zu sagen, daß dort Bier wächst? Kann er erklären, was das für Gerüste sind, die da die Landschaft in der Hallertau und bei Spalt südlich von Nürnberg, in Tettnang nördlich des Bodensees oder auf den Hügeln des Mühlviertels prägen? Erkennt er den Hopfen, würde er sagen: „Guckt mal, da wächst Bier"?

Unsere Beschäftigung mit Hopfen und Malz wird den Blick dafür schärfen. Ein bißchen Ehrfurcht wecken für das alte Brauerhandwerk und für den Bauernstand, bei dem alles begonnen hat. So wie es in dem alten Spruch heißt:

Es lebe hoch der Bauer,
der uns die Gerste baut.
Und dreimal hoch der Brauer
der diesen Trank gebraut.

Rembrandt in einem Selbstportrait mit Saskia: Die großen niederländischen Maler waren durchwegs Bierliebhaber.

In ganz wenigen Fällen ist es noch so, daß Bauer und Brauer dieselbe Person sind. In St. Martin im Mühlkreis steht beispielsweise die Brauerei Hofstetten - ein Gutshof, wo Franz Krammer selbst Getreide anbaut, vermälzt und Bier daraus braut. Wenn der Ausstoß mit 5000 Hektolitern auch winzig ist, so ist die Brauerei doch landesweit für ihr *Hofstettner Kübelbier* berühmt, das in alter bäuerlicher Tradition unfiltriert ausgeschenkt wird. Ähnlich ist es mit dem Bier aus dem Gemeindebrauhaus in Thundorf, unweit von Bad Kissingen, wo Bauern seit 1680 aus selbst angebauter Gerste ihr Bier gemeinschaftlich brauen und es daheim im eigenen Keller ausreifen lassen[7]. Man muß schon das Glück haben, jemanden zu finden, der einen kosten läßt.

In früheren Jahrhunderten wurde die Beziehung von Scholle und Bier noch enger gesehen - aber damals hatte Bier zu fast allem eine enge Beziehung. Es war „Kitt der Gesellschaft", in allen Gesellschaftskreisen beliebt. So entdecken wir Bier auf flämischen Gemälden und finden Kaiser, Könige und Herzöge als Biertrinker. Allen voran natürlich den sagenhaften Gambrinus, hinter dem sich der flandrische Herzog Jan I. (Jan Primus) verbirgt, der schon von Hans Sachs in dem Schwank „Wer erstlich hat erfunden das Bier" als „kühner Held" besungen wird[8].

Bier war das Getränk aller Stände - und lange hielt sich die Fama, der flandrische Herzog „Gambrinus" hätte es erfunden.

Daß Bier Revolutionären genauso schmeckte wie Reaktionären, haben Lenin und Marx bewiesen. Und natürlich ist beim Bier auch viel Politik gemacht worden. Thomas Jefferson dürfte die Unabhängigkeitserklärung der Vereinigten Staaten bei einem Bier in der Indian Queen Schenke in Philadelphia geschrieben haben, wo auch Benjamin Franklin verkehrte. Beide waren Hausbrauer, ebenso wie die meisten anderen Gründerväter der USA, wo mindestens zwei Staaten (Washington und Pennsylvania) nach Brauern benannt sind. Selbst die erste Fahne der neuen Union wurde in einer Brauerei gefertigt - Mary Scott Pittersgill nähte das erste Star Spangled Banner auf der Tenne der Brauerei von Edward Johnson in Baltimore. Reihen wir uns also selbst in die große Tradition ein, und lassen wir es uns schmecken!

Bauern erfinden das Brauen

Trinkkultur in Mesopotamien: Um das klare Bier genießen zu können, trank man es durch Strohhalme. So blieben feste Bestandteile im Krug.

WER HAT WOHL DAS BIERBRAUEN ERFUNDEN? Das ist eine an Stammtischen viel diskutierte Frage - und die Antworten nennen mal die alten Germanen, die Kelten, die Ägypter oder die Sumerer als „Erfinder" des Bieres. Alle diese Aussagen sind richtig - und einige andere wären es ebenso: Auch die Indianer Amerikas, die Schwarzafrikaner und die Chinesen dürfen für ihre Kulturen in Anspruch nehmen, das Bierbrauen erfunden zu haben.Denn Bier hat nicht nur einen Erfinder.

Bierbrauen - und Biertrinken! - ist vielmehr Ausdruck der kulturellen Entwicklung, des Menschseins schlechthin. So jedenfalls sieht es schon das Gilgamesch-Epos, eine der ältesten Dichtungen der Menschheit, geschrieben mehr als 1000 Jahre vor Christi Geburt. In dieser sumerischen Erzählung ist von einem Wilden die Rede. Enkidu, ein Wesen zwischen Tier und Mensch, das auf der Steppe mit den Gazellen grast, wird vom König Gilgamesch auserkoren, ihm als Gefährte zu folgen. Aber dieser Enkidu ist eben noch recht unbeholfen, hat keine Ahnung vom kulturellen Leben, er weiß nicht, Bier zu trinken oder Brot zu essen.

Eine Dirne wird beauftragt, Enkidu mit den Grundsätzen des zivilisierten Lebens vertraut zu machen - und sie weiß ihn zu verführen, auch wenn sie darauf besteht, daß er sich erst einmal waschen möge, wenn er die Voraussetzungen zum Menschsein komplett erfüllen will. Vorher aber sagt sie ihm:

Iß das Brot, Enkidu, das ist das Leben
und trinke Bier, wie es Brauch ist im Lande.
Enkidu aß das Brot, bis er satt war
und trank Bier, sieben Krüge voll.
Da entspannte sich sein Inneres
und sein Herz frohlockte,
sein Antlitz strahlte und er wurde heiter.
Er wusch sich den zottigen Leib
und salbte sich mit Öl
und siehe: Er ward ein Mensch.

Nun weiß man also, was gegen allfällige Anfälle von Unmenschlichkeit zu tun ist: Sieben Krügerl Bier sollten reichen! Welches Getränk kann sich - angesichts der in der sumerischen Dichtung beschriebenen Metamorphose - noch mit Bier messen?
Wein sicher nicht. Im Vergleich mit dem Bier ist Wein ein geradezu primitives Getränk - und wenn wir die Erzählung von Enkidu als die Beschreibung der Wandlung vom Jäger und Sammler zum Ackerbauern verstehen, dann wird auch verständlich, wieso gerade der Biergenuß das Kennzeichen der Kultur ist. Es ist das Zeichen der Agri-Kultur, der planmäßigen Landwirtschaft, die die Menschen der Steinzeit entwickelt haben und die die Grundlage aller Hochkulturen geworden ist.

Verglichen mit den Innovationen der Braukunst sind die Verfahren zur Herstellung von Wein geradezu primitiv.

Hier lohnt ein kleiner biotechnischer Exkurs, um verständlich zu machen, was Wein eigentlich ist - und was Bier ist. Nun ist wohl jedem klar, daß es völlig verschiedene Getränke sind, die serviert werden, wenn jemand nach Wein oder Bier verlangt. Was aber wirklich der Unterschied ist, könnte wahrscheinlich nicht einmal der Wirt zutreffend erklären - und tatsächlich verschwimmen die Unterschiede in manchen Ländern, aber auch in der Tiefe der deutschen Bier-Geschichte; wir werden davon noch hören.
Zunächst aber denken wir an Wein in seiner einfachsten Form: Fruchtsaft, der durch die überall in der Luft vorkommenden Hefen infiziert und vergoren wird, ergibt einen leichten Wein. Man braucht nicht viel önologisches Wissen, um so einen Wein zu produzieren - genau genommen entstehen einfachste Weine sogar ganz von selbst. In Naturfilmen kann man immer wieder sehen, wie sich Affen an vom Baum gefallenen Früchten delektieren und dabei einen leichten Rauschzustand erreichen: In den Früchten war ein süßer Saft, er hat den Nährboden für Hefen abgegeben, die den Fruchtzucker zu Alkohol vergoren haben.
So kann selbst das liebe Vieh zu einem bescheidenen Rausch kommen. Und wenn wir uns Affen vorstellen, die sich an dem weinigen Saft in angegorenen Früchten erfreuen, dann fällt uns gleich wieder die Beschreibung jenes Enkidu ein, der mit zottigem Leib in der Steppe umherzieht. Enkidu wußte vielleicht, wie man sich mit solch einfachem Fruchtwein ein bescheidenes Trinkvergnügen verschafft.
Die frühen Jäger und Sammler werden wohl auch gewußt haben, daß süße Fruchtsäfte an der Luft zu Wein werden - so wie unsere Obstmoste gären und zu Cidre, Äppelwoi oder eben Traubenwein werden. Aber der Schritt vom Weintrinker zum Biertrinker machte den eigentlichen kulturellen Fortschritt aus: Um Bier zu brauen, reicht es nicht, natürlich vorkommenden Fruchtsaft zu verwenden.

Bier ist nämlich stets ein Getränk, das Getreide, also Grassamen als Ausgangsbasis hat. Grassamen enthalten aber keinen Fruchtsaft, den man herauspressen könnte. Wenn man die Körner einfach einweicht oder kocht, kann man bestenfalls ein Müsli oder eine Gerstensuppe erhalten - ein Bier wird daraus noch lange nicht. Daher ist es auch verkehrt, wenn man von fernöstlichem „Reiswein" spricht - der Sake ist aufgrund seiner Zutaten eindeutig ein Bier.

Um Bier zu brauen, braucht man zwei Voraussetzungen: Entsprechend große Samenkörner, die man selektiert, züchtet und gezielt anbaut, damit sich wirklich nur die großkörnigen Pflanzen entwickeln. Und das Wissen, wie man aus der in den Körnern enthaltenen Stärke Zucker gewinnen kann - denn nur wenn das gelingt, kann aus dem Korn tatsächlich Bier werden.

Die Kultivierung von Pflanzen wie der Gerste „ist die wahre Grundlage eines gesitteten Staats. Mit ihr blühet Wohlstand und Sittlichkeit auf."

In Zeiten, als die Menschen noch näher an der Natur lebten, wurde der Getreidebau noch wesentlich höher geschätzt als heute, wo wir zumindest in Europa und Nordamerika eher mit der Vermarktung von Überproduktion als mit Mangel zu kämpfen haben. In der im Jahr 1800 zu Prag erschienenen „Naturgeschichte und Technologie für Lehrer in Schulen und Liebhaber dieser Wissenschaften von C. Ph. Funke" ist der Respekt vor der Schöpfung noch stark zu spüren. Über „die Getraide-Arten, die allerwichtigsten Gewächse in dem Gebiete des Pflanzenreiches, deren Anbau Millionen Menschen beschäftigt und ernährt", lesen wir da[9]: „Ihre Kultur ist die wahre Grundlage eines gesitteten Staats, und die Beförderung derselben das vorzügliche Augenmerk weiser Regenten. Mit ihr blühet Wohlstand und Sittlichkeit auf, und nicht ohne Grund wird in der Wahrheit fabelnden Göttergeschichte die Lehrerin des Getraidebaues, die Ceres, die gesetzgebende genannt."

Es ist jene Göttin, der Bier seinen lateinischen Namen verdankt: Cerevisia. Und wenn Burschenschafter eine Versicherung „auf Cerevis" bekräftigen, dann meint das soviel wie „auf Ehrenwort". Auch der Naturkundler Funke beschrieb den Ackerbau und alles rundherum als ein „ehrenvolles Geschäft".

Wenn wir heute Bier mit „Gerstensaft" gleichsetzen, so hat das viel mit den Vorteilen gerade dieser Getreideart im Brauprozeß zu tun, auf die wir noch später stoßen werden. Zunächst ist es interessant, wie Funke vor rund 200 Jahren die Gerste beschrieben hat. Schon damals unterschied man genau die verschiedenen Arten - sechszeilige Wintergerste, zweizeilige Sommergerste und die heute kaum noch bekannte „gemeine vierzeilige Gerste". Vom Ertrag der sechszeiligen Gerste, die heute allein in den Großbrauereien der USA eine gewisse Bedeutung hat, liest man: „Sie soll ein Drittel mehr geben. Indeß taugt sie weniger zu Malz." Dies ist eine Folge des relativ hohen Eiweißgehaltes, aber so genau waren die Analysen damals noch nicht. Auch war es offenbar noch nicht üblich, die eiweißreichen Gerstensorten als Futtergetreide zu nehmen. Dagegen berichtet uns Funke darüber, daß man in England von der Reißgerste (hordeum zeocriton) „ein starkes Weißbier" braut und „wegen des starken Verbrauchs der Gerste zum Brauen wird damit ein großer Handel getrieben".

Wer um 1800 vom „Bier" sprach, meinte damit nicht unbedingt das uns gewohnte Gerstenbier. Funke erwähnt, „man benutzt den Hafer seltner zu Mehl und Weißbier als zu Grütze", er beschreibt Bierproduktion aus Dinkel und erklärt, daß man gewöhnlich „zum braunen Bier Gerste und zum Weißbier Weizen" nimmt. Hirsebier, wie es etwa heute noch in Afrika gebraut wird, war damals in Europa offenbar ebenso unbekannt wie der Zusatz von Mais, geschweige denn Reis zur Maische.

Schon 4000 Jahre vor Christus begannen die Ureinwohner Amerikas Mais anzubauen - und machten ihn haltbar, indem sie Bier brauten.

Funkes Naturgeschichte weiß noch recht wenig vom Aufbau der Getreidekörner. Er vermutet, daß darin Stärke als „mehliger Theil" und ein zweiter, von ihm als „schleimiger, zucker-artiger Theil" bezeichnet, neben leimigen Komponenten enthalten wäre. Daß es die Stärke ist, die einmal als Mehl zu Brot wird und - bei entsprechender anderer Behandlung - verzuckert die Basis für die Bierbereitung sein kann, ist Funke noch unbekannt. Recht treffend hat er aber beschrieben, worum es bei der Bierbereitung geht: „Der zweyte Bestandteil der Samenkörner, der süße Schleim, liefert uns unter zweckmäßiger Behandlung, ohne Destillation, das Bier und den Essig, und vermittelst derselben, den Branntwein. Altes Getraide taugt nicht zum Brauen; übrigens ist es einerley, ob es in einem fetten, frischen und mit Schaafmist gedüngten Acker, oder in einem mageren gewachsen ist. Die Körner müssen aber alle von einerley Art und Beschaffenheit und von gleichem Alter seyn."

Der Naturwissenschaftler hat hier jahrtausendealte Erfahrungswerte zusammengesetzt - Erfahrungen, die in verschiedenen Kulturen wohl auf ähnliche Weise gemacht wurden. Völkerkundler datieren das Aufkommen des Bieres ziemlich übereinstimmend mit etwa 4000 vor Christus. Zu jener Zeit etwa begannen die südamerikanischen Völker mit dem gezielten Anbau von Mais. Es ist anzunehmen, daß gleichzeitig damit in Peru auch die Herstellung von Bier aus Mais aufgekommen ist.

Der Grund dafür ist in allen Kulturen gleich und denkbar einfach: Bierbrauerei ist eine sehr gute Methode, Getreide genießbar zu machen - und ihm gleichzeitig eine gewisse Haltbarkeit zu verleihen. Man darf nicht übersehen, daß noch heute Jahr für

Jahr ein beachtlicher Teil der Getreideernte durch Schimmelpilze verdorben, durch Käfer befallen oder von Mäusen und Ratten gefressen und durch ihren Kot ungenießbar wird. Wird das Getreide aber zu Bier verarbeitet, ist es vor all diesen Unbillen sicher: Die Gerbstoffe im Bier bieten guten Schutz gegen die meisten schädlichen Mikroorganismen - und die gefräßigen Tiere können weder in Krüge eindringen noch Zapfhähne öffnen.

So war das Bier sicherer als andere Getreidevorräte und sogar dem Brot überlegen. Zweifellos war die Erfindung des Pfluges die wichtigste Innovation, die der Mensch je gemacht hat. Nicht einmal die Zähmung der Elektrizität oder die weltweite Vernetzung der Telekommunikationssysteme hat die Erdoberfläche in dem Ausmaß verändert wie das Faktum, daß der Mensch die Erde planmäßig unter den Pflug nehmen und damit ihre Tragfähigkeit für immer mehr Menschen erhöhen kann.

Der Pflug war die wichtigste Erfindung der Menschheit. Die Erfindung des Bieres war die nächste logische Folge der kulturellen Entwicklung.

Mit der Erfindung der Bierbrauerei aber stieg der Mensch in die Biotechnik ein. Anstatt die geernteten Samenkörner bloß zu zerstampfen und einen Brei zu bereiten (der als Teig wohl auch gebacken und so zu Brot werden konnte), wurde im Wasser jener süße Teil des Getreides gelöst, den Funke zu beschreiben versucht hat. Es ging also um die Umwandlung von Stärke zu Zucker - und dazu sind Enzyme notwendig. Wie sie genau wirken, weiß man erst seit relativ kurzer Zeit. Die Technologen früherer Jahrhunderte haben sich nicht auf Laboruntersuchungen stützen können, sondern mußten aus Beobachtung und Erfahrung lernen.

Wie macht man es nun, daß aus Getreide ein zuckerhaltiger Saft wird, der wie Fruchtsaft vergoren werden kann?

Man kann es im Selbstversuch leicht nachvollziehen, was den Bauern der Urzeit wohl auch aufgefallen sein wird: Man nehme ein Stückchen Weißbrot und kaue darauf herum wie ein unwilliges Kind, das sein Essen nicht schlucken will. Nach etwa zwei Minuten wird klar, warum es dem Kind plötzlich besser schmeckt: Das Brot wird nämlich süß. Im Speichel wirken Enzyme, die die Getreidestärke verzuckern. Das erleichtert die Verdauung erheblich und kann natürlich nicht nur auf das Essen angewendet werden, das wir unmittelbar nach dem Kauen schlucken wollen.

Man kaut die Körner, macht durch ihr Zerbeißen eine Art Schrot mit größerer Oberfläche und speichelt das alles gehörig ein. Südamerikanische Indianerfrauen betreiben dies gemeinschaftlich mit ihren Kindern und spucken dann das Ganze in eine Schüssel. Wo man bereits über Mühlen verfügt, ist es natürlich bequemer, nicht die Körner zu zerbeißen, sondern stattdessen gleich Mehl zu kauen. Das Mehl wird zunächst leicht mit

Wasser angefeuchtet, zu einer passenden Kugel geformt und in den Mund genommen als wäre es ein Kaugummi. Diese Mehlkugel wird vor allem mit der Zunge bearbeitet, bis sie gut mit Speichel vermischt ist, weiters gegen den Gaumen gedrückt, um eine kompakte Masse zu formen und dann mit den Fingern aus dem Mund genommen.

Die kleinen, eingespeichelten Stücke nennt man Muko. Sie werden an der Sonne getrocknet und zur Lagerung und zum Transport verpackt. Sie gleichen nach völkerkundlichen Beobachtungen etwa einem oberen, falschen Gebiß. Ganz ähnlich kann man sich die Emmer-Brote vorstellen, die in der alten sumerischen Kultur als vorbereitete Rohstoffe für die Bierproduktion angefertigt wurden.

Bei den Bieren der frühen Kulturvölker müssen wir unsere Vorstellungen von „Reinheit" beiseite schieben. Dafür hören wir, daß das Bier spricht.

Man kann nun die Muko-Stückchen kochen und einige Zeit in Tontöpfen gären lassen. Um die entsprechende Bittere zu erzielen, wird oft auch ein wenig Maniok (eine bittere, ebenfalls stärkehaltige Wurzel) mitgekocht. Um die Angärung zu beschleunigen, wird ein wenig alte Chicha (in der noch Hefe enthalten ist) in die abgekühlte Brühe getan - und nach einiger Zeit beginnt es in dem Topf zu brodeln. „Die Chicha spricht", sagen die Jivaro-Indianer ehrfürchtig. Die neue Chicha sammelt sich dann am Boden des Topfes als eine relativ klare, noch süßliche und daher nahrhafte Flüssigkeit mit mehr oder weniger starkem Alkoholgehalt. So kann die Gärdauer von zwei Tagen bis zu zehn Monaten variieren, was sich vor allem auf den Alkoholgehalt auswirkt, der von einem Prozent bis zwölf Prozent reichen kann.

Der Hauptzweck des Alkohols in diesen sehr einfachen Bieren ist aber nicht seine berauschende Kraft, sondern vor allem die Konservierung, zu der er ebenso beiträgt wie die Gerb- und Bitterstoffe.

Natürlich müssen wir bei allen diesen Bieren unsere Vorstellungen von „Reinheit" beiseite schieben. Seien wir aber nicht allzu streng. Auch die alten Germanen, von denen die Deutschen das Bierbrauen übernommen und immer weiter verfeinert haben, brauten keineswegs nach einem Reinheitsgebot. In der Allgemeinen Brauer- und Hopfenzeitung findet sich im Jahr 1890 ein Aufsatz von Ch. Kapellenberg[10], der uns aus dieser Frühzeit deutschen Brauwesens berichtet: „Wenn man dem alten römischen Geschichtsschreiber Glauben schenken darf, so ist der Deutsche, so lange man ihn kennt, ein Biertrinker gewesen. Das Bier war das Nationalgetränk der Germanen. Schade nur, daß wir das Recept dazu nicht kennen. Sicher aber ist, daß Cerealien dazu genommen wurden und daß man den Keimungsprozeß des Habers (sic!), der Gerste und des Korns ebensogut zu verwerthen wußte wie heute. Der Hopfen fehlte. Aber in Germaniens Wäldern wuchs die Eiche, deren Rinde sich prächtig an Stelle des Hopfens benützen ließ. Es ist nicht daran zu zweifeln, daß in Germanien ein gutes kräftiges Bier auf diese Weise hergestellt ward, welches selbst die feingebildeten Römer nicht verschmähten."

Herr Kapellenberg, der da so frank und frei von gepanschtem Bier erzählt, das selbst den Römern geschmeckt haben soll, lebte in einer Zeit, da das Reinheitsgebot noch nicht reichsweite Geltung hatte (die bekam es erst 1919 mit dem Biersteuergesetz) und auch noch nicht die heutige ideologische Bedeutung gewonnen hatte. Dennoch ist er in seiner Deutschtümelei ganz Kind seiner Zeit. In Wirklichkeit dauerte es Jahrhunderte, bis sich die Römer mit dem Bier anfreundeten - wie die Griechen hielten die meisten Römer das Bier für ein dem Wein gegenüber minderwertiges Getränk.

Das römische Heer hatte auch seine „Gastarbeiter". Die verstanden sich prächtig mit den alten Germanen - weil sie auch Biertrinker waren.

Allerdings kamen mit den Römern auch Legionäre aus Nordafrika nach Mitteleuropa - sie waren Bier wohl von daheim gewohnt. Vielleicht eine Erklärung dafür, daß gerade in der Nähe der Wein-Stadt Trier einer der ältesten Belege für deutsches Brauwesen gefunden wurde: der Gedenkstein für einen „Cervesarius", eines Bierverlegers also, der im Jahr 260 gesetzt wurde. Man vermutet, daß der gute Mann sein Geld damit verdiente, Bier von germanischen Frauen einzukaufen und an seine römische Kundschaft im besetzten Germanien zu verkaufen.

Denn wie bei den schon erwähnten südamerikanischen Indianern war das Bierbrauen eine der Frau zugeordnete Tätigkeit der bäuerlichen Hauswirtschaft. Und Frauensache blieb es bis weit hinein ins mehr und mehr professionalisierte städtische Brauwesen des Mittelalters - wir werden davon noch hören, wenn wir uns diese städtischen Brauereien näher ansehen.

Wie diese Frauen gebraut haben, wissen wir nicht genau. Es gibt aber einen Hinweis, der uns daran erinnert, daß die einfachsten bäuerlichen Brauereien zum Verzuckern der Stärke ganz einfach den Speichel der Brauerin genommen haben: Es soll einer alten süddeutschen Tradition entsprechen, daß beim ersten Sud eines jeden Braujahres „alte Weiber" um die Sudpfanne getanzt haben, um gelegentlich in die Maische zu spucken. Dieser Brauch dürfte auf jene Zeit verweisen, als die Verwendung von Malz noch nicht allgemein üblich war.

Übrigens ist es nur scheinbar unappetitlich und ungesund, daß der Ausgangsstoff für das Bier den Speichel eines Mitmenschen enthält. Es gehört ja zum Wesen der Bierbrauerei, daß der süße Getreideauszug, also die Bierwürze, einmal gekocht wird. Dieses

Bauernschenke auf einem Aquarell von Adriaan van Ostade (1610-1685). Der Bauer in der Bildmitte hält ein sogenanntes Passglas: Bei ausgelassenen Festen wie diesem wurde reihum getrunken - und mit einem Schluck mußte genau das Quantum zwischen zwei Markierungen konsumiert werden.

Kochen macht die Würze steril. Freilich: Uns wäre nicht ganz wohl dabei. Tatsächlich gibt es eine viel besser Technologie, um die im Getreide enthaltene Stärke zu verzuckern - das Vermälzen. Auch dieses ist schon seit Jahrhunderten und auch bei sogenannten „primitiven Völkern" bekannt. Die alten Germanen haben das bereits praktiziert - allerdings haben sie ihren Bieren auch Honig zugegeben. Das daraus enstandene Getränk war damit eine Mischform aus Bier (das definitionsgemäß aus Stärke gebraut wird) und Met. Und das vergorene Honigprodukt Met ist nach Lesart der Techniker ein Wein, da alle gegorenen Getränke, auf Basis von pflanzlichem oder tierischem Zucker als Wein gelten. Immerhin: Hauptbestandteil dieser Biere ist Malz. Und was das genau ist, wollen wir uns im nächsten Kapitel eingehender ansehen.

Wohl gemälzt und gut eingebraut

Wer als Bierkenner gelten will, muß erst einmal die jahrhundertealten Ausdrücke der Brauersprache erlernen.

BEI DEUTSCHLANDS größtem Bier-Exporteur, der *Beck's* Brauerei in Bremen, kann man eine sehr schöne Tour durch Sudhaus und Keller machen, man sieht einige schön restaurierte alte Maschinen ebenso wie die moderne Brautechnik. Dreimal wird erklärt, woraus Bier gebraut wird - vor allem, daß zunächst Braugerste in Malz verwandelt werden muß. Das Vermälzen ist ja vielleicht der bedeutendste Ausdruck der Brauersprache, von der wir in diesem Kapitel einige Kostproben erhalten werden. Wie wenig die Brauersprache von manchen Bierliebhabern verstanden wird, zeigt das Erlebnis bei Beck's: Am Ende des Rundgangs gab's ein Glas dieses sehr milden Pils und dazu noch eine Dia-Präsentation, in der das Bierbrauen noch ein viertes Mal geschildert wurde. Noch Fragen? „Ja, bitte: Was ist jetzt eigentlich der Unterschied zwischen Gerste und Malz?"

Da hilft nichts. Alles ganz langsam noch einmal von vorne. Zurück zum Start!

Dorthin, wo das Getreide angebaut wurde. In unserem Fall, bei dem wir von mitteleuropäischen Verhältnissen ausgehen, handelt es sich um Gerste, genauer: um zweizeilige Sommergerste. Saatgutzüchter haben in den letzten hundert Jahren die Eigenschaften dieser Braugersten immer weiter verbessert - hoher Ertrag an gleichmäßig großen und schweren Körnern ist ebenso Zuchtziel wie geringe Ansprüche an den Standort und Resistenz gegen Witterungseinflüsse und Schädlingsbefall. Gute Braugerste zeichnet sich durch einen geringen Eiweißgehalt von etwa elf bis zwölf Prozent aus. Eiweißreichere Gersten eignen sich nur für Futterzwecke und bringen dem Bauern weniger Geld.

Man sagt zwar, „Das Gerstenfeld muß wie ein Brautbett zubereitet werden"[11], doch würde ein Überdüngen einen zu hohen Eiweißanteil bewirken. Aber das sind Erkenntnisse, die erst aus jüngerer Zeit stammen. Früher verließ man sich auf Bauernregeln - wie jene Württembergische, die da besagt: „Säe die Gerste im Neumond vormittags, sonst geht sie nicht aus der Hose" (was soviel bedeutet, daß sie sonst nicht aufwachse).

Für Öko-Brauer beginnt das Reinheitsgebot schon auf den Gerstenfeldern der biologisch wirtschaftenden Bauern.

Die gottesfürchtigen Bauern befolgten noch eine andere Praxis: „Beim Säen soll man in den heiligen Dreinamen drei Hand voll Gerste auf den Weg werfen, so geht kein Vogel in der Reifezeit daran." Leonard Hermann, der in den zwanziger Jahren dem Bier im Volksmund nachspürte, hat in diesem Brauch ein verstecktes Opfer an die Götter vorchristlicher Zeit vermutet, das dann eben auf den dreifaltigen christlichen Gott umgemünzt wurde.

Jedenfalls haben Saatgutzüchter und Bauern einen entscheidenden Anteil daran, wie das Bier schließlich wird. Und immer mehr Brauereien achten heute wieder darauf, welche Gerstensorte sie verbrauen und wo diese gewachsen ist.

Eine führende Stellung hat dabei Franz Ehrnsperger eingenommen, der schon um 1980 erste Überlegungen für ein Öko-Bier anstellte. Seine *Neumarkter Lammsbräu* hat sich in der Umgebung Bauern gesucht, die auf organischen Landbau umgestellt haben. Diese Bio-Bauern liefern nun die Oberpfälzer Gerste direkt in die Brauerei - und bekommen dafür einen besseren Preis als sie ihn normalerweise erlösen könnten, wenn sie Kunstdünger und Pestizide eingesetzt hätten.

Brauereiverbände, deren Mitglieder durch die Bio-Welle aufgeschreckt wurden, haben immer wieder in Zweifel gezogen, daß Bio- oder Öko- oder Organic-Biere tatsächlich qualitativ überlegen wären. Allfällig nachweisbare Rückstände des konventionellen Landbaus in der Gerste würden kaum bis ins Bier gelangen und dort mengenmäßig keine Rolle spielen.

Das mag sein, doch ist wohl der wesentlichste Effekt des ökologischen Landbaus, daß er eine Entlastung von Grundwasser und Oberflächen-Biotopen bedeutet, also aktiver Umweltschutz ist. Einige andere Brauereien haben Franz Ehrnspergers Konzept inzwischen aufgegriffen (zum Beispiel Michael Krieger in Riedenburg im Altmühltal), andere sind auf den Kompromiß des kontrolliert integrierten Landbaus eingeschwenkt, bei dem der Chemieeinsatz zumindest drastisch reduziert wird.

Die Lammsbräu in Neumarkt in der Oberpfalz ist eine der wenigen Brauereien Deutschlands, in der die Gerste noch selber vermälzt wird - mit relativ modernen Keimkästen, aber stets um die Erhaltung der Bio-Qualität bemüht. Sogar die Schädlingsbekämpfung erfolgt biologisch - eine schwarze Katze hält Mäuse von Gerste und fertigem Malz fern.

So mag es schon vor Jahrhunderten gewesen sein. So wie die Bierbrauerei selbst ist auch der gesamte Vorgang des Vermälzens in verschiedenen Kulturen unabhängig entdeckt und mehr und mehr verfeinert worden. Die Entdeckung des Malzes wird wohl auf einen Zufall zurückgehen: Durch unsachgemäße Lagerung feucht gewordene Körner, die etwas angekeimt waren, schmeckten anders, wenn man aus ihnen Teig oder Mus machte. Sie enthielten nämlich verzuckerte Stärke. Und waren damit viel besser zur Bierherstellung geeignet als das trocken gelagerte Getreide. So erklärt sich auch das Wort „mälzen“, das nicht zufällig einen Gleichklang mit „schmelzen“, also „auflösen“ hat.

Die Erfahrung wird aber auch etwas anderes gelehrt haben: Läßt man die Körner ganz unbeaufsichtigt feucht werden, so keimen manche an, andere verfaulen oder werden von Schimmelpilzen

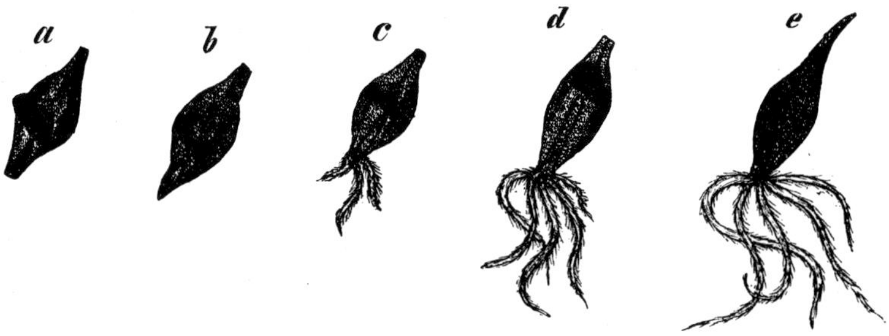

Keimende Gerste in verschiedenen Entwickelungsstadien.
a **geweichtes Gerstenkorn.** *b* **Gerstenkorn, das „spitzt“.** *c* **Gerstenkorn, fünf Tage auf der Wachstenne.** *d* **Grünmalzkorn nach acht Tagen („langes Gewächs“).** *e* **Gerstenkorn mit entwickeltem Blattkeime.**

Mälzen hat denselben Begriffsinhalt wie Schmelzen: Wenn ein Getreidekorn ankeimt, werden seine Inhaltsstoffe löslich.

befallen. Insgesamt wäre das Ergebnis nicht zum Genuß geeignet. In dem 1759 erschienenen Büchlein „Der wohlerfahrene Brau-Meister“ wird gemahnt[12]: „Vor allem aber ist zu wissen, daß alles Malz, so übel gekäumet, oder schimmlicht worden, zum guten Bier untüchtig.“ Man muß schon planmäßig vorgehen.

Einen Überblick dazu gibt uns wiederum Funkes Naturgeschichtsbuch von 1800: „Das Malzen hat die Absicht, den Kern des Korns, in welchem der süße Schleim zusammengetrocknet ist, aufzuschließen, und zum Ausziehen geschickter zu machen. Zu dem Ende schüttet man die Gerste in ein Faß, gießt Wasser darauf und läßt sie quellen; das Wasser muß aber öfters abgezapft werden, damit die Gerste nicht faule. Wenn man ein Gerstenkorn zwischen die Fingerspitzen nimmt und es nicht mehr sticht, so ist die Gerste genug gequollen. Nun bringt man sie auf einen etwas abschüssigen Boden, damit das Wasser abfließen könne, und läßt den Keim auswachsen. Sie kann Dreyviertel Ellen hoch übereinanderliegen, muß aber öfters umgeschaufelt werden, damit sie nicht erhitze. Hat der Keim etwa zwey Drittel der Länge des Korns, und man sieht, er wird bald grün werden, so unterbricht man das Wachsen desselben, und breitet die ausgekeimte Gerste entweder auf einem luftigen Boden dünne aus, oder man bringt sie in die Darre. Das an der Luft getrocknete Malz heißt Luftmalz, das andere Darrmalz; jenes gibt ein blasseres und nicht so dauerhaftes Bier als dieses."

Diese altertümliche Beschreibung paßt im Prinzip auf jene Mälzereien, die in kleineren böhmischen Brauereien noch heute in Betrieb sind. In der nunmehr auch auf westlichen Märkten mit ihrem *Regent*-Bier recht erfolgreichen Brauerei von Trebon (Wittingau) wird die Gerste nach klassischem Verfahren eingeweicht und dann feucht zu Haufen geschüttet. Natürlich hat man heute die Technik der Weiche gegenüber den vor vielen

Das Schema einer Saladin-Mälzerei: Auf den oberen Stockwerken des langgezogenen Gebäudes wird Gerste gelagert, in den Bottichen im ersten Stock wird sie eingeweicht.

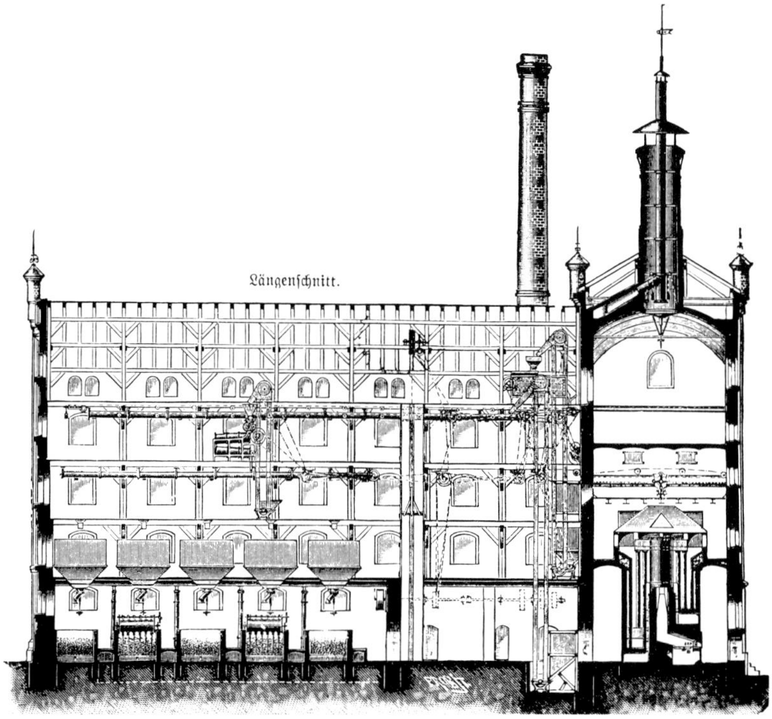

Jahrhunderten entwickelten steinernen Weich-Trögen längst verbessert, denn noch immer gilt, was Funke beschrieben hat: Wenn man die Gerste mit Wasser einmaischt, muß man das Wasser öfters wechseln.

Einmaischen ist ebenfalls ein altes Wort aus der Brauersprache: Es geht auf dieselbe Wurzel zurück wie „mischen". Wann immer der Brauer Wasser mit Getreide oder Malz mischt, spricht er von „maischen".

Beim Weichen der Gerste muß dieser Mischvorgang mehrfach wiederholt werden, während zwischendurch das Wasser gewechselt wird und die Gerste zeitweise quellen kann, ohne dabei von Wasser bedeckt zu sein. In den seit den vierziger Jahren des vorigen Jahrhunderts entwickelten pneumatischen Mälzereien wird dann jeweils auch noch Luft durch das Weichgut geblasen.

Wenn die Körner aufgequollen sind (sie nehmen dabei von vier bis fünf Prozent Wassergehalt auf bis zu 45 Prozent zu), werden sie „ausgeweicht“ und zum Keimen gebracht. In klassischen Tennenmälzereien dienen dazu große, kühle Gewölbe, auf deren glatten Boden aus Solnhofner Platten das Keimgut, also die geweichte und aufgequollene Gerste, ausgebreitet wird. Bei etwa zehn Grad Celsius beginnt nun das Wachstum des Kornes.
Das ist nicht viel anders, als ob das Korn im Boden läge: Es beginnt zu leben. Im Korn werden Enzyme aktiviert, die dazu die-

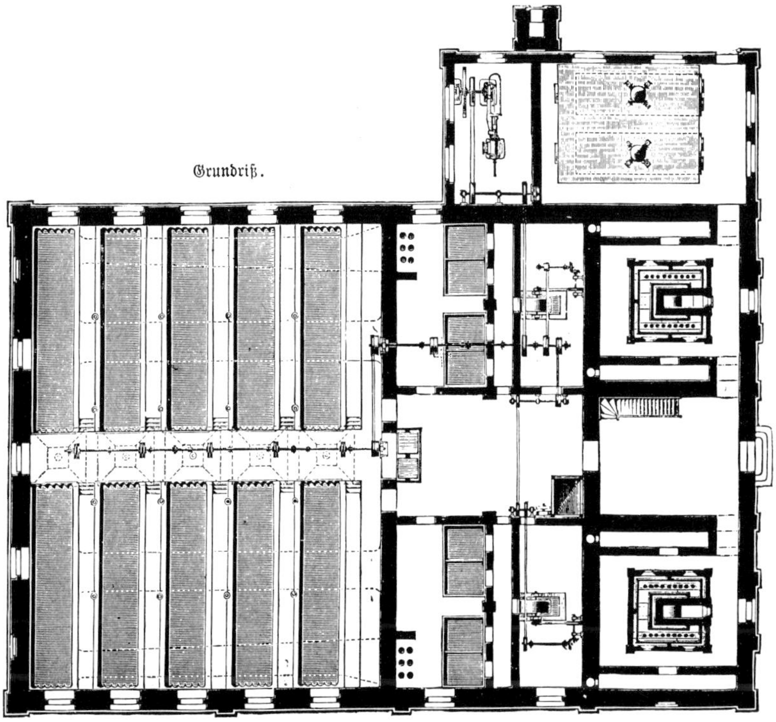

Dieselbe Mälzerei im Grundriß: Links sieht man die Keimkästen, in denen die Gerste ankeimt, ganz rechts die beiden Darren, in denen das Malz anschließend getrocknet wird.

nen, die Stärke aufzulösen und für den Transport in die langsam wachsenden grünen Pflanzenteile bereit zu machen. In den Brauereien werden diese Enzyme dann dazu genutzt, die Getreidestärke zu verzuckern und so den süßen Anteil der Würze zu bereiten.
Das Vermälzen ist allerdings mit viel Arbeit verbunden. Vieles davon wurde erleichtert, als im 19. Jahrhundert die ersten Kastenmälzereien aufkamen - speziell die heute noch üblichen Systeme von Saladin (bei denen das Keimgut in einem Kasten durch Schnecken gewendet wird) und die Reininghaus-Wanderhaufenmälzerei (in der das jeweils oberste Keimgut in einen anderen Kasten abgestreift wird).
Die klassischen Tennenmälzereien verlangten dagegen händisches Zupacken. In einer Anweisung von 1936 heißt es[13]: „Die Malz-

Dem von Hand gewiderten Malz bescheinigen böhmische Braumeister besondere Qualität – da schmeckt man die liebevolle Handarbeit.

tennen werden vor jedem Ausweichen geschrubbt, alle Stellen, soweit der Haufen anliegt, wie Umfassungsmauern, Säulen, Pfeiler, Zwischenbretter gebürstet und schließlich kräftig abgespritzt. Nach Beendigung der Mälzungskampagne werden die Tennen gewaschen und bis zum Wiederbeginn des Mälzens mit Chlorkalk bestreut, etwaige Schimmelrasen vom Mauerwerk mittels Spachteln oder trockenen Bürsten entfernt und Wände und Decke zweimal mit frischgelöschtem Kalk geweißt." Die wichtigste Arbeit aber bestand darin, „den Haufen zu führen". Darunter versteht der Mälzer das mehrfache Wenden (oder Widern) des aufgeschütteten Naßhaufens.

Diese Arbeit ist so wichtig, daß sie in die meisten der klassischen Brauersymbole Eingang gefunden hat: Für das Widern des Haufens steht im Brauerwappen die hölzerne Widerschaufel, mit deren Hilfe die Mälzer einst die Körner in den Haufen durchmischt haben. Damit wird dafür gesorgt, daß alle Körner im Haufen die gleichen Lebensbedingungen vorfinden und gleich schnell wachsen. Gleichzeitig wird die beim Wachstum entstehende Wärme und Kohlensäure abgeführt – ein perfekter Mälzer widerte den Haufen so, daß die Körner aus der warmen mittleren Schicht nach unten und oben kamen, die aus der obersten und untersten Schicht aber in die Mitte. Dabei galt es als Ehrensache, daß die Dicke des Haufens nicht die geringste Abweichung zeigte. Ein fachmännisch gewiderter Haufen ist genauso hoch und eben, als ob er mit der Meßlatte angelegt worden wäre.

Das Widern mußte mehrfach erfolgen: Der frisch angelegte Naßhaufen sollte das überschüssige Wasser verlieren, der ankeimende Brechhaufen gleichmäßig ankeimen, kühl bleiben und schließlich, wenn das Grünmalz heranreifte, sollte der Greifhaufen keine „Spatzen" bilden. Die Begriffe veranschaulichen die Bildhaftigkeit der Brauersprache zu jener Zeit, als die jeweiligen Arbeitsgänge noch klar erlebbar waren. Heute bedarf es gewisser Phantasie, sich den nassen Getreidehaufen vorzustellen, der aus dem Weichstock kommt. Man muß wissen, daß das Korn „bricht", wenn die ersten Spitzelchen der Wurzelkeime hervorkommen. Man muß erlebt haben, wie die winzigen Würzelchen einander suchen und ineinandergreifen – und darauf geachtet haben, daß sie dabei nicht spatzengroße Klumpen aus verfilzten Körnern und Keimen bilden, die für Fäulnis anfällig sind.

All diese Arbeiten sind inzwischen viel, viel leichter geworden: Selbst in Tennenmälzereien läuft niemand mehr mit der Holzschaufel herum, um mit zwei, drei Stichen den Haufen zu führen. Man nimmt dazu spezielle motorisierte Pflüge, die das Widern innerhalb kürzester Zeit und mit augenscheinlicher Perfek-

tion bewerkstelligen. Dennoch hat mir Karel Bystricky, der längst pensionierte Wittingauer Braumeister, erklärt, daß die von Hand gewiderten Malze doch bessere Qualität gehabt hätten. Vielleicht wäre ja die liebevolle Handarbeit bis ins Bier zu spüren?
Die Handarbeit setzte sich jedenfalls bis in die Darre fort: Das Widern, „das war a stark Arbeit, mit Schaufeln umschaufeln, das hast können müssen, das war net leicht, am Anfang hat dir das ganze G'stell weh'tan. Da hast zuerst oben die Deck'n abheben müssen und dann unten einifahren, und der Gang hat ganz sau-

Mälzereibetrieb im vorigen Jahrhundert - hier in einer musealen Darstellung im Hofbräuhaus Traunstein.

ber sein müssen, sonst hast die ganzen Körndl zertreten. Und auf der Darr', 80 Grad zum Trocknen, da hast mit der Schaufel einigehen müssen, später hats schon einen Wender gegeben. Da hast ka Luft net dawischt, hast schnell geschaufelt und g'schaut, daß'd wieder außikommen bist."[14]
Egal, ob es Tag oder Nacht war, egal, ob Sonntag oder Montag, beim händischen Mälzen mußte man Tag und Nacht die Gerste in wenigen Stundenabständen bearbeiten. Mit den in Österreich und Tschechien noch heute „Japaner" genannten Wägelchen wurde das Grünmalz zum Trocknen gebracht - und von der exakten Einhaltung der Trocknungstemperatur hing es wesentlich ab, wie hell oder dunkel die Malze ausfielen. Besonders die böhmischen Brau- und Malzmeister verstanden sich darauf, das Malz bei hohen Temperaturen abzudarren, ohne es dabei zu verbrennen - dazu wurde das Grünmalz erst auf der obersten Horde, dem etwas kühleren Darrboden, vorgetrocknet und schließlich auf die untere Horde geschaufelt. Auch mußte die Darre einen besonders guten Zug haben und vor allem in kalten Winternächten betrieben werden, in denen die kalte Außentemperatur den Sieb-

böden der Darre die Wirkung eines Kamins gab. So entstanden die hellen Pilsner Malze, die die hellen Pils-Biere (gemeinsam mit dem weichen Wasser aus der böhmischen Masse und dem feinen Saazer Hopfen) erst ermöglichten. Man entdeckte auch: Durch Anfeuchten und neuerliches Darren kann in den Malzkörnern bereits die Verzuckerung eingeleitet werden - so kann man Karamelmalz erzeugen.

Früher schmeckten wohl die meisten Biere rauchig. Heute gibt es dieses Aroma nur mehr im Whisky - und im Bamberger Rauchbier.

Eine weitere Voraussetzung für gehobene Bierqualität war natürlich, daß man die heiße Luft, die über die sogenannte Sau durch die löchrigen Darrböden geleitet wurde, nicht mit Rauch vermischte. Vordem war es gängig gewesen, daß der Rauch, der beim Sudpfannenheizen entstand, unter den Malzrost geleitet wurde, was dieser Darrform den Namen „Rauchdarre" eintrug. Heute passiert das nur mehr gezielt. Etwa für die Rauchmalze, die in Bamberg für das an geräuchertes Fleisch erinnernde *Rauchbier* von *Schlenkerla* und *Spezial* verwendet werden. Oder für Whiskymalze, bei denen Torf verwendet wird und die ihr Aroma auch im *Nessie* und im (durch den ebenfalls verwendeten Mais viel weicher wirkenden) *Adelscott* entfalten.

Nach dem Darren muß der trockene und Wasser anziehende Wurzelkeim vom Malzkorn entfernt werden. Das geschah in ländlichen Kleinbrauereien noch in unserem Jahrhundert von menschlicher Kraft. Man nannte diese Tätigkeit das „Malzkeimabtreten". Dabei stapften mehrere Personen in Holzschuhen Schritt für Schritt nebeneinander setzend auf dem Malz umher - eine geisttötende Arbeit, die längst von Maschinen[15] übernommen wurde.

Heutzutage ist das Mälzen in den meisten Brauereien abgekommen - Handelsmälzereien arbeiten meist kostengünstiger. Der Trend läßt sich bereits in einer Statistik des Jahres 1933 ablesen[16]: Damals gab es im Bereich Brauerei und Mälzerei im gesamten deutschen Reich 4504 Betriebe mit 87.393 beschäftigten Personen. Davon waren 2904 reine Brauereien, 891 Brauereien mit eigener Mälzerei, 379 Handelsmälzereien und 330 Betriebe zur Eisherstellung. Arbeitsteilung, Rationalisierung und Automatisierung begleiten das Brauwesen schon seit vielen Jahrzehnten.

Auch die folgenden - nun zur eigentlichen Brauerei gehörenden - Arbeiten werden längst maschinell ausgeführt: Das Malzkorn muß schonend geschrotet werden, um die Spelzen des Kornes zu erhalten und dennoch seine Oberfläche zu vergrößern - dann wird es im Maischbottich besser gelöst. In der Brauerei bezeichnet „maischen" das Mischen von heißem Brauwasser mit geschrotetem Malz. Früher wurde die Maische mit dem „Maischscheit", dem Symbol der Brauer, kräftig verrührt, während das

heiße Wasser die in der Mälzerei gebildeten Enzyme aktivierte, die das Eiweiß abbauen und die Stärke verzuckern.
Das Rühren erfolgt heute natürlich automatisch, ebenso das Umpumpen aus dem Maischbottich in die Würzepfanne (wo bei manchen Maischverfahren Teile der Maische gekocht werden) und in den Läuterbottich.
„Eiweißrast" heißt das erste Stadium des Maischverfahrens. Und auch der Brauer selber weiß, wann er rasten darf[17]. Ab und zu geht sich sogar ein Nickerchen aus - „man spürt, wenn es Zeit ist". Er spürt auch, wenn bei der nächsten Temperaturstufe die Verzuckerung abläuft. Hier wirkt das bekannteste Enzym des Malzes, die Diastase. Ob es die Stärke der Gerste in - vergärbaren - Zucker umgewandelt hat, das kann man durch eine chemische Reaktion mit Jod nachprüfen. Der feinfühlige Profi kann es aber auch riechen. Ein erfahrener Brauer verläßt sich gerne auf seine Nase. Sie sagt ihm, was er in der theoretischen Ausbildung gelernt hat: Welche Dextrine gebildet werden, wieviel Maltose aus dem Malz gelöst wird. Sie sagt ihm auch, wenn es nach gut eineinhalb Stunden so weit ist, abzumaischen.

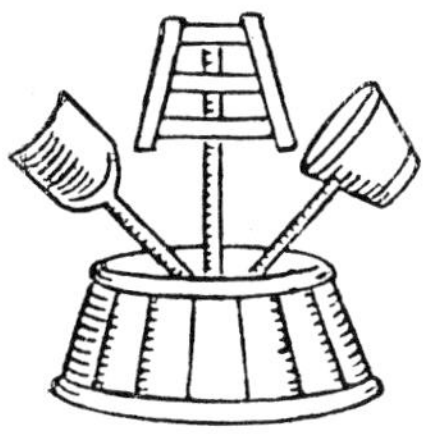

79 Grad Celsius ist der Malzbrei nun heiß - jetzt müssen sich im Läuterbottich die flüssigen von den festen Bestandteilen trennen.
In vielen Brauerwappen finden sich noch die „Schapfen", Schöpfgefäße an langen Stangen, mit denen man früher vom Maischbottich in den Läuterbottich umgeschöpft hat.
In diesem Gefäß erweisen sich die Vorzüge der Gerste als Braugetreide besonders: „Hierbei lagern sich die festen Bestandteile auf dem Boden ab, zuunterst die gröberen Hülsen, darauf die feineren Hülsen und zuoberst der feine Teig. Diese Treberschicht dient in Verbindung mit dem gelochten Boden, auf dem sie lagert, als Filter, welchen die Würze durchdringen muß, um unten klar abzulaufen", heißt es in einer Brauerei-Maschinenkunde von 1920[18] über die Filterwirkung der nur beim Gerstenkorn vorhandenen harten Häutchen (der sogenannten Spelzen oder Hülsen).
„Die zuerst ablaufende Würze heißt Vorderwürze. Ist diese abgezogen, bleibt auf den Trebern noch ein beträchtlicher Rest zurück, der etwa gleich der Hälfte der Vorderwürze ist. Um diesen zu gewinnen, müssen die Treber mit heißem Wasser ausgelaugt werden. Dieses Verfahren nennt man Anschwänzen oder Überschwänzen, das zuletzt von den Trebern ablaufende extrakthaltige Wasser Glattwasser." Die Vorderwürze enthält je nach Biersorte 16 bis 25 Prozent Extrakt (bei besonders kräftig eingebrauten Bockbieren sogar noch mehr), das Glattwasser oft nur 0,2 Prozent.
Die nun gewonnene klare Bierwürze wird nun gekocht. Um den

Nur die jungfräulichen weiblichen Blüten des Hopfens geben ein feines Aroma - alle männlichen Pflanzen werden ausgerottet.

gewünschten Gesamteindruck zu erreichen, muß der Braumeister nicht nur ein spezielles Maischverfahren anwenden, sondern auch das Würzekochen auf den Biertyp hin einstellen. Eineinhalb Stunden lang wird die süßliche Bierwürze nämlich noch gekocht. Möglichst schonend (sonst wird das Bier zu dunkel) und nach einem genauen Rezept.

Da gilt es, Hopfen der richtigen Sorte zu wählen, genau abzuwägen und zur richtigen Zeit zuzugeben, denn er liefert nicht nur Aromen, sondern auch die Bitterstoffe, die die überschüssigen Eiweißreste aus der heißen Bierwürze ausfällen.

Dieser Hopfen ist eine sensible Pflanze - auch wenn seine Wildform fast überall vorkommt, wo es noch natürliche Flußauen gibt. Für die Bierbrauerei ist aber nur die kultivierte Pflanze geeignet: An sieben Meter hohen Drahtkonstruktionen leitet der Bauer die Hopfentriebe an, die jedes Jahr dutzendfach aus der im Boden überwinternden Wurzel schlagen. Nur vier bis sechs dieser Triebe dürfen überleben. Damit sie genügend Saft und Kraft bekommen, werden die übrigen weggeschnitten. „Der Hopfen will jeden Tag seinen Herrn sehen", sagt ein altes Wahrwort der Hopfenbauern, die vom April bis in den späten August beschäftigt sind, ihre Hopfengärten zu inspizieren. Nur weibliche Pflanzen (der Hopfen ist zweihäusig) wachsen unter ihrem strengen Blick heran. Damit die Hopfenblüten nicht durch anfliegende Pollen bestäubt werden, müssen in der Nähe von Hopfenkulturen sämtliche wild wachsenden männlichen Hopfenpflanzen ausgerottet werden. Die kräftiggrünen Zapfen der weiblichen Blüte entwickeln dann einen umso intensiveren Duft, der bei der Bonitierung als Indikator für die Qualität der Bitter- und Aromastoffe des Hopfens gilt. So sensibel die Hopfenkultur auf Hagelschlag und Schädlinge reagiert, so präzise muß auch die Ernte und Verarbeitung des Hopfens verlaufen. Es gilt, den richtigen Tag abzuwarten und dann flink zu ernten. Wo früher Hundertschaften von Wanderarbeitern mit dem „Hopfenzupfen" (dem Abreißen der Blütenzapfen von den Reben) befaßt waren, da reißt nun eine Maschine die ganzen Reben ab, sammelt die wertvollen Zapfen zusammen und bereitet alles vor, damit die Hopfenzapfen mit ihrem begehrten Wirkstoff Lupulin getrocknet, extrahiert oder gekühlt werden können, damit alle Aromen möglichst gut erhalten bleiben.

Auch der Zeitpunkt der Hopfung der Bierwürze in der Sudpfanne hat einen wesentlichen Einfluß auf den Biercharakter: Hopft man schon die Vorderwürze, wird die Bittere angenehmer, gibt man erst in der letzten Phase des Würzekochens Aromahopfen dazu, wird das Aroma intensiver, aber nicht so rund. Bei manchen Ales ist sogar „dry-hopping" üblich: In das Ausschankfaß werden noch einige Pellets Aromahopfen getan. Bei Lagerbieren ist dieses „Hopfenstopfen" fast vollständig abgekommen – eines der wenigen Beispiele ist das *König Ludwig Dunkel.* Auch das *Boston Lager* von *Samuel Adams*, bei dem Braumeister Walter Scheurle vorgebrühten Hallertauer Hopfen ins Lagerfaß tut, und das obergärige *Stock Ale* (hier wirken Fuggles und Saazer) aus derselben Brauerei bekommen ihren Charakter vom unausgekochten Hopfen. Das Verfahren hat allerdings den Nachteil, daß die in-

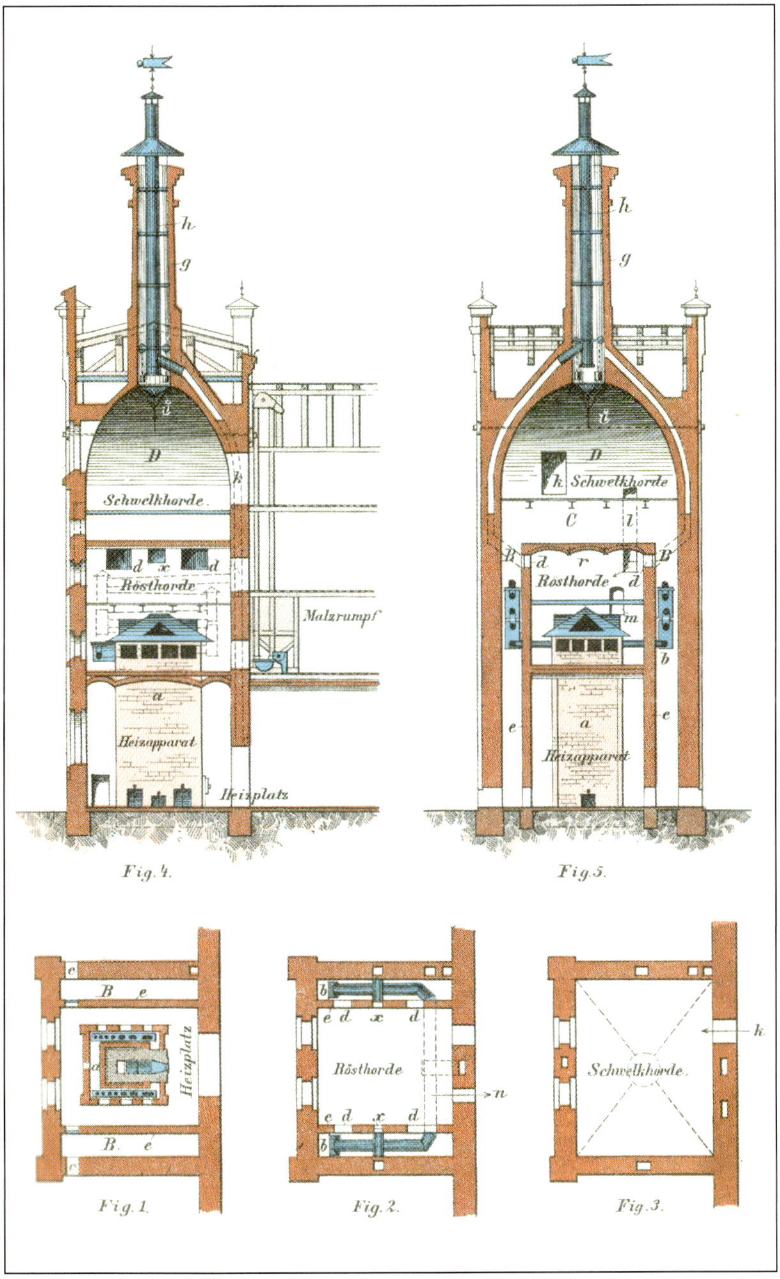

Darren um 1880: Auf der oberen Schwelkhorde wird das Malz vorgetrocknet, darunter liegt die Rösthorde, auf der es abgedarrt wird.

Ein Brauhaus zu Beginn des Industriezeitalters: Der Antrieb der Rührwerke erfolgt bereits maschinell über die im Bild angedeuteten Transmissionsriemen.

A 2
B

tensiven, frischen Hopfenaromen schon nach wenigen Wochen deutlich schwächer werden.
Bevor das Bier aber überhaupt in ein Lager- oder gar Ausschankfaß kommen kann, muß die fertig gekochte Würze erst einmal aus dem Sudhaus „ausgeschlagen" werden. In manchen Brauereien ist das heute noch mit einem kleinen Zeremoniell verbunden: Es wird eine Glocke geläutet, die den Braumeister ruft, der dann Geschmack und Stärke der Würze überprüft. Das geschieht in England und den USA durch Bestimmung des spezifischen Gewichtes: Diese Original Gravity (OG) liegt bei gewöhnlichen Ales bei etwa 1050, bei sehr starken Imperial Stouts aber auch bei rund 1100. Die meisten anderen Länder halten sich dagegen an die von Carl Joseph Balling eingeführte Bestimmung der sogenannten Stammwürze-Grade - damit ist der Anteil vergärbarer Stoffe an der unvergorenen Bierwürze gemeint. Ein Grad Stammwürze entspricht einem Teil vergärbarer Stoffe auf 100 Teile Würze. Die meisten Biere haben etwa zwölf Grad Stammwürze, einige Pils-Biere sind etwas leichter (etwa elf Grad), Bockbiere dagegen wesentlich stärker (mindestens 16 Grad) eingebraut. Da Stammwürze und spezifisches Gewicht in enger Beziehung stehen, kann als Anhaltspunkt gelten, daß die Stammwürze eines neungrädigen Leichtbieres etwa ein spezifisches Gewicht von 1036 hat, die elf Grad eines Pils entsprechen einer OG von 1044, die 12 Grad eines böhmischen Lagerbieres etwa OG 1049, die 16 Grad eines Bockbieres sind etwa OG 1066 und 18-grädiger Doppelbock hat knapp OG 1075.

Die Stärke des Bieres hängt von der in Balling- oder Platograden angegeben Stammwürze ab - sie sind wie das spezifische Gewicht eine Maßzahl des Zuckergehalts der Würze.

Hat der Braumeister die Bierwürze für in Ordnung befunden, so wird sie ausgeschlagen. Früher bedeutete das meistens das Umpumpen auf ein Kühlschiff, auf dem sich der Heißtrub (beim Kochen abgeschiedene Eiweißreste) absetzen konnte - heute verwendet man dazu das geschlossene System eines Whirlpools, in dem sich ein Eiweißkegel absetzen kann.
Ist die Würze abgekühlt, so gibt der Brauer Hefe dazu, um die Gärung einzuleiten. Was er dabei genau bewirkte, war lange unerforscht. Ohne Gottes Hilfe schien kein Bier aus der süßen Bierwürze zu werden.

Ein göttliches Getränk!

Im alten Babylon ließen sich die Priester mit Bier bezahlen: Bei einer Beerdigung betrug die Taxe sieben Kannen Bier.

AUF IN GOTTES NAMEN! Mit diesem Ruf begann jahrhundertelang das Tagwerk des Bierbrauers. Denn das Handwerk des Biersiedens mochte selbst dem geübten Braumeister nicht immer gelingen - Gottvertrauen mußte das biologische und chemische Fachwissen ersetzen, wenn es an die komplizierten Arbeiten auf Tenne und Darre, in Sudhaus und Gärkeller ging.
Eine Ironie der historischen Entwicklung hat dazu geführt, daß ausgerechnet jene, die die engste Beziehung zu Gott hatten, weniger auf Gottvertrauen setzen mußten als andere: Schon in der Antike waren es die Priester, die über allerlei Wissenswertes Aufzeichnungen führten, während der Großteil der Bevölkerung (darunter natürlich auch die bäuerlichen Brauer) des Lesens und Schreibens unkundig waren. Wer aber Erfahrungen aufzeichnen und vergleichen konnte, der hatte technologisch die Nase vorne - ein Vorsprung, der bis ins Mittelalter bestehen blieb. Neben staatlichen Gehalts- und Steuerlisten sind daher kultische Aufzeichnungen zum Bier stets besonders aufschlußreich.
Sumerer und Babylonier, Ägypter und Germanen hatten ihren Kult mit Bier oder wenigstens bierartigen Getränken. „Nicht fehlen durften Bier und Brot als Opfergaben - für die Göttin Ninkasi beispielsweise, eine Fruchtbarkeits- und Getreidegöttin, die vermutlich bereits im 3. Jahrtausend v. Chr. als Erfinderin und Schutzherrin des Bieres und der Braukunst verehrt wurde. Tägliche Mengen von einem Liter Bier und der gleichen Menge Brotgetreide für die Götter waren das Normale, wobei es Zuschläge für bestimmte Gottheiten und an Festtagen gab", hat Irene Krauß vom Deutschen Brotmuseum kürzlich über die Rolle des Bieres bei Sumerern und Babyloniern herausgefunden[19]: „Als geradezu inflationär beklagte man um 2350 v. Chr. die Forderung der Priester nach sieben Kannen Bier und 420 Broten für eine Beerdigung. Von solchen Zuwendungen ließ es sich sicher nicht schlecht leben!"
Noch bis in die heutige Zeit haben manche Völker ihren Bierkult - nicht nur den, der bei Studentenkneipen und an Stammtischen

Christus war Weintrinker. Aber die frommen Leute aus seiner Gefolgschaft entdeckten rasch die Vorzüge des Bieres.

zelebriert wird, sondern tatsächlich einen, der die Trinker näher zu Gott bringt (wie das schon bei manchen ägyptischen Riten üblich war). Bier war schon immer ein göttliches Getränk: So spielen alkoholische Getränke eine wichtige Rolle, wenn sich der Mensch in kritischen Situationen befindet, die mit der übernatürlichen Welt in Zusammenhang stehen. Und peruanische Grabbeigaben zeigen, daß Biere nicht nur im ägyptischen Totenkult, als Getränk für die Toten im Jenseits, eine bedeutende Rolle gespielt haben.

Nur unser Christentum, im weinreichen Mittleren Osten entstanden, ist stark vom Wein geprägt. Und es ist verständlich, daß auch das Judentum nicht gerade Bier-freundlich war, da es das Getränk seiner Feinde war: „Daß zumal die israelische Priester- und Oberschicht mit dem Bier nicht allzuviel anzufangen wußte, mag aber noch andere als nur geschmackliche Gründe gehabt haben. Über den babylonischen Herrscher Nebukadnezar, mit dem die Israeliten so manchen Strauß auszufechten hatten, wird berichtet, er habe ganze Ströme von Bier auf die Altäre von Marduk und Aapanitu herniederfließen lassen. Und die Ägypter waren sogar der Überzeugung, daß Bier von keinem Geringeren als Osiris selbst eingeführt worden sei. Die unübersehbare Vorliebe, die das Volk Gottes dem Wein entgegenbrachte, kann also auch als Protestverhalten interpretiert werden", schreibt der Gastronomie-Papst Christoph Wagner, der in der gesamten Heiligen Schrift nur sieben Erwähnungen des Bieres ausfindig machen konnte[20].

Christus war Weintrinker. Er wandelte Wasser zu Wein und Wein zu Blut, was viel wunderlicher ist als die uns bekannte Verwandlung von Wasser zu Bier, die im germanischen Himmel dem Gott Thor zugeschrieben wird. Im christianisierten Europa aber gab es nicht überall Wein - je weiter man nach Norden kam, desto schlechter wurde der Wein und desto besser das Bier: „Hamburger Bier wollte gern mit dem Wein um die Wette laufen." Die kirchlichen Würdenträger wußten Abhilfe. Sie hielten sich an das deutsche Wahrwort, nachdem gut' Bier besser als schlechter Wein ist. Zwar blieb der Wein das kultische Getränk des Christentums, doch wurden allerlei ans Bier geknüpfte Bräuche einfach in die neue Religion übernommen.

Besonders verdient gemacht hat sich der Heilige Columban, ein im Jahr 615 verstorbener irischer Mönch, der im Bodenseeraum missionierte. Er soll in Tuggen am Zürichsee ein Bieropfer an den Germanen-Gott Wotan vereitelt[21], selber aber recht bedeutende Bierwunder vollbracht haben: Wie Christus Brot und Fisch, so hat Columban Brot und Bier vermehrt. Und er hat in einem anderen Wunder dafür gesorgt, daß Bier nicht überlief, wenn man den Zapfhahn versehentlich offen gelassen hatte, um dem Befehl des Abtes zu gehorchen. In seinem Orden wurde bei Tisch Bier gereicht - allerdings sollte „die Kost einfach sein und erst am Abend gereicht werden; sie soll ebensowenig zur vollen Sättigung als der Trunk zur Berauschung führen"[22]. Unter Columbans Schülern waren die Gründer des Klosters Weltenburg, das heute noch eine Klosterbrauerei besitzt.

Ein anderer seiner Schüler, Gallus, gründete 614 die Einsiedelei im heutigen St. Gallen. Daraus wurde 720 ein Benediktinerkloster, von dem verbürgt ist[23], daß es Bier von den zinspflichtigen Bauern bekommen hat. Das war zu jener Zeit auch in Salzburg und Österreich üblich - doch war das von verschiedenen Hausbrauern zusammenkommende Bier wohl von stark schwankender Qualität. Man ging daher bald dazu über, Bierdienste in Hopfen- und Malzdienste umzuwandeln. Das Stift Freising hatte sich bereits im 8. Jahrhundert um den Hopfenanbau gekümmert, es sind aber aus dem Jahr 1070 im Pustertal auch noch Bierdienste überliefert[24].

Doch zurück nach St. Gallen: 830 wurde jener berühmte (aber nie vollständig ausgeführte) Idealplan des Klosters gezeichnet, in dem dieses drei verschiedene Brauhäuser für verschiedene Biere und Biertrinker (Klosterbewohner, einfache Pilger, noble Gäste) hatte[25]. Sehr wahrscheinlich ist es allerdings nicht, daß man in den Klöstern für dreierlei Bier drei Brauereien betreiben mußte: Vielmehr gab es bis ins 19. Jahrhundert auch im bürgerlichen und häuslichen Brauwesen den Brauch, die Vorderwürze (also den ersten Malzauszug) separat zu sieden, um ein Starkbier zu gewinnen. Dann wurden auf die bereits teilweise ausgelaugten Treber zwei Nachgüsse gemacht und ebenfalls einzeln gesotten und vergoren. Der erste Nachguß wird ein Tafelbier (die englische Bezeichnung spricht sehr anschaulich von „small beer") ergeben haben, der zweite (das Glattwasser) ein bestenfalls unseren alkoholfreien Bieren vergleichbares Getränk, das recht stark abführend gewirkt haben muß. In Mainburg in der Hallertau hat sich die Weisheit erhalten, das erste sei „ein Bier vom Kern, das trinken d'hohen Herren gern", danach käme ein „Mittelbier - trinkst drei Maß, so pißelst vier", und das dritte schließlich sei „ein Plempel, der den Bauern d'Hosen z'sprengt - andern zum Exempel".

Im klösterlichen Brauwesen des Mittelalters erlebte das Bier eine besondere Blüte: Einerseits konnten die Mönche schon relativ genaue Bierrezepte aufschreiben und daher besser brauen als ihre bäuerlichen Untertanen und ihre bürgerlichen Konkurrenten.

Noch vor rund 900 Jahren ließen sich die Klöster einen Teil des ihnen zustehenden Zehents in Form von Bier liefern.

Der Volksglaube kennt viele Bierheilige - der eine hilft gegen Kopfweh, der andere bringt den Brauern an seinem Feiertag das erste Eis.

Andererseits hatten sie auch einen besonderen Bedarf an Bier: Mehr als anderswo war es „flüssiges Brot“. In den Klöstern wurden nämlich die Fastenzeiten besonders streng gehalten, doch galt die Regel „Liquidem non frangit ieiunium“ („Flüssiges bricht Fasten nicht“); mit dick eingebrautem, aber nicht allzustark vergorenem Bier konnte man durchaus satt werden.
Die bierbrauenden Klostergründer wurden also zu Recht verehrt. Die Überlieferung kennt allerdings noch eine Reihe anderer „Bierheiliger“:
St. Adrian (enthauptet 304) wird von den englischen Brauern und Biertrinkern als Schutzpatron verehrt - womöglich, weil seine Anrufung gegen Kopfweh hilft.
St. Arnoldus (582-614) war Bischof von Metz und soll dort ein Bierwunder bewirkt haben. Er ist der Schutzpatron der französischsprachigen Brauer.
St. Augustinus (354-430) war vor seiner Bekehrung ein lebensfroher Mann. Die Augustiner-Mönche galten als die besten Brauer.
St. Brigid (453-521) war eine irische Äbtissin, die das Badewasser von Leprakranken in „exzellentes Bier“ verwandelt haben soll.
St. Florian wurde im Jahr 304 ertränkt. Er ist Schutzpatron der österreichischen Brauer und des Wassers, das eine wichtige Zutat zum Bier ist, und er bannt auch die Feuergefahr, die früher von Braustätten ausgegangen ist.
St. Hildegard (1098-1179) war eine bedeutende Mystikerin und Naturforscherin. Sie hat unter anderem die konservierende Wirkung des Hopfens beschrieben.
St. Laurentius war ein Märtyrer, der im Jahr 258 auf einem glühenden Rost getötet wurde - die Mälzer, deren Berufssymbol der Rost ist, erwählten ihn zu ihrem Patron.
St. Michael und St. Georg - ihre Festtage (29. September und 23. April) bezeichneten Beginn und Ende des Braujahres, als während des Sommers keine Kühlung der Gärkeller möglich war.
St. Nikolaus v. Myra, der im 4. Jahrhundert gelebt hat, wird häufig mit einem Braubottich (aus dem er drei von einem Wirt getötete Knaben wieder zum Leben erweckte) dargestellt und wurde so zum Schutzpatron der Schweizer Brauer. Sein Feiertag am 6. Dezember galt als erster Tag, an dem die Brauer Natureis gewinnen konnten.
St. Veit war ein Märtyrer, der in siedendem Öl umgekommen ist - er wird mit einem Kessel dargestellt, weshalb ihn die Brauer verehren.
Da die Heiligenverehrung stets regional gewachsen ist, gibt es noch zahlreiche weitere Bierheilige, in deren Namen man Bier

braut. Bei manchen Klosterbrauereien ist es einfach der Name des Klosterheiligen, der dann auf dem Bieretikett aufscheint - so zum Beispiel beim *St. Sixtus Abdij*, dem zum Kloster von Westvleteren in Flandern gehörenden Abteibier. Die eigentlichen Trappistenbiere tragen aber nur den Namen des Standortes der Abtei: *Chimay, Grimbergen, Orval, Rochefort, Westmalle* und *Westvleteren* - die Abteibiere werden zwar nach ähnlichen Rezepten, aber stets nur im Auftrag der Abtei von einem bürgerlichen Brauer gebraut.

Die obergärigen Trappistenbiere haben wegen ihrer besonderen Stärke (und der Tatsache, daß sie mit der Hefe auf die Flasche gefüllt werden) eine ausgezeichnete Haltbarkeit - sie reifen auf der Flasche nach. Anders als untergärige Biere oder die meisten leichteren obergärigen können diese belgischen Klosterbiere gut und gerne drei, fünf oder auch zehn Jahre in einem dunklen Keller liegen und dann getrunken werden - auch eine Erinnerung daran, daß Bierbrauen ja ursprünglich zur Konservierung des Getreides gedient hat.

Klosterbier - hier auf einer Darstellung des bayerischen Klosters Aldersbach - ist zwar nicht mehr nahrhaft. Aber seine Qualität steht außer Streit.

Die Klosterbiere anderer Länder lohnen das Einlagern daheim nicht - auch der Urtypus untergärigen Klosterbieres nicht: Der *Salvator*. Ursprünglich hatten die seit 1627 in München streng nach der Franziskanerregel fleischlos lebenden Paulaner-Mönche ihre Fastennahrung mit einem Bier aufgefettet, das sie für den Festtag des Ordensstifters Franz von Paola (1416-1507) am 2. April als „Sankt Vater Bier“ einbrauten. Wir werden diesem längst in einer profanen Großbrauerei gebrauten Salvator noch im Kapitel über Bockbiere begegnen. Uns interessiert im Moment nur der Zusammenhang zwischen mönchischer Tradition und starkem Bier.

Auch wenn die meisten Starkbiere nach dem bürgerlichen Bier der Starkbier-Stadt Einbeck („ainphöckisch Bier“) „Bockbier“ genannt werden, so sind die traditionellen Bockbierzeiten im deutschen Sprachraum doch Weihnachten und Ostern. Oder genauer, in der mönchischen Tradition, nach der Flüssiges das Fasten nicht bricht, die Fastenzeiten vor diesen hohen Kirchenfesten. Man denkt nur heute nicht mehr ans Fasten und die katholischen Mönche, sondern genießt das Weihnachtsbier als ganz profane saisonale Spezialität. Auch der nach Schweden ausgewanderte Bayer Albert Wiesgickl pflegt in der *Åbro*-Brauerei die Tradition, kurz vor Weihnachten ein *Special Julöl*, ein Weihnachts-Spezialbier auf den Markt zu bringen. Natürlich ist das mit rund 12 Prozent Stammwürze längst nicht so stark wie die Weihnachtsbockbiere in Mitteleuropa - aber für schwedische Verhältnisse sind auch die 5,6 Volumenprozent schon recht beachtlich, ebenso die dunkel-rotbraune Farbe und der vollmundige, aber nicht süßliche Geschmack. Es ist ein Bier, das man bedächtig trinkt, weil seine feine Kohlensäure dann ein angenehmes Prickeln auf die Zunge bringt. So sättigend wie die früheren Klosterbiere ist es allerdings nicht.

Kraft und Nutzen des Bieres

MACHT BIER NUN EIGENTLICH DICK? Wenn man diese Frage einer Brauerei oder gar einem Brauereiverband stellt, so bekommt man stets die Antwort: „Bier hat wenig Kalorien." Der Verband der österreichischen Brauereien hat beispielsweise zusammengestellt[26], daß 100 Gramm von 12-grädigem Bier 45 Kalorien oder 188 Joule haben. Bei Vollmilch beträgt der Nährwert dagegen 65 Kalorien beziehungsweise 272 Joule, bei 100 Gramm Sekt sind es 100 bis 130 Kalorien (419 bis 544 Joule). Fein. Nur ist beispielsweise 0,1 Liter Sekt mit den angegebenen 100 bis 130 Kalorien gerade mal ein Glas - ein Liter Bier mit rund 450 Kalorien ist auch kein unübliches Maß. Wer würde schon so viel Sekt oder gar Milch trinken wollen?

Woher kommt der Bierbauch? Wohl weniger vom Bier als von Stelzen, Schweinsbraten und Salzstangerln, die so gut dazu schmecken.

Der maß-voll trinkende Bierliebhaber nimmt also allein der größeren Menge wegen mehr Kalorien zu sich. Hinzu kommt, daß Bier sehr leicht verdaulich ist, weil seine Nährstoffe durch Mälzen und Brauen auf natürliche Weise aufbereitet sind und vom Körper sofort aufgenommen werden, ohne belastend zu wirken[27].

In der Zeit vor dem Zweiten Weltkrieg haben die Brauereien auch stets darauf verwiesen, daß ihr Produkt ein Volksnahrungsmittel ist - und daher womöglich nicht zu hoch besteuert werden sollte.

Die Brauereiverbände gingen sogar noch einen Schritt weiter: Mitte der dreißiger Jahre warben die mitteldeutschen Brauereien gemeinschaftlich mit dem hübschen Satz[28] „Bier ist mehr wert, denn es hat Nährwert."

Zudem haben wir viele Beispiele gesehen, daß Bier „flüssiges Brot" ist.

Das alles heißt aber nicht, daß Biertrinken an sich dick macht - im Gegenteil: Zunächst wirkt Bierkonsum entwässernd, weil es die Nierenfunktion anregt. Im „Vollkommenen Bierbrauer" von 1784 findet sich der Hinweis: „Dannenhero findet man bey uns und in allen mitternächtlichen Ländern, daß die Leute viel stärker und dauerhafter seyn, als wo man lauter Wein und kein Bier hat. Wo das Bier im Gebrauch, da essen auch die Leute nicht so viel, wie sonsten, weilen es eben aus dem Zeug und Früchten gemachet wird, so wir sonsten zur Speise gebrauchen. So lehret auch die unfehlbare Erfahrung, daß der Wein vielmehr als das Bier die Sehnen, Nerven und dergleichen nervose Glieder verletze, und ist weder das Zipperlein noch Podagra so gemein bey dem Bier, als beym Wein."

Wer maßvoll Bier trinkt, bescheiden und vor allem natriumarm ißt (also etwa ungesalzene Kartoffelgerichte), der kann mit einer Bier-Diät sogar recht erfolgreich abnehmen.

Mit dem Dry-Bier erfand die Asahi-Brauerei einen Bierstil, der schlank macht: Dry-Bier macht Appetit auf Bier statt auf Salz.

Zugegeben: Das ist nicht leicht. Bier hat nämlich eine etwa doppelt so starke appetitanregende Wirkung wie Wein. Das hängt mit der gesteigerten Magensäureausschüttung ebenso zusammen wie mit den Geschmackskomponenten: Macht uns nicht erst das Bier so richtig Gusto auf eine Brezel, auf eine Stelze, einen Schweinsbraten oder wenigstens gesalzene Erdnüsse?

Tatsächlich ißt der Biertrinker dann oft mehr, als er sich vorgenommen hatte. Aber das, was dann „Bierbauch" genannt wird, wäre treffender als „Brezel-, Stelzen-, Schweinsbraten- oder Erdnußbauch" zu bezeichnen. All diese Speisen sind besonders salzhaltig, was nicht nur schön mit dem Bier harmoniert und noch mehr Bierdurst macht - das Salz führt auch dazu, daß der Körper aufgeschwemmt wird und Flüssigkeit einlagert, was das Bier alleine aufgrund seiner entwässernden Wirkung nicht verschulden würde.

In Japan hat es vor einigen Jahren eine Regierungskampagne gegeben, die dem Übergewicht und dem Bluthochdruck-Risiko durch Salz vorbeugen sollte. Es wurde also propagiert, salzarm zu essen - und weil in Japan ein großer Teil der Mahlzeiten außer Haus in Kantinen, Mensen und anderen Lokalen eingenommen wird, die sich gerne der nationalen Kampagne anschlossen, stellte sich der Geschmack der Bevölkerung rasch um.

Nur das kräftige Bier - das sehr den deutschen Vorstellungen von Pils- und Export-Bieren ähnelte - mochte den salz-entwöhnten Japanern nicht mehr so munden. Es machte ja genau auf jene mit dunkler Soja-Sauce gewürzten Gerichte Appetit, die nun aus der Mode waren. Es war die *Asahi*-Brauerei, die die Sache nun wissenschaftlich angegangen ist. Sie kreierte im Jahr 1987 ein Bier mit der Bezeichnung *Super Dry*, das den Biergeschmack innerhalb kurzer Zeit revolutionierte. Ein eigener hochvergärender Hefestamm (mit der nüchternen Bezeichnung „318") wurde auf die sehr hell eingebraute Bierwürze losgelassen, die Gärführung völlig verändert und ein Geschmackserlebnis erzielt, das die Japaner mit dem angeblich unübersetzbaren Wort „Karakuchi" bezeichnen.

Der Direktor der Asahi-Brauerei, Takahiro Yaku, hat 1993 auf einem Symposion des „Bier Convent International“[29] erklärt, daß „die Tradition der Handwerkskünste in einer sich ständig verändernden Welt nur überleben kann, wenn sie sich flexibel neuen Anforderungen und veränderten Wertvorstellungen anpaßt“.
Die veränderten Wertvorstellungen, auf deren Analyse die Entwicklung des Super Dry-Bieres basiert, sind teilweise auch auf Europa übertragbar: Fast die gesamte Bevölkerung fühlt sich dem Mittelstand zugehörig, Sparen hat aufgehört, eine Tugend zu sein, das Gesundheitsbewußtsein (und das Bewußtsein um die schädliche Wirkung von Salz) nimmt zu.
Die vielleicht wichtigsten Faktoren sind aber mehr Freizeit und das zunehmende Selbstbewußtsein von Frauen, die auch alleine in Lokale gehen. Frauen trauen sich heute (was vor gar nicht so langer Zeit auch in Europa noch undenkbar gewesen wäre), ein Bier zu bestellen, wenn ihnen danach ist.
Der neue Biertypus des Super Dry wurde nicht zuletzt für diese weiblichen Biertrinker geschaffen, die noch öfter als Männer das Vorurteil hegen, daß Bier dick mache: Das neue Bier sollte daher „trocken“ schmecken, also nicht zu vollmundig und schon gar nicht süß im Nachtrunk. Dies hat das Dry-Bier mit dem Pils gemeinsam, das ebenfalls hell und hoch vergoren ist. Die Innovation des „trockenen“ Bierdesigns ist aber die relativ geringe Hopfung: Mit rund 20 Bittereinheiten liegt das Super Dry (und seine Nachahmer) etwa bei der Hälfte der Hopfung eines guten Pilsbieres und schmeckt nicht wesentlich bitterer als ein Weißbier.
Mit dem Weißbier hat das Dry-Bier auch einen deutlich höheren Kohlensäuregehalt gemeinsam – dies bewirkt, daß das Bier besonders rezent und erfrischend schmeckt. Damit erweist es sich als guter Begleiter bei Fischgerichten.
Weltweit ist Dry-Bier der am schnellsten wachsende Bier-Stil. In den USA hat Anheuser-Busch den Stil bereits 1988 aufgegriffen und das malzig riechende, sonst aber wirklich sehr trockene *Michelob Dry* eingeführt. Man ist in St. Louis stolz auf „das einzigartige Dry-Brew-Verfahren, mit dem ein ausgesprochener Weniger-Süß-Geschmack ohne jeglichen Nachgeschmack“ erzeugt wird[30]. Das für den Typ etwas bittere *Bud Dry* folgte 1990 – und natürlich wollte auch Rivale *Coors* (mit 10 Prozent Marktanteil nur ein Viertel so groß wie Anheuser-Busch) nicht nachstehen und präsentierte ebenfalls ein Dry-Beer.
Das Dry-Bier war als Typus derartig erfolgreich, daß inzwischen zwei deutsche Brauereien (*Herrenhäuser* in Hannover und die *Bayreuther Bierbrauerei*) mit eigenen Varianten des *Dry* herausge-

kommen sind. Ein österreichischer Versuch - 1990 von der Reininghaus-Brauerei in Graz - zeigte allerdings, daß der österreichische Markt für dieses Bier noch nicht reif war.

Schon Paracelsus meinte: „Hopfen reinigen das Geblüt und treiben auf den Stuhlgang."

Unter den Effekten des Bieres auf den Körper ist der Einfluß des Hopfens nicht zu unterschätzen. Wenn ungeübte Biertrinker die Meinung vertreten, Bier mache müde, so ist das nicht zuletzt darauf zurückzuführen, daß der Hopfen beruhigende Substanzen enthält - man spürt sie in alkoholfreien Bieren besonders stark, weil dort die leicht anregende Wirkung geringer Alkoholmengen ausbleibt. Außer zur Bierbereitung wird Hopfen schon seit langer Zeit in Kräuterbüchern als Heil- und Arzneimittel geführt[31]. „Cerevisiam bibat! - Man trinke Bier!" empfahl die Heilige Hildegard als Ärztin und Naturforscherin in ihrem Buch „Causae et Curae", in dem auch die Wirkung des Hopfens erstmals wissenschaftlich erfaßt wurde. Auch empfahl der Arzt des Kalifen Al-Mamum im Bagdad des 8. Jahrhunderts Hopfensirup als Mittel gegen Gallenfieber und zur Reinigung des Blutes. In neuester Zeit wurde entdeckt[32], daß vor allem die Polyphenole des Hopfens, die als Gerbstoffe im Bier zu finden sind, nicht nur auf den Biergeschmack wirken, sondern eine ähnliche Wirkung haben dürften wie die Polyphenole im Grünen (unfermentierten) Tee Japans, der für die relativ geringe Krebshäufigkeit im Land der aufgehenden Sonne verantwortlich sein dürfte.

Schon Theophrastus Bombastus von Hohenheim, genannt Paracelsus, meinte: „Hopfen reinigen das Geblüt und treiben auf den Stuhlgang." Ob die hier geschilderte Wirkung allerdings primär auf den Hopfen zurückzuführen ist, oder doch eher auf die im Bier enthaltene, in größeren Mengen abführend wirkende Hefe, wäre zumindest einer Diskussion wert.

Fest steht jedenfalls, daß die Hefe und das Malz für den hohen Vitamingehalt - vor allem der Vitamine B_2 und B_6 sowie Niacin und Panthenolsäure - verantwortlich sind. Biertrinker sind also in der Regel gesunde Menschen.

Und schöne Menschen: Die in unfiltrierten Bieren und Hefeweißbieren enthaltene Hefe trägt zur Reinigung der Haut bei und ist im Bier viel bekömmlicher als in Tablettenform. Ältere kosmetische Empfehlungen, die auf Plinius zurückgehen, gehen sogar dahin, die äußerliche Anwendung des Bieres zur Straffung der Brüste und für eine zartere Gesichtshaut anzuregen. Und immer wieder wurde flachbrüstigen Mädchen nahegelegt, dunkles Bier mit Eidotter zu trinken, um die Oberweite zu vergrößern - diese kalorienreiche Diät wird allerdings auch den Gesamtumfang der Mädchen vergrößert haben.

Johann Kasimir August Christian Saugfuß, herzoglicher Apothe-

ker Wilhelms IV. (jenes Fürsten, der das Reinheitsgebot geschaffen hat), hat 1541 ein „Tractat vom Bier" veröffentlicht[33]. Darin wird nicht nur empfohlen „heiß Bier zu trinken gegen Katarrhe aller Art", „mit heiß Bier Aufschläg zu machen, den verkühlten Leib zu kurieren", sondern auch: „Bier zu trinken mit Ey und Zucker, trächtige Frouwen zu stärken und im Kindbett liegende zu kräftigen und ihnen vill Milch zu geben."
Ein unbestrittener Effekt des Bieres besteht nämlich in der Förderung der Laktation. Allerdings sollten es stillende Mütter nicht übertreiben - der mit Starkbier aufgenommene Alkohol würde über die Muttermilch an den Säugling weitergegeben, was sicher nicht gesund ist. Man hat lange Zeit sogenannte „Nährbiere", starke, kaum vergorene Malzextrakte, als ideal für junge Mütter gepriesen - doch entspricht das süße Zeug heute nicht mehr dem Zeitgeschmack. Zur Anregung der Milchbildung reicht allerdings auch modernes alkoholfreies Bier.

Bier galt als gutes Mittel der Volksmedizin - „den verkühlten Leib zu kurieren" oder „trächtige Frouwen zu stärken".

Weil sich Bier leichter konsumieren läßt als manche Medizin, hat man immer wieder auch Medizinalbiere gebraut.
Eines der kuriosesten Beispiele dafür wurde 1938 in Schlesien entdeckt[34] und unter dem zweifelnden Vorbehalt referiert, daß es doch nicht 1. April sei: In Bad Reinerz werde von der „Musikalischen Chorbrüderschaft von 1591" traditionell ein sogenanntes „Baumölbier" getrunken. Es muß sich dabei um ein stark abführendes Produkt gehandelt haben, und es wurde vermutet, daß dieser Effekt von Menschen mit sitzender Beschäftigung geschätzt worden wäre. Die Zutaten lassen außerdem darauf schließen, daß hier einfach alles, was gut (und vor allem in der frühen Neuzeit teuer) war, ins Bier gekippt wurde, um den Luxus der Mitgliedschaft in der Brüderschaft zu betonen. Das überlieferte Rezept lautete: „Eine Vierteltonne dunkles Bier, zwei geriebene Muskatnüsse, ein Achtel Pfund geriebener weißer Ingwer, eine Prise Salz und Pfeffer und ein bis eineinhalb Liter Olivenöl." Die letzte, früher auch als Baumöl bezeichnete Zutat wird dem Bier den Namen gegeben haben - und sicherlich jede Schaumhaltbarkeit verhindert haben.
Schon im vorigen Jahrhundert wurde versucht, mit dem Karlsbader Mineralwasser ein Bier zu brauen, weil dieses sich ja doch viel angenehmer trinkt als Wasser. In einer undatierten, rund hundert Jahre alten Broschüre[35] kann man nachlesen: „Da das Bier von den Karlsbader Kurgästen am schwersten entbehrt wurde, machte man es zum Vehikel der heilenden Salze." Der Karlsbader Brau-Unternehmer Baron Antonin Weber hat das recht erfolgreich gemacht - in Karlsbad selber wird es aber erst seit einigen Jahren wieder - unter dem Namen *Doktor Bier* - gebraut.

Allerdings wurde damals das Karlsbader Wasser nach Berlin gebracht, wo es in der längst nicht mehr bestehenden Brauerei Kintz & Co. „regelmäßig hergestellt“ wurde – „und zwar unter strengster wissenschaftlicher Kontrolle“, wie der Prospekt versprach.
Der Deutsche Brauerbund spricht sogar bei ganz normalem Bier von „inneren Werten“[36]: „... Vitamine und Mineralien, die für den Stoffwechsel wichtig sind, zur Muskelstärkung beitragen und die Gewebeentwässerung sowie die Kochsalzausscheidung fördern. Im Bier finden sich Eisen und Kupfer für die Blutbildung und zur Anregung des Kreislaufes; im Bier gibt es Zink für die Insulinbildung und Fluor zum Schutz gegen Karies. Mäßiger Biergenuß wirkt beruhigend, steigert die Lungentätigkeit und ist gleichzeitig auch ein gutes Nervenmittel.“

Gute Nachricht für Biertrinker: Sie haben eine höhere Lebenserwartung als die strengen Abstinenzler.

Die Bier-Werber können sich beim Lob der gesundheitsfördernden Eigenschaften des deutschen Bieres sogar auf eine durchaus wissenschaftlich begründete Feststellung der Technischen Universität München berufen: „Die Lebenserwartung der Menschen, die maßvoll Bier trinken, ist höher als die der abstinent lebenden Menschen.“
Historisch hat sich erwiesen, daß es in vielen Geschichtsepochen einfach gar kein gesünderes Getränk als Bier geben konnte. Dies hat vor allem die Bedeutung der städtischen Brauhäuser gehoben. Bevor wir uns aber diesem Aspekt widmen können, gilt es zu beachten, daß Bier eine wirklich bedenkliche Substanz enthält: Alkohol. Für den Biertrinker von heute heißt es eben zu überlegen, ob Biergenuß oder Autofahren vorzuziehen ist (ersteres ist meist genußvoller und geselliger) – aber es hat Zeiten gegeben, da Bier vollständig verboten werden sollte. Und das, obwohl seine guten Eigenschaften zu jener Zeit längst allgemein bekannt waren.

Trockene Zeiten und Bierverbote

Der Brauerei-Professor Hayduck wies nach: Selbst in Notzeiten will der Deutsche die Gerste nur als Bier und nicht als Trockenfutter haben.

EINEN INTERESSANTEN ERNÄHRUNGS-ASPEKT der Bierbrauerei hat die Gesellschaft für volkstümliche Ernährungspolitik „Ceres" Mitte der zwanziger Jahre in die Diskussion gebracht. Sie veröffentlichte eine zwölfseitige Streitschrift von Professor Dr. Friedrich Hayduck[37]. Er verfocht nicht nur den Nutzen des Bieres für den Menschen, sondern argumentierte, daß Biertrinken auf Umwegen auch dem lieben Rindvieh zugute käme: „Hier sind es die aus der Verarbeitung des Malzes im Sudhaus als Rückstand verbleibenden Biertreber, die mit einem Eiweißgehalt von über 20 v. H. in der Trockensubstanz einen weit höheren Fütterungseffekt hervorrufen als das Ausgangsmaterial der Brauerei, die Gerste. Gerade für die städtischen Milchviehhaltungen sind die Biertreber von unschätzbarem Wert ... Man darf annehmen, daß die Biererzeugung der letzten Vorkriegsjahre durch die Treberverfütterung einen Mehrertrag an Milch von 240 Millionen Litern (3,5 Liter auf den Kopf der Bevölkerung im Jahr) hervorgebracht hat. Und es ist daher nicht erstaunlich, wenn mit der Einschränkung der Biererzeugung im Kriege und in den Folgejahren die deutsche Milcherzeugung wesentlich zurückging ...
Der Einwand, daß man wirtschaftlich richtiger verfahre, wenn man die Gerste, teils als Viehfutter, teils als menschliche Nahrung in Gestalt von Gries (sic!) und Graupen unmittelbar zum Verzehr bringe, ist durchaus unzutreffend. Als Viehfutter kann die Gerste niemals dasselbe leisten als die doppelt so eiweißreichen Biertreber. Man vergesse nicht, daß die öffentliche Hand in den Hungerjahren des Krieges und der Folgezeit niemals die Graupenmengen abzusetzen vermochte, die für die menschliche Ernährung erfaßt worden waren."

Hayduck weist damit nach, was ohnehin jeder vermutet hätte: Selbst in Notzeiten will der Deutsche die Gerste nur als Bier und nicht als Trockenfutter haben. Seine Publikation richtete sich aber vor allem gegen eine Bewegung, die im 18. Jahrhundert in England ihren Ausgang genommen hatte und die nun scheinbar vor ihrem Sieg zu stehen schien: das Temperence-Movement, das

Im Menschenversuch erprobt: Wer bloß Leichtbier trinkt, berauscht sich auch bei größeren Mengen nicht.

auch in Deutschland als Anti-Alkoholbewegung wirksam war. Die Verfechter der Prohibition hatten einen recht guten Stand. Ausgegangen war ihr Bemühen von philanthropischen Einsichten vor allem protestantischer Kreise zu Beginn der industriellen Revolution: Die harte Fabriksarbeit hatte vielen Arbeitern die Flucht in den Alkohol als eines der letzten Vergnügen gelassen. Trunkenheit scheint ein allgemeiner Zustand gewesen zu sein - speziell im ersten modernen Industriestaat: England. Dort hatten die Liberalen gegen Ende des 17. Jahrhunderts durchgesetzt, daß Schnapsbrennen weitgehend liberalisiert wurde - mit der Folge, daß viele Biertrinker sich an billigeren Schnaps gewöhnten[38]. Bis zu 100.000 Bewohner Londons sollen in der ersten Hälfte des 18. Jahrhunderts praktisch ausschließlich von Gin gelebt haben. Gin-Läden priesen ihre Leistung an: Für einen Penny konnte man sich einen Rausch antrinken, für zwei Penny bis zum Umfallen saufen; Stroh, um sich darauf auszuschlafen, wurde beigestellt.
Das waren die Vorbedingungen, unter denen die Bewegung der Temperenzler ihren Aufschwung nahm. Recht rasch zeigten sich jedoch zwei Strömungen: Gemäßigte Gegner des Gin empfahlen Bier als Alternative, wie das auf dem durchaus politisch gemeinten Doppelbild Gin-Lane und Beer-Street von Hogarth dargestellt ist. Während in der Gin-Lane Elend und Not herrschen, verdient lediglich die Pfandleihanstalt. In der Beer-Street dagegen herrscht frohe Betriebsamkeit, die Geschäfte gedeihen alle - außer dem des Pfandleihers. Tatsache ist, daß Bier aufgrund seiner geringeren Alkoholmenge, aber auch aufgrund seiner geringeren Alkoholkonzentration weniger trunken macht als höher konzentrierte Getränke: Der Körper nimmt den Alkohol langsamer auf - oder gar nicht, wenn er extrem verdünnt vorkommt.
Selbst Leichtbier ist so gering im Alkohol, daß der Körper kaum etwas zu spüren bekommt - wie ein Versuch des Erlanger Medizinprofessors Würmeling[39] belegt hat: In einem Versuch, in dem Testpersonen einmal einen halben Liter normales Vollbier (4,7 Prozent) pro Stunde und ein andermal Leichtbier mit 2,18 Prozent Alkoholgehalt in derselben Geschwindigkeit zu trinken bekamen, ergab sich: Die normalen Biere hatten bei allen Teilnehmern zu einer Alkoholisierung über 0,8 Promille geführt, während auch nach fünf Stunden und 2,5 Litern Leichtbier bei keinem Versuchstrinker 0,1 Promille erreicht wurden.
Die Idee, daß Bier-Konsum quasi ein Gegengift zum Mißbrauch harter Getränke ist, kommt immer wieder in der von Moralpredigten geprägten Alkoholismusdebatte auf. Das Biertrinken wurde sogar für Kinder als moralisch vertretbar gesehen. So schreibt ein Gewerbeinspektor im Jahr 1905[40]: „Aus der Tatsache, daß

nach den Mitteilungen, welche da und dort von den Wirten und Bierbrauern gemacht wurden, der Bierkonsum in den letzten sechs Jahren überhaupt und besonders in den Schenken abgenommen hat, während der Flaschenbierkonsum nicht unerheblich gestiegen ist, kann geschlossen werden, daß das Bier mehr in der Familie des Arbeiters konsumiert wird und auch Frauen und Kinder daran teilnehmen. Hiermit ist auch eine Verbesserung des Familienlebens des Arbeiters insoferne gegeben, als er sich mehr zu Hause aufhält und weniger die Wirtshäuser besucht."

Als im Ersten Weltkrieg die Bierproduktion eingeschränkt wurde, gab es bald zu wenig Milch.

Drei Jahrzehnte später, relativ kurz nach Aufhebung der Prohibition und gerade acht Monate nach Einführung von Bierdose und Einwegflasche, findet sich dieselbe Idee in einer amerikanischen

Zeitschrift[41]: „Diejenigen, die Bier lieber in Tavernen trinken, werden diese Quelle immer offen finden. Aber diese neue Verkaufsform - ob es nun Dosenbier oder die Stubby-Bottle ist - erreicht Haushalte mit niedrigem Einkommen. Und da diese Entwicklung höheren Bierverbrauch und gleichzeitig zurückhaltenderen Alkoholkonsum bringt, sollte sie in jeder Weise gefördert werden." Heute, da Prohibition nur mehr ein Thema für fundamentalistische Moslems ist, spricht man auch in Amerika ehrlicher: „Wir hatten in den fünfziger und sechziger Jahren eine

Ein Doppelbild des Moralisten William Hogarth (1697-1764): In der verelendeten Gin-Lane floriert bloß das Geschäft des Pfandleihers.

Kampagne, um den Bierkonsum daheim zu steigern - aus dem ganz simplen Grund, daß der Weg zum Kühlschrank einfach kürzer ist als jener in die nächste Bar. Und das hebt natürlich den Umsatz", gibt der heutige Geschäftsführer des Brauereiverbandes, Philip Katz, unumwunden zu. Und er sieht es als Erfolg an, daß der Faßbieranteil in den USA heute gerade noch elf Prozent ausmacht - unmittelbar nach Außerkrafttreten des Alkoholverbotes am 7. April 1933 lag er bei 75 Prozent.

Wie aber war es dazu gekommen, daß in den USA das Bier mitsamt allen anderen alkoholischen Getränken verboten wurde?
Die Temperenzbewegung in den USA begann mit dem wackeren Streiter Dr. Benjamin Rush, der die schon erwähnte These vertrat, „daß der überhandnehmenden Unmäßigkeit im Genuß geistiger Getränke nur durch die Wiedereinführung des Biergenusses in die Lebensgewohnheiten der Einwohner" begegnet werden könnte. In seiner 1778 erschienenen Schrift „Directions for Preserving the Health of Soldiers" stellte Rush die Deutschen als

Bier bringt auch in Hogarths Zeichnung Wohlstand: Alle Geschäfte blühen durch den Trank der Mäßigung, nur der Pfandleiher geht bankrott.

Vorbild dar, weil sie mit dem Bier genug hätten anstatt übermäßig Spirituosen zu konsumieren[42].
Zwar wurden in den folgenden Jahren Brauereien durch Steuererleichterungen und sogar durch staatliche Darlehen gefördert – doch auch die Liebhaber des Whisky organisierten sich. Als 1794 eine Whisky-Steuer von sieben Cents je Gallone (das waren etwa 30 Prozent des Handelspreises) eingeführt wurde, kam es in Pennsylvania zu Krawallen: Die Steuereintreiber wurden geteert

und gefedert, gebrandmarkt und mißhandelt und jeder, der ihnen Zuflucht oder Beistand gewährte, war den Gewalttätigkeiten des Pöbels ausgesetzt. Ein gewisser „Tom, der Kesselflicker" (in Wirklichkeit John Holcroft) organisierte eine etwa 8000 Mann starke bewaffnete Miliz, die für billigen Whisky kämpfte. Erst der von George Washington befohlene Einsatz von 15.000 Mann Regierungstruppen aus anderen Staaten konnte die Rebellion beenden. Die jungen USA hatten ihren ersten Bürgerkrieg erlebt – und seine Wurzel war der Streit zwischen Bierbrauern und

Bier als Trank der Mäßigung: 1940 erschien es noch angebracht, den neuen Trend zum Biergenuß daheim als Fortschritt zu bewerben.

Schnapstrinkern gewesen. Die Schnapstrinker haben ihn zwar militärisch verloren, politisch aber haben sie die „free spirit policy" durchgesetzt. Whisky wurde von allen Steuern (außer Importzöllen auf Melasse und Zucker) befreit.

Im Gegenzug gewann die Temperenzbewegung an Gewicht – und sie wurde seit dem Kongreß der Temperance Union 1836 im Badeort Saratoga Springs, NY, immer radikaler. „Tea-Totals", Leute, die nur Tee trinken, waren das Ideal der fundamentalistischen Abstinenzler. Das wurde auch nicht besser, als die erstarkende und immer besser organisierte Bierindustrie gegen die Schnapsbrenner an Boden gewann. Zwar gelang es den Brauern, ihre öffentliche Reputation als bedeutende Steuerträger zu verbessern und sich in lokalen Abstimmungen über die Trockenlegung durchzusetzen: Lokale Alkoholverbote, die in den fünfziger und sechziger Jahren des vorigen Jahrhunderts bestanden hatten, wurden alle rasch wieder aufgehoben. Doch jeder Erfolg der Brauer gegen die Brenner machte sie in den Augen der Abstinenzler noch gefährlicher. Die Zahlen sprechen für sich: Zwar hatte sich zwischen 1860 und 1900 der Pro-Kopf-Verbrauch der US-Bürger von 2,86 auf 1,28 Gallonen Schnaps verringert; dafür war der Bierverbrauch in diesen 40 Jahren von 3,22 Gallonen auf 16,06 Gallonen (ungefähr 60,9 Liter) gestiegen.

Die US-Brauindustrie des Jahres 1900 stellte mit einem Produktionswert von 237,27 Millionen Dollar (bei einer Lohn- und Gehaltssumme von 38 Millionen Dollar) eine beachtliche Größe dar. 1911 setzte sich der amerikanische Bier-Ausstoß sogar vor Deutschland und England an die Spitze der Weltliste. Aber die größten Neider saßen im eigenen Land. Günter Schmölders stellte in einer Publikation der Gesellschaft für Geschichte und Bibliographie des Brauwesens[43] fest: „Dank der Einflußnahme zahlreicher Wirtschaftsführer aus anderen Branchen, die die gewaltige, durch den Bierabsatz gebundene Kaufkraft auf ihre eigenen Erzeugnisse hinzulenken bestrebt waren, und dem starken

So überlebten große Brauer wie Pabst in Milwaukee die Prohibition: Alkoholfreier Malzextrakt ersetzte das Bier.

Rückhalt, den die einflußreichen Kirchen der gemeinsamen Sache boten, endete dieser Kampf in der Zeit des Weltkriegs mit der völligen Niederlage der Brauer und dem Verbote der Herstellung von Bier im gesamten Gebiet der amerikanischen Union."
Schon bis 1913 verbot die lokale Gesetzgebung in neun Staaten den Alkohol - aber das betraf im wesentlichen Gegenden, die „zum größten Teil mehr oder weniger ausschließlich von Hasen und Rebhühnern bewohnt waren", wie Peter Odegard formulierte. Da die Brauindustrie eine städtische Struktur hatte (70 Prozent des Bieres wurden in den 14 größten Städten getrunken), wa-

ren die Farmer auch kaum von Alkoholverboten betroffen. Für den Eigenverbrauch konnten sie sich ihre Getränke selber herstellen, ihre Landarbeiter aber waren von Alkohol und Müßiggang abgehalten.
Der Eintritt der USA in den Weltkrieg lieferte den militanten Temperenzlern zusätzliche Munition: Hatten nicht die meisten Brauereien deutsche Wurzeln und deutsche Namen? War nicht Deutsch die Arbeitssprache in den 1392 Brauhäusern der USA? Mußte nicht jeder Patriot durch Abstinenz seinen Beitrag zur Rohstoffeinsparung bringen?

Die Soldaten waren in den Weltkrieg gezogen, um die Freiheit zu verteidigen - als sie heimkamen, sahen sie sich betrogen.

Das war die Stimmung, in der am 18. Dezember 1917 der 18. Zusatz zur Verfassung - der die Prohibition bringende Volstead-Act - vom Kongreß verabschiedet wurde. Er mußte nun noch von 36 Staaten ratifiziert werden. 21 Staaten und der District of Columbia (die Hauptstadt Washington) sind bereits aufgrund staatlicher Gesetze trocken. Mississippi ist am 8. Jänner 1918 der erste Staat, der das Bundes-Verfassungsgesetz zum Alkoholverbot ratifiziert.
Als die Soldaten im März 1919 vom europäischen Kriegsschauplatz zurückkommen, ist alles beschlossene Sache: Anstatt die Freiheit hatten sie den Fundamentalismus von protestantischen Klerikern, Frauenrechtlerinnen und anderen Alkoholgegnern verteidigt. Am 17. Jänner 1920 erlangt die Prohibition die Kraft eines Verfassungsgesetzes. Allein 40.000 polnische Einwanderer lassen sich Pässe geben, um in ihrem eigenen, nun freien Land zu leben - und nicht in einer Nation, die trocken ist.
1918 hatte die Biersteuer dem Fiskus noch 126,3 Millionen Dollar eingebracht - zu Beginn der dreißiger Jahre war dieser Einnahmenposten zwar weggefallen, dagegen war ein neuer Ausgabenposten dazugekommen: Mindestens 50 Millionen Dollar mußten jährlich zur Durchsetzung des Alkoholverbots aufgewendet werden.
Natürlich lobbyierten die Brauer - allen voran August A. Busch aus St. Louis - für die Wiedereinführung von Bier. Der Demokratische Präsidentschaftskandidat Franklin D. Roosevelt hatte im Wahlkampf 1932 nicht nur den „New Deal", den Gesellschaftsvertrag zur Überwindung der Weltwirtschaftskrise, versprochen, sondern auch die Legalisierung von Bier. Die Brauer setzten durch, daß Bier zunächst bis zu 3,2 Prozent Alkohol haben durfte (der Kongreß tendierte zuvor zu einem Limit von 2,75 Prozent) und August A. Busch notierte im Dezember nach FDRs überwältigendem Wahlsieg: „Happy days will be here again - and soon." Er sah voraus, daß nach Bier bald auch Wein und Schnaps legalisiert werden würden - „Dies wird wieder ein freies

Land."[44] Tatsächlich wurde der 21. Zusatz zur Verfassung, der die Prohibition völlig aufhob, am 5. Dezember 1933 beschlossen.
Das Jahr dazwischen war ein Jahr des Bieres.
Der Präsident der US Brewers Association, Jacob Ruppert, erklärte im Jänner 1933: „Laßt die Leute gutes Bier haben und zwar auf die richtige Art. Laßt sie es daheim und in angenehmer Umgebung trinken - und ihr werdet viel weniger über die Depression und über Verzweiflung hören." Tatsächlich versammelten sich bald die Arbeitslosen vor den Toren von Rupperts Brauerei in der 3. Straße in New York City - denn es hatte sich herumgesprochen, daß die Brauereien nun richtiges Bier einbrauen für den Tag X, den „New Beers Day". Und da wurde jede Hand gebraucht, der Wirtschaftsaufschwung ging von den Brauereien aus.
In den Abendstunden des 6. April 1933 versammelten sich die Amerikaner zum „New Beer Eve". Es war die größte Straßenparty, die das Land je gesehen hatte. Nicht einmal der Waffenstillstand von 1918 oder Lindberghs Transatlantikflug hatten derartig begeistern können wie die Legalisierung von Bier. Die Gazetten titelten in Riesenlettern: „Bier fließt wieder."
Associated Press berichtete am 7. April[45]: „Chicago, Ill. - Jubelnde Massen haben die Straßen entlang von Chicagos Loop heute in den frühen Morgenstunden gesäumt und dem Bier ein Willkommensständchen dargebracht. Zum ersten Mal nach 13 Jahren ist Bier legal. Ganze Karawanen von Lastwägen - insgesamt etwa 700 - stauten sich an den Laderampen der Brauereien an der Deadline - Null Uhr und eine Minute. Beladen mit Fässern und Kisten rasten sie zum Loop, um den Durst tausender Bürger zu stillen, die dort neu einstudierte Bierlieder sangen. Es war ein Gala-Publikum, das die ersten Brauereifahrzeuge begrüßte. Lärmerreger aller Art - Hörner und was es noch so alles gibt - stimmten in ein Freudenkonzert ein, das an die Silvesterfeiern erinnerte. Und was das Bier betrifft: „Es war überraschend gut", sagte Karl Eitel, der Besitzer des Bismarck Hotels. „Unser Problem ist nur, daß wir es nicht schnell genug servieren konnten. Wir mußten die Eingangstüren versperren, um die Massen draußenzuhalten."
Damit ging ein düsteres Kapitel Biergeschichte glücklich zu Ende.
Die Folgen der Prohibition hat Hayduck schon lange vor ihrer Aufhebung richtig eingeschätzt: „Die amtlichen Berichte aus den Vereinigten Staaten von Nordamerika, Norwegen und Finnland über den Schmuggel und seine Bekämpfung, die Trunksucht und ihre Folgen und vor allem über die öffentliche Sicherheit und

Der Kampf gegen den 18. Zusatz zur Verfassung war erfolgreich beendet - nun waren die Zeiten der Prohibition vorbei.

Moral enthalten alles, was der Richtigkeit des Alkoholverbots zuwiderläuft.“ Und er beurteilt die Entwicklung in der Sprache seiner Zeit: „Man hüte sich, in diese aus dem stolzen Selbstbewußtsein eines großen und leistungswilligen Volkes geborene Entwicklung mit roher Hand einzugreifen. Nur die Selbsterziehung jedes Volksgenossen auf dem Boden eines sauberen Staatswesens und einer durch ausreichende Arbeitsmöglichkeit gesicherten, körperlich und moralisch gesunden Lebensführung vermag das Ziel zu erreichen, das jeder Vaterlandsfreund erstreben muß: Maßhalten in allen Genüssen, die uns das Leben bietet.“

Bierbrauen - ein Bürgerrecht

„Heute back ich, morgen brau ich", galt nicht nur für das Rumpelstilzchen, sondern für die gesamte bäuerliche Hauswirtschaft.

MIT DER AUFHEBUNG DER PROHIBITION in den USA gewannen die Bürger ein Stück Freiheit zurück, das bereits Jahrhunderte vorher geradezu zum Inbegriff des Bürgertums geworden war: Bierbrauerei und Bierausschank waren oft unmittelbar mit dem Stadtrecht verbunden. Im ältesten Dortmunder Stadtrecht von 1250 finden sich bereits Hinweise auf die besondere Stellung der Bierbrauerei[46] - eine Frau, die Bier braut, durfte nicht ohne Mitwirkung der Ratsmitglieder angeklagt werden und hatte die Möglichkeit, sich zu rechtfertigen. Daß hier ausdrücklich von einer Frau die Rede ist, verdeutlicht den bäuerlichen Ursprung, den auch das frühe städtische Brauwesen noch hatte. Bierbrauen war „Weibersache" - so wie es das in agrarischen Gesellschaften jahrtausendelang war und zum Teil noch heute ist. Brauen gehörte zur Haushaltsführung wie Kochen oder Wäschewaschen.

Wie sehr das Bierbrauen in der einfachen Hauswirtschaft verwurzelt war, zeigt uns sehr deutlich das Märchen vom Rumpelstilzchen, das die Brüder Grimm in ihre zwischen 1812 und 1822 erschienene Sammlung ihrer „Kinder- und Hausmärchen" aufgenommen haben. Da heißt es[47]: „Um das Feuer sprang ein allzu lächerliches Männchen, hüpfte auf einem Bein und schrie: Heute back ich, morgen brau ich, übermorgen hol ich der Königin ihr Kind; ach, wie gut ist, daß niemand weiß, daß ich Rumpelstilzchen heiß!" Der hier geschilderte Kerl tat ja einige seltsame Dinge (vorher hatte er der Müllerstochter bekanntlich Gold gesponnen und sie so zur Königin gemacht) - aber das Brotbacken und das Bierbrauen gehörte offenbar zu seinem alltäglichen Geschäft. Es war Teil der Hauswirtschaft wie viele andere Dinge, die man sich früher eben selber machte.

Die Geschichte des bösen Waldbewohners ist übrigens nicht die einzige Bier-Erwähnung in der Märchenliteratur. Noch vor dem 55. Märchen „Rumpelstilzchen" zeichneten die Brüder Grimm jenes von „Läuschen und Flöhchen"[48] als Nummer 30 in ihrer Sammlung auf. Diese viel weniger populäre Story erzählt den

Hergang einer Sintflut, in der schließlich alle ertrinken. Ihren Ausgang nimmt sie in einer harmlos scheinenden Begebenheit: „Ein Läuschen und ein Flöhchen, die lebten zusammen in einem Haushalte und brauten das Bier in einer Eierschale. Da fiel das Läuschen hinein und verbrannte sich. Darüber fing das Flöhchen an, laut zu schreien." Und wie es schon passiert, wenn beim Bierbrauen ein Unglück geschieht - alles, alles Unglück folgt aus Trauer. Auch in der moderneren Märchenliteratur findet man noch Geschichten vom Bierbrauen im Haushalt - etwa in der neuzeitlichen Nacherzählung des alten Motivs von der Waldmaus, die zur Hausmaus kommt[49]: „Als der vierte Advent herankam, setzte die Hausfrau das Weihnachtsbier an. Da wußte die Hausmaus, es war Zeit, in den Wald zu gehen und die Waldmaus abzuholen." Und der Gast aus dem Walde tut sich dann recht gütlich an dem frischen Bier, das vom Hahn tropft.

Grimms Märchen warnen: Wenn beim Bierbrauen ein Unglück geschieht, kann im schlimmsten Fall die Welt untergehen.

So etwas gibt es heute wahrscheinlich nur noch im Märchen - aber gar so lange ist es wohl nicht her, daß die Leute ihr Bier selber angesetzt haben. Wie das passierte, hat etwa die durch die Autobiographie „Herbstmilch" und deren sehr erfolgreiche Verfilmung bekannt gewordene Bäuerin Anna Wimschneider in ihren Lebenserinnerungen[50] festgehalten: Der Hopfen wurde einfach von wilden Hopfenstauden hinter dem Kuhstall gezupft und auf der Terrasse zum Trocknen aufgelegt. Die 1993 verstorbene Frau Wimschneider hat auch die wohl jüngste in der Literatur noch verfügbare Schilderung geliefert, wie Hausfrauen die Würze (in der nach ihrer Darstellung noch die Treber enthalten waren) stehen gelassen und später durch ein Seihtuch direkt in den Gärbottich umgeleert haben. Da kam dann einfach Hefe dazu, die wohl in der Brauerei abgeholt und später immer weiter geführt wurde - und das Ganze stand dann „in der hinteren Speis", wo es kühl genug war. Es wurde beobachtet, wie sich Schaum bildete und wieder zusammenbrach.

Man kann davon ausgehen, daß Bierbrauerei in den Städten des Mittelalters nicht sehr viel anders ausgesehen haben wird als sie hier beschrieben wurde. Die Bedeutung des Bieres für das bürgerliche Leben in Mittelalter und früher Neuzeit kann nicht hoch genug eingeschätzt werden. Zur Zeit der Stadtgründungen im Mittelalter braute noch beinahe jedermann (oder besser: jede Frau), sofern das Haus entsprechend eingerichtet war.

Dazu war nicht einmal ein metallener Braukessel notwendig: In Kärnten wurde noch jahrhundertelang nach einer anderen Technologie Bier gebraut als wir sie heute kennen.[51] Hier gab es bis zum Ersten Weltkrieg noch zahlreiche Steinbierbrauereien. Das Brauwasser und die Maische wurden erhitzt, indem heiße Steine in einen Holzbottich geworfen wurden, was nebenbei einen rauchigen Geschmack ergab. Oft wurde sogar auf Hopfen verzichtet – er wurde durch eine Kräuter- und Wacholderzweigmischung ersetzt, die sogenannte „Grut". Dieses Bier hat ganz anders geschmeckt als unsere heutigen Biere – denn auch das Malz war nicht gedarrt. Es wurde Gerste und Hafer angekeimt, getrocknet und mitsamt den Keimen geschrotet. So entstand ein stark moussierendes, doch recht bekömmliches Getränk. Es galt aber als unedel; Steinbierbrauer wurden daher nicht in die Brauerzunft aufgenommen.

„Zünftiges" Brauen setzte einen Kessel voraus, in dem Maische und Würze gekocht wurden. Die Brauer der Städte gaben sich daher entsprechende Zunftordnungen und versuchten, sich die lästige Konkurrenz der bäuerlichen Brauer vom Leib zu halten.[52] Dabei kam ihnen zugute, daß die Landesherren den Städten oft gleich mit der Gründungsurkunde das Braurecht verliehen hatten.

Die Braunahrung der Bürger gab den mittelalterlichen Städten erst jene Stärke und jenen Glanz, die sie bis heute ausstrahlen.

Bierbrauen war zum Bürgerrecht geworden. Das Privileg, Bier zu brauen, machte natürlich nur dann Sinn, wenn es mit einer gewissen Exklusivität ausgestattet war. Wo praktisch jeder irgendeine Art Bier zum eigenen Verbrauch braute, mußte zumindest der Ausschank von Bier auf jene beschränkt werden, die Bürger waren. Den entsprechenden Schutz mußte die sogenannte Bannmeile liefern, deren Umfang oft in die Stadtrechtsurkunde geschrieben wurde: Innerhalb der Mauern und in einem Umkreis von einigen Kilometern durfte kein anderes Bier ausgeschenkt werden als jenes, das von den Bürgern der jeweiligen Stadt gebraut und zum Verkauf angeboten wurde.

Natürlich ging das nicht ganz ohne Widerstände ab. Zum einen waren die Rechte der Städte und ihrer Bürger immer in einem labilen Gleichgewicht zu den Rechten von Adel und Geistlichkeit zu sehen. Zum anderen lebten in der Stadt ja nicht nur Patrizier, sondern Leute mit geringeren Rechten, wie es der auf Bier spezialisierte Wirtschaftshistoriker Herbert Knittler[53] dargestellt hat: „Einer Schicht von Besitz- und Handelsbürgern, die über Grund und Boden innerhalb und außerhalb der Stadt verfügten, am Eisen-, Fisch- oder Getreidehandel beteiligt waren und zusätzlich Bier erzeugten und Gastwirtschaften betrieben, stand die Mehrzahl der Handwerker und Gewerbetreibenden gegenüber." Bis ins 18. Jahrhundert gab es in den meisten Städten keine scharf abgegrenzte Unterschicht, jedoch eine Vielzahl von Dienstboten und Gehilfen, Lehrbuben und Gesellen, die nicht dieselben Rechte hatten wie die Bürger. So war etwa in Berlin und Cölln den Besitzern einfacher Hütten das Brauen strikt verboten.

Im Streit mit umliegenden Grundherrschaften und dem Landesherrn, der den Freiheitsdrang der Städter immer wieder zu beschneiden versuchte, war das Bier häufig Zankapfel. In Weitra, der ältesten Braustadt Österreichs (Braurecht von 1321), hatten sich die Bürger später vergeblich dagegen gewehrt, daß ein herrschaftliches Dominikalbrauhaus errichtet wurde. Und Beschwerden, daß innerhalb der Bannmeile das Bier von Adeligen, Klöstern und sogar aus böhmischen Importen ausgeschenkt wurde, blieben in der Regel erfolglos.

Dazu kam, daß ab der Mitte des 16. Jahrhunderts vielfach die Städte selber als Brausubjekte auftraten. Ihre Armenhäuser und Spitäler betrieben eigene Braustätten und Leutgebschaften, deren Ertrag der Gemeindekasse zufloß. In anderen Städten schlossen sich die Braubürger zu Gemeinschaften zusammen, in denen das Braurecht schließlich gemeinsam ausgeübt wurde. In Freistadt in Oberösterreich wird heute noch eine Braucommune betrieben, an der alle Besitzer von Grundstücken innerhalb der Stadtmauer beteiligt sind.[54] Hier hatte jeder innerhalb der Stadtmauer ansässige Bürger das Recht, Bier zu brauen und zu versilbern. Es wäre aber wenig sinnvoll gewesen, daß sich jeder Hausbesitzer eine eigene Braustube einrichtet.

Diese Investition nahmen nur wenige auf sich und boten ihre Einrichtung den übrigen zur Benützung an. So entstand das „Reihebrauen". Das heißt, daß in einer bestimmten Reihenfolge jeder Bürger Bier brauen ließ, das er einerseits für den Hausgebrauch verwendete und andererseits entweder selbst ausschenken oder einem Wirt verkaufen konnte. Das Brauen besorgte in Freistadt wie in vielen anderen Städten ein Meister, der von Sudhaus zu Sudhaus pilgerte. So gilt es als ein Charakteristikum der Architektur von Einbeck, daß die Häuser besonders breite Toreinfahrten haben: Hier mußte der städtische Braukessel durchpassen, wenn der Braumeister nach und nach die Häuser aufsuchte, um den Bürgern ihr Bier zu brauen. Dieses Einbecker Bier wurde wegen seiner Stärke allenthalben gelobt - es wurde ein bedeutendes Handelsprodukt der Hanse.

Freistädter Bier hat dagegen vor allem lokale Bedeutung behalten. Und es hat auch eine andere rechtliche Entwicklung genommen als das berühmte Bier aus Niedersachsen. Es gab generell noch eine andere Möglichkeit, das Reihebrauen zu betreiben, nämlich in einem zentralen Brauhaus, das vom Markt oder der Stadt errichtet wurde. In Freistadt gab es neben den Hausbrauereien zwei davon: Das Weißbierbrauhaus, das der Stadt und damit dem Landesfürsten unterstand, und das Braunbierhaus, das sich im Eigentum der Bürgerschaft befand. Im Jahre 1770 wurden die beiden durch Kauf vereint, verkauft und an ihrer Stelle eine funkelnagelneue und moderne Brauerei um die horrende Summe von über 58.000 Gulden erbaut. Das waren bereits die Kosten für ein kleines bis mittleres Schloß. Mit dem Bau verbunden war die Schaffung der heute noch bestehenden Braucommune, einer einzigartigen Einrichtung in der österreichischen Braulandschaft, die ihre Wurzeln im Reihebrauen hat. Jeder Freistädter Hausbesitzer (innerhalb der ebenfalls noch bestehenden Ringmauer) ist Mitbesitzer der Brauerei, die Anteile werden noch heute im alter-

Das kleine Litauen widmete der Gerste schon in der Zwischenkriegszeit eine Marke; als 1992 der Rubel abgelöst wurde, zierten Hopfenranken die ersten Geldscheine.

tümlichen Maß „Eimer“ abgerechnet. Ein Hinweis darauf, daß die Grundstücke je nach Größe und Bedeutung des Besitzers verschieden viele Eimer Bier pro Jahr brauen durften.

Dabei muß klar sein, daß die hier angesprochenen Biere nicht unbedingt aus denselben Zutaten bestanden, die wir heute kennen. Vor allem der Hopfen war noch lange kein Charakteristikum des Bieres und erst in der Neuzeit kam der Spruch auf: „Es ist ein schlechter Hopfen, den man mit Wermut bittern muß.“ Jahrhundertelang waren andere Bitterstoffe verwendet worden, wobei sich neben Wacholder, Hollunder, Eichenrinde, Fichtenkernen, Lorbeer, Löffelkraut, Schafgarbe, Wermut und einem Dutzend anderer Kräuter vor allem die Porse (Ledum palustre) durchgesetzt hatte. Dabei handelt es sich um kleine, immergrüne Sträucher, die auch als wilder Rosmarin bekannt sind. Die lederartigen Blätter enthalten reichlich Bitterstoffe und haben eine leicht betäubende und schweißtreibende Wirkung. Dem Brockhaus von 1888 ist zu entnehmen: „Gegenwärtig benutzt man sie nur zum Vertreiben der Motten und zur Verfälschung des Bieres, um dieses stärker berauschend zu machen.“

Vorher aber war Porse oder Porst der Hauptbestandteil der Grut, des bitternden Zusatzes im Bier. So steht es auch im Privileg der Stadt Dortmund vom 22. August 1293, in dem König Adolf von

Nassau erklärt[55]: „Mit königlicher Güte bewilligen wir Euch gern und gestatten großzügig, daß ihr allenthalben in Unserer Stadt Dortmund Bier mit dem Gärstoff, der Grut genannt wird, brauen dürft, bis auf Widerruf."

Die Dortmunder hatten - wie viele andere Städte - die Mischung der Grut in fachliche Hände gelegt und den Handel mit der Grut dem Gruthaus übertragen. Dies erleichterte auch die Besteuerung des Bieres.

Die Aufzeichnungen über die Grut weisen neben großen Mengen Porse auch kleinere Mengen Malz, Hopfen, Harz und Lorbeer als Bestandteil jenes „Gärstoffs Grut" („fermento, quod grut vulgariter appellatur") aus. Allerdings war die Grut in jeder Stadt verschieden zusammengesetzt - das Münchner Gräwssing mag ein Grutbier völlig anderen Charakters dargestellt haben.

Schon im späten 13. Jahrhundert war die Zeit reif für ein Reinheitsgebot - das erste kam schon lange vor 1516.

Tatsächlich haben die Brauer im Mittelalter allerhand Experimente angestellt, um besonders berauschende Biere herzustellen[56]. Bilsenkraut war eine besonders beliebte Zutat, da es Alkaloide enthält, die Halluzinationen auslösen. Auch Seidelbast (Zeilerkraut) und wohl auch Tollkirsche wurden dieses Effektes halber unters Bier gemischt. Bier war also im 13. und 14. Jahrhundert eine richtige Droge - wer allerdings einen über den Durst getrunken hatte, konnte Krämpfe, Lähmungen oder gar den Tod erleiden.

Die Zeit war reif für ein Reinheitsgebot - noch lange vor der berühmten Bestimmung von 1516 erkannten die Städte den Regelungsbedarf. Landshut gab bereits 1409 eine städtische Brauordnung heraus, Regensburg hat 1457 Zusätze verboten und 1469 Gerste, Hopfen und Wasser als Bierbestandteile festgeschrieben.[57]

Zwischen 1453 und 1493 wurde erstmals vom Rat Münchens eine Vorschrift erlassen, die den Brauern vorschrieb, sie „sullen auch pier und grewssing sieden und prewen allein nur allein von gersten, hopfen und wasser und sonst nichts darein oder darunter thun noch sieden oder man straffte es für valschung". Wenn in dieser Bestimmung zwischen „pier" und „grewssing" unterschieden wird, so sind damit wohl Hopfen-Biere und Grut-Biere (letztere enthielten wahrscheinlich auch Weizenmalz, was aber mit dieser Regel verboten werden sollte) gemeint, die mit dieser Bestimmung offenbar vereinheitlicht werden sollten.

Nach mehreren Beschwerden an den Münchner Rat erließ Herzog Albrecht IV., der Weise, am St. Andreastag (30. November) 1487 die erste landesherrliche Brauordnung für München - doch noch 1551 wurde eine städtische Brauordnung erlassen, in der wieder Kräuterzusätze (etwa der schmackhafte und belebend wirkende Koriander) erlaubt wurden.

Bevor wir uns dem Reinheitsgebot vom 23. April 1516 und damit den hochadeligen Eingriffen in das Brauwesen näher zuwenden, muß noch der wahren Bedeutung des städtischen Brauwesens nachgegangen werden. Bier zu trinken war ja bis um 1800 ein Gebot der Vernunft, gerade im städtischen Bereich.
Es gab einfach kein gesünderes Getränk. Das ergibt sich aus der Versorgungslage der städtischen Bevölkerung und den hygienischen Verhältnissen in den Städten: Vielfach gab es keine Kanalisation - Schmutzwasser (und damit auch der Inhalt der Nachtgeschirre sowie der Kot des auf der Straße lebenden Getiers) floß oberflächlich durch die Gosse zum tiefsten Punkt der Stadt. Brunnen und Senkgrube lagen gelegentlich gleich nebeneinander. Man darf vermuten, daß im Trinkwasser eine enorme Zahl von koliformen Keimen war, die dann auch für den regelmäßigen Ausbruch von Seuchen verantwortlich waren.

Biertrinker blieben davon allerdings weitgehend verschont: Selbst wenn verseuchtes Wasser zum Brauen genommen worden wäre - während des Sudvorgangs wurde die Bierwürze ja einmal erhitzt und sterilisiert. Und die Bitterstoffe im Bier verhinderten einen Befall mit schädlichen Mikroorganismen. Dazu kommt, daß Brauereien oft über eigene Brunnen verfügt haben, während die öffentliche Wasserversorgung vielfach auf verunreinigtes Oberflächenwasser zurückgreifen mußte. Als im Herbst 1916 in Milwaukee, Wisconsin, eine Typhus-Epidemie ausbrach, bat daher das Gesundheitsamt die großen Brauereien, die öffentlichen Schulen mit ihrem Brauwasser zu versorgen[58]. Das taten sie gerne - quasi als PR-Aktion für die Reinheit der Bier-Zutaten.
Erst mit der weiteren Verbreitung der Aufgußgetränke Tee und Kaffee erwuchs dem Bier eine hygienisch einwandfreie Konkurrenz. Bier war damit vor der Erfindung der Pasteurisierung sogar gesünder als Milch. Gesünder als Wein, der sich wegen seines höheren Alkoholgehalts nicht als ausschließliches Getränk eignet, war es sowieso. Dennoch ist überliefert, daß in Weingegenden das Bier immer wieder Repressionen ausgesetzt war. So wurde in Heilbronn am 24. 2. 1629 das Bierbrauen völlig verboten, um den Weinabsatz zu sichern. Der Bierbrauer Hans Georg Jörg, dem der Rat zunächst das Brauen erlaubt hatte, es aber wegen seines großen Erfolgs nun untersagt bekam, klagte dagegen sogar vor dem Reichsgericht. In Wien, wo der Wein ja auch immer hoch im Kurs stand, kamen die Bierbrauer des 18. Jahrhunderts den Weinbauern und Weintrinkern insofern entgegen, als sie ein eigenes „Weinbier“ brauten: Auf den Eimer Weizenbier kamen vier Maß gekochten Weines.
Solche Innovationen waren nicht immer ganz unproblematisch.

Denn wo Brauer zunftmäßig organisiert waren oder Bürger auf alte Traditionen pochen konnten, wurden neuartige Biere mit Argwohn betrachtet oder von der lieben Konkurrenz mit aller Gewalt bekämpft[59]. Das bekam zum Beispiel der Bildhauer Gabriel Neumann zu spüren, der in Eisleben den neuen Typus des Broihan-Bieres einführen wollte. Der Name erinnert an Cord Broyhan, der 1524 aus Hamburg nach Hannover gekommen war und dort erstmals am 31. Mai 1526 „ein sonderlich neues Bier, dem man nach dem Manne, der es gebrauet, zuallererst den Namen geben" ausgeschenkt hat. Cord Broyhan verwendete zu seinem Bier ein Drittel Weizen- und zwei Drittel Gerstenmalz. Er erstellte daraus ein schwach vergorenes und schwach gehopftes hellbraunes Bier, das das bis dahin vorherrschende Rotbier fast völlig verdrängte.

Wenn städtische Braumonopole angekratzt wurden, griffen die Spießbürger zu ihren Waffen - dann drohte ein Bierkrieg.

Dies also versuchte Gabriel Neumann in Eisleben nachzuempfinden - woraufhin zornige Bürger der Altstadt zu Neumanns Braustätte im Vorort Vogelgesang zogen und dort am 14. Juli 1633 die Bierfässer zerschlugen. Neumann vertraute aber darauf, daß er auf dem Gut des Klosters sein Brauhaus hatte - und braute weiter das neuartige Bier, das das städtische Monopol ankratzte. Prompt tauchten am 16. Mai des Folgejahres die Bürger wieder bei ihm auf, beschlagnahmten sechs Fässer Broihan und tranken sie aus. Es muß kein schlechtes Bier gewesen sein, wenn seine Gegner es getrunken haben!

Aber die Eislebener Bürger waren schon seit jeher streitlustig, wenn es um ihre Bier-Privilegien ging: Am 12. Februar 1526 hatten sich 158 von ihnen zu einem veritablen Bierkrieg aufgemacht. Sie überfielen eine Schenke in Polleben, die unberechtigt ihr Bier aus Großörner bezogen hatte. Zwei große und ein kleines Faß des fremden Bieres wurden beschlagnahmt, nach Eisleben gebracht und dort an die Armen im Geiststift verzapft. Die Brau-Nahrung der Bürger, das Einkommen aus dem eigenen Bier, war damit gerettet. Und darauf kam es bei allen Bierkriegen letztendlich an.

Trinken als patriotische Tat

„Der Willkomm ging um. Der Kaiser gab den Humpen weiter und sorgte, daß er bis auf den letzten Tropfen geleert wurde."

DER KAISER WUSSTE, was er am Bier hatte. Am 23. März 1898 legte Wilhelm II. die Uniform der Danziger Leibhusaren an und fuhr in einem mit zwei Schimmeln bespannten offenen Wagen in der Seestraße in Berlin-Wedding vor. Der Geheime Regierungsrat Max Delbrück begrüßte die Majestät in den neuen Räumen des Instituts für Gärungsgewerbe, der Reichstagsabgeordnete Friedrich Goldschmidt führte ihn durch die Versuchs- und Lehrbrauerei und richtete dann die Bitte an ihn, „dem Feste durch Annahme eines Ehrentrunkes die Weihe zu geben", wie ein zeitgenössischer Bericht[60] lautet. „Se. Majestät ergriff den herrlichen Silberpokal, den die Arbeiter der Patzenhofer-Brauerei ihrem Direktor zum fünfundzwanzigjährigen Jubiläum gewidmet haben, der mit der Germania gekrönt, mit dem Eisernen Kreuze geschmückt und unter anderem die in Silber gravierten Abbildungen der Patzenhofer Brauerei und der Versuchs- und Lehranstalt zeigt, mit fester Hand und trank mit edlem Bundesbräu auf das Wohl der Gewerbe und Landwirthschaft. Ein brausendes Hoch erschallte. Der Willkomm ging um. Der Kaiser gab den Humpen weiter und sorgte, daß er bis auf den letzten Tropfen geleert wurde."

Der Auftritt an Norddeutschlands wichtigster Bier-Forschungsstätte wird nach dieser Schilderung seine Wirkung nicht verfehlt haben. Bier war einmal mehr als deutsches Nationalgetränk gewürdigt worden, wie es seit über einem Jahrhundert in der Tradition der Hohenzollern gelegen war. So liest man in der Berliner Bürgerbräu-Zeitung[61], die die traditionsreiche Brauerei in Berlin-Friedrichshagen zu ihrem 125-jährigen Bestehen herausgegeben hat: „Es gibt wenige Ortschaften, die so sehr mit der Brautradition verwurzelt sind, wie Friedrichshagen. Kein Wunder: Es war ein Brauer, der die Siedlung gegründet hat – ein König unter den Brauern und Brauer unter den Königen. Das war im Jahr 1753 und der König hieß Friedrich II. Wir kennen ihn heute als ‚den Großen' – und diesen Beinamen hat er sich nicht nur durch seine erfolgreichen Kriege, sondern vor allem auch durch seine

Friedrich der Große hat auch mal klein angefangen: Sein Vater schickte ihn in Potsdam zu einem Bierbrauer in die Lehre.

praktische Einstellung verdient. Die Siedler sollten Maulbeerbäume pflanzen - Lieblingsnahrung und Brutstätte der Seidenspinner-Raupe - und hier die Produktion feiner Garne und Stoffe aufnehmen. Das entsprach ganz dem Wirtschaftsdenken jener Zeit: Was in Preußen produziert werden konnte, brauchte nicht importiert zu werden. Eben jenes Wirtschaftsdenken hatte Friedrich - übrigens nicht ganz freiwillig - zum Brauerhandwerk gebracht. Der Vater des Großen Fritz, der ‚Soldatenkönig' Friedrich Wilhelm III., war bereits ein großer Bierliebhaber gewesen. Und das nicht nur wegen des Geschmacks: Bier war für seine Soldaten wesentlich gesünder als der verbreitete Schnaps und selbstverständlich auch gesünder als das Wasser, das wegen der mangelnden Hygiene jener Tage oft verseucht war - auch wenn man die sterilisierenden Vorgänge beim Brauprozeß noch nicht kannte, lehrte doch die Erfahrung, daß Biertrinker weniger krank wurden als Wassertrinker. Und daß sie viel mehr Geld im Lande ließen als die Kaffeetrinker. Weil es an vielen Höfen Brauch war, daß die Mitglieder des Herrscherhauses auch einen normalen Beruf kennenlernen mußten, wurde Friedrich zum Brauerhandwerk bestimmt."

Biertrinken war also eine patriotische Tat - und das nicht nur in Preußen. Wir haben schon im letzten Kapitel gehört, daß Städte im Mittelalter das Braurecht als Privileg erhalten haben. Und solche Privilegien machten nur einen Sinn, wenn es dafür Gegenleistungen gab. Zum Beispiel die Gewähr dafür, daß die jeweiligen strategisch günstigen Plätze auch dauerhaft besiedelt und befestigt blieben. Wer ein sicheres Einkommen hatte, der konnte auch Stadtmauern erhalten und zur Not Bürgerwehren stellen. In der Ingolstädter „Bierbrauer-Ordnung" von 1470 wird etwa festgelegt, daß keiner es wagen soll, das Brauhandwerk aufzunehmen, es sei denn, er habe sich aufgrund seiner Bürgerpflicht für die Verteidigung der Stadt unter anderem mit einem Trabharnisch ausgerüstet.

Dieselbe Idee, das Bierbrauen zur Grundlage der Verteidigung zu machen, findet sich auch bei der Besiedlung einer kleinen Insel, die 1612 von Adrian Block und Hans Christiansen mit den ersten Gebäuden (darunter einem Brauhaus) ausgestattet worden war: In Manhatas, dem heutigen Manhattan, wurde am 28. Juni 1644 die Bierbesteuerung in Amerika eingeführt. Zu jener Zeit hatte Mynher Jacobus als einer von mehreren bereits damals angesehenen Brauern der jungen Siedlung einen Biergarten eingerichtet. Im heutigen Downtown Manhattan gab es eine Brouwer Straat wie in Amsterdam und Grachten. Das Stadt Huys, das Rathaus, war ursprünglich als städtische Herberge mit Bierausschank

eingerichtet worden. Jacobus wurde dann sogar Bürgermeister des bis 1664 holländischen New York, das zu seiner Zeit bereits 120 Häuser und gut 1000 Einwohner hatte.
1644 war die kleine holländische Kolonie in ziemlicher Bedrängnis, wie der damals erlassenen Steuerverordnung[62] zu entnehmen ist: „Nachdem der allgemeine Kampf, den wir gegen die umwohnenden Wilden führen müssen, uns gezwungen hat, zum Schutze unseres Gebietes eine außerordentlich große Zahl von Söldnern anzuwerben, die wir notwendig entlohnen müssen, ebenso wie andere schwere Lasten durch die Kämpfe verursacht worden sind; wozu wir keine Mittel der ehrenwerten Holländisch-Westindischen Kompanie besitzen ... So sind wir nun darauf angewiesen Mittel und Wege zu finden, unsere Söldner zu entlohnen. Wir bestimmen und verordnen daher hiermit, daß für jedes halbe Barrel Bier, das die Wirte ausschenken, zwei Gulden Abgabe entrichtet werden sollen, die Hälfte vom Brauer, die Hälfte vom Wirt; halb soviel hat zu zahlen, wer das Bier nicht verkauft." Ähnliche Steuern wurden auf Weinimporte erhoben. Die Behörde argumentierte, daß solche Verbrauchssteuern „den Bürgern die geringste Beschwernis verursachen kann, da die Knappheit des Geldes ganz allgemein ist". Gleichzeitig wurde versprochen, daß dies alles nur vorläufig gelte, „bis Gott der Herr uns Frieden schenkt".

Manhattan Island wäre vielleicht nie dauerhaft besiedelt worden, wenn Gouverneur Peter Stuyvesant auf die Biersteuer verzichtet hätte.

Friede ist in Amerika aber lange nicht eingekehrt. Der amerikanisch-spanische Krieg von 1898 wurde zu etwa 40 Prozent aus Biersteuern finanziert. Und in einem Pamphlet von 1941 wird von den amerikanischen Brauern der wichtige Beitrag zur Nationalen Verteidigung explizit angesprochen[63]: „Im Halbjahr vom 1. Juli bis 31. Dezember 1940 hat sich der eine Dollar zusätzlicher Verteidigungssteuer zu einem Betrag von 27 Millionen Dollar addiert. Dieser Steuerbeitrag der Industrie ist nicht der einzige Teil, den das Bier in den Verteidigungsplänen der Regierung darstellt. Bier wird in den Camps und Basen der Armee, Flotte und der Marines unter Aufsicht der Regierung als ein Beitrag zu den Erholungsprogrammen der Streitkräfte der Nation angeboten." Die Brauer konnten sich am Vorabend des Eintritts der USA in den Zweiten Weltkrieg auf hochrangige Offiziere[64] berufen: „Es wird für unklug gehalten, einem Soldaten während seiner spärlichen Stunden der Freizeit die Privilegien vorzuenthalten, die andere Bürger genießen."
Bier wurde als Beitrag zur hohen Moral der Truppe angesehen. Während derzeit österreichischen Soldaten vorgeworfen wird[65], daß sie nach Dienst in der Kaserne bleiben und in der Kantine (wo es kein stärkeres Getränk als Bier gibt) mit Kameraden fei-

ern, schrieb Clarence Woodbury[66] damals: „Alleine die Tatsache, daß Bier heute in den Kantinen der Armee verkauft wird, hat einen kolossal heilsamen Effekt auf viele Soldaten, die nun weniger dazu neigen, abends in die Stadt zu fahren, wenn sie ihr Bier im Camp bekommen können."

Daß Bier die Moral der Truppe hebt, ist allerdings eine alte amerikanische Erfahrung, die auf den ersten Präsidenten zurückgeht. Eine der ersten Entscheidungen, die George Washington als Kommandant der Continental Army traf, war die Festlegung der täglichen Bierration auf einen Quart (das sind zwei Pints oder 0,94 Liter) pro Mann. Washingtons Interesse am Bier mochte wohl damit zusammengehangen sein, daß er selber Bierbrauer war. In der New York Public Library wird sein handgeschriebenes Rezept für Ale aufbewahrt[67]: „Nimm ein großes Maß Malzschrot, dazu Hopfen nach Geschmack, koche diese Menge drei Stunden lang, dann seihe dreißig Gallonen in einen Kühlbottich. Gib drei Gallonen Melasse dazu, während das Bier kochend heiß ist, oder noch besser, schütte die Melasse in den Kühlbottich und seihe das kochende Bier darauf. Laß den Aufguß abkühlen, bis er etwas mehr als lauwarm ist, und füge dann ein Quart Hefe dazu. Ist das Wetter sehr kalt, so bedecke den Bottich mit einer Decke. Laß nun die Masse im Kühlbottich vierundzwanzig Stunden gären und fülle sie ins Faß. Das Spundloch muß offen bleiben, bis die Masse beinahe ausgegoren hat. Endlich fülle das Bier auf Flaschen, nachdem seit dem Brautag eine Woche vergangen ist."

Amerikas erster Präsident hinterließ einen geordneten Staat - und ein noch heute aufbewahrtes Bierrezept.

In anderen Ländern hat man sehr wohl auch Kriege mit der Biersteuer, „Akzise" oder „Taz", finanziert; allerdings haben die Finanzminister fast immer „vergessen", die Biersteuer wieder zu senken, wie das Beispiel der Steiermark[68] zeigt: „Ab 1478 wurde das sogenannte ‚Ungeld' eingehoben, das 1556 durch die ‚einfache Zapfenmaß' ersetzt wurde. Die Steuer sollte Mittel für die Abwehr der Türken aufbringen, sie wurde 1576 verdoppelt und erst 1723 durch den ‚Bieraufschlag' und 1823 durch die ‚allgemeine Verzehrsteuer' abgelöst. Die Steuerbelastung für Defensionszwecke hatte damals in der Steiermark beachtliche Ausmaße - schließlich sollte die Militärgrenze befestigt und eine ganze Armee ausgerüstet werden: Allein der Nürnberger Händler Egidius Sommer lieferte 1577 2500 Schützenhauben, 1169 Radschloßgewehre und 57 Radschloßpistolen - sie sind noch heute im Bestand des Grazer Landeszeughauses." Aus Württemberg weiß man von einem am 11. September 1641 eingeführten „Kesselgeld" von 12 Gulden jährlich je Braukessel und (weil dies offenbar immer noch nicht reichte) von einem am 22. Juni 1644 eingeführten „Halbthalergeld" von 45 Kreuzern pro Eimer fertigen Bieres[69].

Allein die vielfältigen Bezeichnungen für ein- und dieselbe Steuer zeigen den Erfindungsreichtum der Steuerschöpfer, über den sogar in einer deutschen Schrift[70] aus dem ja sonst nicht sehr staatskritischen Jahr 1936 gespottet wird: „Seit jeher sind die Finanzminister und die Steuergewaltigen der Gemeinden besondere Liebhaber des Bieres gewesen. Nicht als ob sie mehr als andere Menschen dem schäumenden Gerstensaft selbst zugesprochen hätten - hierüber ist jedenfalls nichts bekanntgeworden. Ihre Liebhaberei für das Bier bestand hauptsächlich von dem Gesichtspunkt der Besteuerungsmöglichkeit aus." Immerhin haben die Biersteuern im deutschen Reich selbst im relativ schlechten Jahr 1933/34 noch fast 400 Millionen RM eingebracht - eine Summe, mit der sich die Brauwirtschaft schon eine gewisse Keckheit im Umgang mit den Machthabern leisten konnte. Allein aufgrund ihres Nominalkapitals von 553.500 RM lagen die 361 Brauindustrie-Gesellschaften jener Zeit an achter Stelle der deutschen Industriestatistik - noch vor dem Braunkohlebergbau und dem Fahrzeug- und Automobilbau. Dabei waren in jene Statistik die 4230 kleingewerblichen Betriebe des Brauerei- und Mälzereigewerbes noch gar nicht eingerechnet.

Als die Steuerschraube zu eng angezogen wurde, erfanden die Londoner Bierbrauer einen neuen Biertyp: das Porter.

Die Bier-Besteuerung hat immer wieder auch auf das Bier selbst Einfluß genommen. Die Engländer wissen aus ihrer eigenen Biergeschichte, wie ernst solche Bedenken zu nehmen sind. Allein die Umstellung von Steuersystemen und teilweise drastische Steuererhöhungen haben enorme Veränderungen der Verbrauchs- und Geschmacksgewohnheiten bewirkt. Das berühmteste Bier, das offenbar durch eine Änderung in den Besteuerungsmechanismen „erfunden" wurde, ist das Londoner Porter Bier. 1722 wurde es erstmals unter dem Namen „entire beer" oder „intire" auf den Markt gebracht - und die Bezeichnung gibt bereits an, daß hier ein Bier angeboten wurde, das „alles" enthielt. Zu jener Zeit waren nämlich zwei gänzlich verschiedene Biertypen populär: Junges, frisches Ale und das sogenannte „Stale Ale". Geht man der Übersetzung von „stale" nach, so stößt man auf „schal, alt, abgestanden". Aber diese Überlegung führt in die völlig falsche Richtung. Denn schales Bier würde man ja bestenfalls für die Essigproduktion heranziehen. Das alte „Stale Ale" war aber seinerzeit deutlich teurer als das junge Bier - in vielmonatiger Lagerung hatte es sich stark mit Milchsäure angereichert und damit einen weinigen Charakter bekommen, wie er für einige länger gelagerte obergärige Biere typisch ist.

Nun war es aber so, daß zu jener Zeit England von einer schweren, durch Spekulation hervorgerufenen Wirtschaftskrise gebeutelt wurde, zu deren Sanierung man sich wieder einmal des Bieres

Bierbrauerei in London: Hier lag im 18. Jahrhundert das Zentrum der Welt-Bierproduktion - und das Porter wurde auch auf dem Kontinent zum Lieblingsbier der gehobenen Gesellschaft.

besann. Als daraufhin die Steuer stark stieg, wurde das lange Reifen von Bier immer weniger rentabel. Biersteuern knüpften damals nämlich nicht am verkauften Bier, sondern an den Rohstoffen und der Ausschlagwürze an. Je länger das Bier in den Kellern lag, desto länger war mit dem Kapital auch die bereits entrichtete Steuer gebunden. Zu jener Zeit kam also das „intire" auf - ein Verschnitt aus dem jungen Bier mit seinem frischen Geschmack und aus säuerlichem Stale Ale. (Das Ergebnis dürfte ein bißchen ähnlich dem heute noch üblichen Verschnitt von gereiftem und jungem Altbier geschmeckt haben - eine Spezialität, die typisch ist für das Brauhaus von *Pinkus Müller* in Münster in Westfalen.)

Wer wissen will, wie die obergärigen Biere früherer Zeit geschmeckt haben, muß zu Pinkus Müller nach Münster.

Es war jedenfalls ein völlig neuer Biertypus, der deutlich günstiger als das kostbar gewordene Stale Ale war. Der Umstand seines relativ günstigen Preises und die später üblich gewordene Bezeichnung „Porter" haben zu der Interpretation[71] geführt, daß dieses Bier von den Lastenträgern bevorzugt worden wäre. Dies allerdings ist nicht ganz plausibel: Einfache Taglöhner jener Zeit tranken ja eher Gin als Bier. Dagegen hat die Ableitung vom lateinischen „porta" einiges für sich: Die gebildeten Kaufleute könnten die fertig verschnittenen Fässer mit einem „P" aus Kreide bezeichnet haben - für „ad porta", hinaus mit diesen beim Tor.

Heutzutage assoziiert man mit Porter ein schwarzes, stärkeres Bier. In einem älteren Positionspapier des Verbandes der österreichischen Brauereien konnte man nachlesen, daß „Porter" eine andere gängige Bezeichnung für Bockbier wäre. Als zum Zweifeln erzogener Mensch mag man das nicht so recht gelten lassen und hält sauber auseinander: Bockbier, das ist ein untergäriges Starkbier (es sei denn, es wäre ein Weizenbock); Porter, das ist ein englischer, obergäriger Biertypus; es ist tiefdunkel, eher dem durch *Guinness* geprägten Stout-Typus ähnlich und läßt die einst geschätzte milchsaure Säure vermissen.

Und untergäriges Porter? Das schien ebenso ausgestorben - relativ lange hatte die Liesinger Brauerei ein solches Dunkelbier mit hoher Stammwürze und hohem Alkoholgehalt angeboten. Aber auch das ist längst Geschichte. Kürzlich ist mir aber ein tschechisches *Pardubicky Porter* untergekommen, das den mitteleuropäischen, dunklen und starken Porter-Typ repräsentiert: Es kommt aus der 1871 gegründeten Brauerei Pardubice, beruft sich auf ein Rezept aus dem Jahr 1890 und ist mit 19 Grad Stammwürze nach österreichischer Definition ein Doppelbock-Bier. Für Tschechien ist es das weitaus stärkste Bier auf dem Markt - und eines der interessantesten: Es ist fast schwarz, hat eine malzige, leicht süßliche Nase und einen dazu kontrastierenden schlanken, rezenten Antrunk, der die Stärke von gut sieben Alkoholprozenten sofort vergessen läßt. Eine kakaoige Bittere bestimmt den Trunk, der trocken und überraschend wenig hopfig ausklingt. Auch in Nordeuropa haben sich einige Porter-Biere erhalten - etwa das 7,2 Prozent starke, schwarze, leicht lakritzenartig schmeckende *Gammel Jysk Porter* aus der Ceres-Brauerei in Arhus, Dänemark, oder das viel leichtere *D. Carnegie Porter* von der Pripps-Brauerei in Schweden.

Aber noch einmal zurück zum Bier als Steuerobjekt: Die Tatsache, daß Bierverbrauch und herrschaftliche Kasse in gewissem Zusammenhang standen, hat vielfach erst zu staatlichen Eingriffen ins Braugewerbe geführt. So haben Messen und Wägen, halbwegs einheitliche Hohlmaße und Ausschankgefäße und schließlich die Bestimmung des spezifischen Gewichtes der Bierwürze und des Alkoholgehalts im fertigen Bier eben immer mehr mit der Kontrolle der zu versteuernden Biermenge zu tun als mit dem immer wieder vorgeschützten Konsumentenschutz. Ein schönes Beispiel dafür liefert Karin Hackl-Stehr, die für ihre Forschungen über das Reinheitsgebot hunderte steuerlich relevante Bestimmungen durchstöbert hat. In Regensburg[72] stieß sie auf eine Beschwerde aus dem Jahr 1514, nach der ein „Brauer statt höchstens 16 Eimer Wasser zu einem Scheffel Malz 20 Eimer und darüber angegossen hätte, wodurch der gemeine Mann betrogen" werde. Dem Regensburger Rat kann es dabei aber weniger um den Schutz des gemeinen Mannes als um die eigenen Steuereinnahmen gegangen sein. Er änderte prompt die bisher am Rohmaterialeinsatz festgemachte Besteuerungsgrundlage und nahm künftig das fertig ausgestoßene Bier als Besteuerungsobjekt.

Reines Vergnügen und weißes Bier

„Das Weisse Weizen-Bier war durchaus verbotten, theils weil zuviel Weizen dadurch verbraucht wird, theils weil es ein unnützes Getranck ist, das nur zum Trincken reizt."

SELBST DAS IMMER WIEDER als ältestes Lebensmittel-Gesetz der Welt titulierte Reinheitsgebot geht eher auf wirtschaftliche als auf konsumentenschützerische Motive zurück. Als Herzog Wilhelm IV. in Bayern auf dem Landständetag zu Ingolstadt am 23. April 1516 die Vorschrift erlassen hatte, daß zur Herstellung von Bier „allain Gersten, Hopffen und Wasser genomen und gepraucht sölle werden", da war in den meisten Städten bereits längst das Verbot gesundheitsschädlicher Bierzutaten durchgesetzt worden. Johann Kasimir August Christian Saugfuß, den wir schon als herzoglichen Apotheker Wilhelms IV. kennengelernt haben, hat den Herzog dann auch auf die Idee gebracht, das reine Vergnügen kräftig zu besteuern und zum Zwecke größerer Steuerschöpfung den Bierkonsum anzukurbeln, wie im Verlauf des Schmalkaldischen Krieges geschehen[73].

Wenig beachtet ist auch, daß diese Bestimmung der erlaubten Bierzutaten in eine Vielzahl anderer Bestimmungen eingebettet wurde. So wird ganz zu Beginn jener Verordnung der Geltungsbereich festgelegt: „auff dem Lande, auch in unsern Stettn un Märckthen" - was im Umkehrschluß klarstellte, wo die Verordnung nicht zu gelten brauchte: Vor allem in den eigenen fürstlichen Brauereien. Diese brauchten sich insbesondere nicht der Beschränkung zu unterwerfen, nach der Gerste das einzige Brau-Getreide sein sollte.

Aus den Anmerkungen von Wiguläus Aloysius Xaverius Freiherr von Kreittmayr zum Codex Maximilianeus Bavaricus Civilis, verfaßt 1768, läßt sich dieses Motiv des Reinheitsgebotes herauslesen[74]: „In hiesigen Landen befindet sich dißfalls ein merklicher Unterschied zwischen dem Weis- und Braunen Bier. Das Weisse Weizen-Bier war vor diesem durchaus verbotten, und zwar nach Inhalt des General-Mandat von 22. Decembr. 1567 aus doppelter Ursach, theils weil zuviel Weizen dadurch verbraucht wird, theils weil es ein unnützes Getranck ist, das weder führt noch mehrt, noch Kraft und Macht gibt, sondern nur zum Trincken reizt."

Dennoch war Weizenbier sehr beliebt, gehört doch Weizen zu

den ältesten Brau-Getreiden überhaupt. Seine Geschichte reicht bis nach Babylon und ins antike Ägypten zurück. Und das Weizenbier war zeitweise so populär, daß sein Verbrauch eingeschränkt wurde, um das Brotgetreide nicht der Spekulation auszuliefern. Das mag mit eines der Motive für die diversen mittelalterlichen Brauordnungen gewesen sein, in denen es ja häufig auch um Preisregelung ging. Immerhin war ja zu jener Zeit das Bierbrauen auch eine Maßnahme, um Getreide haltbar zu machen und vor Verderb zu schützen. Ein Faß Bier war länger haltbar und auch teurer zu verkaufen als die entsprechende Menge Brotes.

In München steht ein Hofbräuhaus. Und nicht nur dort: Für das Weizenbier wurden 69 Hofbräuhäuser gebaut.

Jedenfalls hatte das Reinheitsgebot den Herrschaftsbrauereien ein Monopol der Weizenbierherstellung eingeräumt. 1520 erteilte Wilhelms Bruder und Mitregent Ludwig X. seinem Landhofmeister in Niederbayern, Hans Sigismund von Degenberg, in Schwarzach das Privileg, allein Weißbier brauen zu dürfen. Die Schwarzacher waren auch vom 1567 explizit erlassenen Verbot, weißes Bier zu brauen, ausgenommen. In der Nähe von Bogen entstand so die erste reine Weißbierbrauerei. Als die Degenberger am 10. Juni 1602 ausstarben, fiel das Weißbier-Regal an den Landesherrn zurück. Herzog Maximilian I. holte den Brauer Siegmund Bettel von Schwarzach an das Hofbräuhaus in München - was so erfolgreich war, daß bald andere Weißbierbrauhäuser (alle in der Hand des Herzogs) gegründet werden konnten.

Der clevere Wittelsbacher förderte den Genuß seines Weißbieres auch mit Hilfe von Kooperationsverträgen, die den Münchner Wirten auferlegten, neben dem weltlichen Braunbier das hochherrschaftliche Weizenbier aus dem Hofbräuhause zu beziehen, widrigenfalls ihnen die Wirtsgerechtigkeit entzogen würde.

Der Großteil der 69 kurfürstlich-bayerischen Brauhäuser von Angelberg über (das damals bayerische) Mattighofen bis Zwiesel war denn auch allein der Weißbierbrauerei verschrieben. So findet man heute auch in relativ kleinen bayerischen Städten Hofbräuhäuser - etwa in Traunstein.

Dort hatte Kurfürst Maximilian I. im Jahr 1612 ein Weißes Hofbräuhaus errichtet, um den Durst der Salinenarbeiter zu stillen - aus dem Jahr 1770 wird überliefert, daß der Bierausstoß des Hofbräu so groß war wie jener sämtlicher anderer (Braunbier-)Brauereien der Stadt. Typisch auch die weitere Geschichte des Hofbräuhauses Traunstein: Als der bayerische Staat nach der Säkularisation 1803 neben den schon bestehenden Hofbräuhäusern auch noch Dutzende Klosterbrauereien übernommen hatte, wurde die überschüssige Brau-Kapazität privatisiert. 1806 wird die Traunsteiner Brauerei zunächst an den Bierbrauersohn Franz

Georg Schneider und Werner Brombach verpaßten dem Produkt einen „Relaunch“ - falls es diesen Begriff im Bayerischen gibt.

Reiter aus München verkauft. 1821 erwerben sie der Braumeister Joseph Windmassinger und der Advokat Hutter, bis schließlich Josef Sailer auf den Plan tritt. Er ist ein wohlhabender Brauereibesitzer in Lauingen und kauft für jedes seiner Kinder eine Brauerei: Das Hofbräu mit der Wirtschaft „Beim Hutter“ wird als „Hutter-Sailer“, das nahe Sternbräu mit der Wirtschaft „Zum Koller“ als „Koller-Sailer“ weitergeführt.
Längst ist das Hofbräuhaus Traunstein nicht mehr die einzige Weißbierbrauerei der Gegend - und der Weißbieranteil macht rund 20 Prozent des Gesamtausstoßes von 140.000 Hektolitern aus. Das ist ziemlich typisch für Bayern.
In anderen Gegenden Deutschlands ist der Weißbier-Boom ungebrochen: So brauten denn im Jahr 1992 mehr als 250 Braustätten im Freistaat etwa 7,26 Millionen Hektoliter Weizenbier, die baden-württembergischen Brauer kamen auf 1,16 Millionen Hektoliter. Beide Länder produzieren rund 95 Prozent des Weizenbieres in Deutschland.
Auch nördlich des Weißwurst- (oder soll es heißen: Weißbier-?) Äquators wird immer mehr Weißbier der bayerischen Art getrunken. Marktforschungsergebnisse[75] haben den typischen Hefeweizen-Trinker als sportlich, selbstbewußt und gutaussehend herausgefiltert, die typische Weißbiertrinkerin als blond oder rot, aber meist langhaarig, schlank und großgewachsen. Der Typus des Weizenbiertrinkers hat sich damit in den letzten Jahrzehnten kräftig gewandelt - und das ist ein Verdienst von Werner Brombach, Besitzer des Weißen Brauhauses in Erding.
Brombach erkannte die langen Konjunkturwellen des Weißbieres - so ähnlich wie beinahe ein Jahrhundert vor ihm Georg Schneider, der als letzter Braumeister und Pächter des damals stagnierenden Weißen Hofbräuhauses eine Privatisierung durchgesetzt und an der Adresse Tal 10 in München einen Product-Relaunch geschafft hatte[76]. Nur kannte man zur Zeit des Weißbier-Experten Georg Schneider im Jahr 1872 das Wort Product Relaunch noch nicht. Werner Brombach kannte es hundert Jahre später - und er wußte, wie bitter notwendig es war, dem Weißbier ein neues Profil zu geben. In den sechziger Jahren war das milde, damals eher vollmundige Weißbier ein typisches Getränk älterer Konsumenten - die milde Hopfung wird von älteren Zungen leichter vertragen als herbes Pils.
Hier setzte das Erdinger Weißbräu an: Junge, mit dem Bier wenig vertraute Trinker haben ebenfalls Probleme, die schöne Harmonie von Hopfen und Malz in einem Pils zu erkennen - das mild gehopfte Weißbier ist quasi eine „Einstiegsdroge“, wenn es nur entsprechend erfrischend und schlank wirkt.

Erdinger ist vor etwa 30 Jahren das erste Weißbier gewesen, das diesem Trend entsprochen hat. Entscheidend ist aber auch das Qualitätsmanagement, das das Weissbräu auf inzwischen 1,3 Millionen Hektoliter Jahresausstoß wachsen ließ: In dieser neuen Brauerei wird die Hauptsorte *Erdinger Weissbier mit feiner Hefe* noch heute nach dem aufwendigen Verfahren der Original-Flaschengärung hergestellt. Dabei verläuft die zweite Phase der Gärung in der fertig befüllten Flasche, womit das Weissbier besonders aromatisch wird.

Etwa die Hälfte des gesamten Weizenbieres wird in der Gastronomie getrunken, wobei dort fast 25 Prozent direkt vom Faß kommen. Da Weißbierliebhaber auf die Flaschengärung schwören, muß das Gärverfahren im Keg möglichst getreulich simuliert werden.

Auch wenn das Reinheitsgebot zunächst das Weizenbier zurückdrängen sollte, ist seine Propagierung eine wesentliche Grundlage für Ruf und Qualität des deutschen Bieres. Das Reinheitsgebot gilt nach Auffassung des Deutschen Brauerbundes[77] nahezu unverändert im vorläufigen Biergesetz fort. Darin heißt es: „Zur Bereitung von ... Bier darf ... nur Malz (Gersten- und Weizenmalz), Hopfen, Hefe und Wasser verwendet werden." Auch nach dem Urteil des Europäischen Gerichtshofes vom 12. März 1987 hat sich daran nichts geändert. Das Urteil besagt lediglich, daß im Zuge eines freien Warenverkehrs innerhalb der Europäischen Union in der Bundesrepublik auch solche Biere auf den Markt gebracht und verkauft werden dürfen, die nicht nach dem Reinheitsgebot hergestellt sind.

Eines der Motive für den Erlaß des Bayerischen Reinheitsgebotes am 23. April 1516 in Ingolstadt mag darin gelegen sein, daß gerade zu jener Zeit und in jener Gegend der bayerische Hopfenanbau seinen Aufschwung nahm. Der eigentliche Autor der Verordnung, der Jurist und Berater Wilhelms IV., Leonhart von Eck, wollte offenbar ausländische Kräuter (wie die aus Norddeutschland importierte, immer teurere Porse) durch inländischen Hopfen ersetzen – ein frühes Beispiel des Merkantilismus in Zentraleuropa.

Zu den damals genannten Zutaten Gerste, Hopfen und Wasser ist (neben Weizen) lediglich Hefe, die damals im wahrsten Sinne des Wortes noch aus der Luft genommen wurde, als eigene, auf natürlicher Züchtung beruhende Substanz zum Brauprozeß hinzugekommen. Ihr wollen wir uns im nächsten Kapitel widmen.

Von rechter Gier und gutem Zeug

Ein altes mecklenburgisches Volksrätsel beschreibt den hölzernen Gärbottich und die darauf gebildeten Kräusen so: „In den Keller set ein Mann, / hadd en hölten Röckchen an, / hadd en wittes Hüsken up.“

WIE WIRD EIGENTLICH AUS DER BIERWÜRZE BIER? Im Lehrbuch[78] könnte man etwa lesen: „Zur Umwandlung von Würze in Bier müssen die in der Würze enthaltenen Zucker von den Enzymen der Hefe zu Ethanol und Kohlendioxid umgewandelt werden. Dabei bilden sich Gärungsnebenprodukte, die den Geschmack, den Geruch und andere Eigenschaften des Bieres wesentlich beeinflussen können ... Der wesentlichste Vorgang ist die Umwandlung der vergärbaren Zucker zu Ethanol und Kohlendioxid durch den Enzym-Komplex Zymase der Hefe. Die vorhandenen Zucker werden nicht alle gleich gut vergoren.“

Und dann werden seitenweise die verschiedenen Gärungsnebenprodukte - Diacetyl, höhere Alkohole, Aldehyde und Ester - beschrieben. Ebenso die in der Hefe enthaltenen Enzyme wie Invertase (es spaltet Saccharose auf) und Reduktase (es baut das wegen seines buttrigen Geschmacks und unangenehmen Geruchs unerwünschte Diacetyl im weiteren Verlauf der Gärung wieder ab).

Für uns normalsterbliche Biertrinker klingt all das recht theoretisch - und auch wenn man gelegentlich in einen Gärkeller kommt, sieht man von diesen Vorgängen rein gar nichts. Schließlich ist die alkoholische Gärung ja ein Vorgang, der von winzig kleinen Einzellern bewerkstelligt wird. Jahrtausendelang hatten auch die Bierbrauer kaum eine Ahnung davon, was sich in ihren Gärkellern abspielte.

Die Brauer aber hatten gewisse Erfahrungswerte. Erinnern wir uns der einfachen Brauer kurz nach der Zeitenwende: Eine 1931 erfolgte Untersuchung[79] von zwei germanischen Trinkhörnern, die 1890 in der Nähe von Hadersleben aus einem Moor geborgen worden waren, ergab Aufschluß über die Zusammensetzung von germanischen Bieren des ersten nachchristlichen Jahrhunderts. Da hat man neben Stärkeresten und Teilchen von Getreidekörnern Honigspuren gefunden. Sein Zucker, aber auch die im Honig enthaltenen Hefen haben den alten Germanen zu einer rascheren und kräftigeren Gärung verholfen: Je mehr Zucker sie in ihren Jungbieren hatten, desto rascher kam die Gärung an.

Allerdings brauchten die damaligen Brauer den Honig nicht unbedingt: Hefe gab und gibt es ja auch so in mehr als ausreichendem Maß. Unzählige verschiedene Hefearten sind in der Luft verbreitet und befallen zuckerhaltige Flüssigkeiten, in denen sie sich vermehren. Einige wenige traditionell arbeitende Brauereien in Brüssel und Umgebung machen sich das heute noch zunutze. Hier wird die Bierwürze nicht über die heute üblichen geschlossenen Kühlsysteme gekühlt, sondern wie jahrhundertelang üblich auf ein offenes Kühlschiff ausgeschlagen. Das ist ein vom hygienischen Standpunkt aus recht bedenklicher Vorgang: Die süße Würze ist ja ein idealer Nährboden für allerlei Mikroorganismen. Wie leicht könnte sie infiziert werden!

Eine Gueuze-Brauerei spottet allem, was man von Sauberkeit in Brauereien weiß. Und ihr Produkt braucht viel Gewöhnung.

Da aber gesundheitsschädliche Keime auf der stark gehopften Bierwürze kaum gedeihen können, wird sie vor allem von wilden Hefen und Milchsäurebakterien befallen. Das Braurezept schreibt vor, daß Gerstenmalz und Weizen sowie eine enorme Menge von Hopfen verwendet werden müssen. Doch obwohl fast doppelt soviel Hopfen wie in einem Pils eingesetzt wird, schmeckt das Produkt überhaupt nicht bitter: Der Hopfen dient im Gueuze ausschließlich dem ursprünglichen Zweck der Konservierung. Die Gueuze-Brauereien kaufen denn auch billige Restbestände des Hopfens, der in den großen Pilsbrauereien nicht mehr verarbeitet werden konnte. Er hat nach einjähriger Lagerung seine Aromaqualitäten weitgehend eingebüßt und ist für die gewohnten Biere kaum mehr zu brauchen. Die so gehopfte Würze kühlt nun auf dem Kühlschiff rasch ab und beginnt eine spontane Gärung, in deren Verlauf nicht nur Alkohol (von den Hefen), sondern auch Säuren gebildet werden, die dem Bier seinen frischen Charakter geben. Die Umgebung eines Kühlschiffes in einer traditionellen Gueuze-Brauerei im Brüsseler Umland spottet allem, was man von der Sauberkeit in Brauereien weiß: Im Staub und den Spinnweben sprießt jene Mikroflora, die für das jeweilige Brauhaus typisch ist. Ein Sproßpilz, der *Bretannomyces Bruxellensis,* ist besonders charakteristisch für Brüssel und die nahen Ortschaften – er gibt den Gueuze- und Lambic-Bieren ihre besondere Note.

„Um den Gueuze genannten Bierstil oder irgend einen anderen, aus dem traditionellen Lambic-Verfahren abgeleiteten Stil schätzen zu lernen, müssen Sie beinahe alles vergessen oder ignorieren, was Sie je über Biertrinken gelernt haben“, rät Tim Webb in seinem „Good Beer Guide to Belgium and Holland“[80]: „Gueuze soll sauer und spritzig mit nur einem zarten Hauch Bittere sein. Bei Ihrer ersten Begegnung damit sollten Sie es erstaunlich abscheulich finden. Es sollte in Ihnen den Wunsch wecken, es sofort zurückzuschicken - und Sie doch überzeugen, daß Sie es gerade noch für einen zweiten Schluck behalten. Wenn Sie sich so durch die ganze Flasche gekämpft haben und sich einen goldenen Orden verdient zu haben glauben dafür, daß Sie so mühevoll weiteres Wissen über einen großen Bierstil der Welt erworben haben, sollte das Gueuze Sie überzeugt haben, daß Sie nie wieder etwas ähnliches versuchen wollen. Aber während Sie noch darüber nachdenken, erwischen Sie sich dabei, wie Sie noch eine Flasche bestellen ..."

Ein belgisches Fruchtbier hat auch eine weinige Komponente. Aber die Marketing-Leute rücken es mehr in die Nähe einer Limonade.

Ein Lambic-Bier (benannt nach der Ortschaft Lembeek südlich von Brüssel) muß also sauer sein - und ebenso die Gueuze-Biere, die einen Verschnitt aus meist einige Jahre alten Lambics mit etwas jüngerem Bier sind. Durch das Verschneiden kommt es zu einer neuerlichen Angärung - die alte Hefe findet in den noch nicht voll durchgegorenen jüngeren Bieren noch zusätzlichen Zucker, also zusätzliche Nahrung. Besonders ausgeprägt sollte dieser Effekt beim Faro sein - bei diesem Bierstil wird älterem Lambic Kandiszucker zugesetzt, um die Gärung noch einmal in Gang zu bringen.

Ähnlich ist die Wirkung bei Fruchtbier, namentlich dem mit Weichseln versetzten Kriek, das die älteste Fruchtbier-Sorte darstellt. Die Hefe erhält vom Fruchtzucker einen neuen Impuls, sich zu vermehren und Zucker in Alkohol umzuwandeln - womit das Kriek-Bier technisch auch etwas von Wein in sich hat.

Zum Leidwesen seiner Liebhaber wird dieser Stil in den letzten Jahren immer mehr verfälscht. Vielfach wird die Gärung der Biere nach dem Zusatz von Zucker oder Früchten (oder gar bloß von Fruchtsirup) unterbrochen, indem man die Hefe herausfiltriert. Viele der hübsch aufgemachten Gueuze-Biere sind bloß ein süßlicher Abklatsch des säuerlichen Originals. Die echten, stark sauren Biere drohen durch limonadeartige Produkte des Coca-Cola-Zeitalters verdrängt zu werden.

Bleibt der Trost, daß die Bierbrauerei viel älter ist als alle Limonaden - und daß sich manch alte Erfahrung der Gärung mitsamt ihrem „unmodernen" Ergebnis trotz neuer Entwicklungen und Erkenntnisse halten konnte. Auch obergäriges Bier ist ja nicht gänzlich ausgestorben, als sich die Untergärung durchgesetzt hat.

Im Begriff „Altbier" steckt schon die Erklärung, daß es sich hier um einen alten, aber schätzenswerten Bierstil handelt. Die Bezeichnung hat sich erst nach dem Zweiten Weltkrieg allgemein eingebürgert. Um die Jahrhundertwende wurden die norddeutschen obergärigen Biere noch anders eingeteilt und bezeichnet. Der Berliner Professor Franz Schönfeld unterschied vier Gruppen von norddeutschen obergärigen Bieren[81]:

„1. Das Süß- oder Einfachbier - mehr oder minder tief dunkel gefärbte, schwach gehopfte, niedrig vergorene Biersorten. Als Einfachbier gelten speziell die ganz leicht eingebrauten Biere von 5 bis 7 Grad Balling, welche die Hauptmasse der obergärigen Biere ausmachen. Neben diesen gibt es noch eine Reihe von stärkeren Bieren von 10 bis 12 Grad Balling, welche teils aus Weizen-, tcils aus Gerstenmalz hergestellt werden.
2. Das säuerliche Bier, als dessen Repräsentant das Berliner Weißbier erscheint - ein helles, schwach gehopftes, Milchsäure enthaltendes kohlensäurereiches Bier von 9 bis 12 Grad Balling, welches aus einem Gemisch von Gersten- und Weizenmalz im Verhältnis von 3 bzw. 4 : 1 bereitet wird.
3. Das rauchigbittere Grätzer Bier, ein helles, stark gehopftes Bier aus geräuchertem, hoch abgedarrtem Weizenmalz von 7 bis 8 Grad Balling.
4. Das Lagerbier ähnliche Bitterbier (das rheinländische Bitterbier, ein goldfarbiges, stark gehopftes, durch Spänen und Filtrieren geklärtes Bier)."

In Deutschland darf Kölsch nur aus Köln oder Bonn kommen. Und dennoch gibt es gutes Kölsch auch in Washington, D.C.

Außer der Berliner Weisse (die heute noch von *Schultheiss* in traditioneller Qualität gebraut wird) sind die meisten anderen hier beschriebenen Biere abgekommen. Nur das unter Punkt 4 genannte Bitterbier kennen wir noch heute als „Kölsch" - es darf nach der Kölsch-Konvention nur in Köln selbst gebraut werden. In den USA, wo diese Konvention nicht verbindlich ist, gibt es allerdings auch manch hervorragendes „Kolsh" - jenes der *Capitol City Brewing Co.* in Washington, D.C. braucht sich vor jenem des 1883 gegründeten Brauhauses *Päffgen* in der Kölner Friesenstraße nicht zu verstecken.
Der Name Kölsch entstand im Köln des 19. Jahrhunderts - um 1800 war er noch unbekannt[82]. In den folgenden Jahren entstand aber das helle, unfiltrierte „Wiess" - de facto ein Zwickl-Kölsch. Klärte man dieses Bier durch das Einlegen von Buchenspänen in die Lagerfässer oder durch Filtrieren, so kam man auf jenes Produkt, das wegen seiner Farbe, Bitterkeit und seiner Zwischenstellung zwischen Obergärigem und Lagerbier zeitweise auch als „Deutsches Pilsener" bezeichnet wurde[83].
Als diese deutschtümelnde Bezeichnung in den dreißiger Jahren unseres Jahrhunderts verwendet wurde, hieß auch der dunklere Verwandte des Kölsch, das Altbier, in der Literatur noch einfach „Düsseldorfer obergärig": „Ein in Düsseldorf und Umgebung besonders im Sommer sehr beliebtes Bier ist das Düsseldorfer, das halbdunkel eingebraut wird und in seiner Herstellung sehr dem Kölsch ähnelt. Diese Biere läßt man nicht hoch vergären, denn schon die große Hopfengabe bewirkt eine bessere Konservierung,

eine größere Haltbarkeit." Vom Altbier gibt es - weil es geographisch etwas verbreiteter ist als das Kölsch - mehrere Varianten. Von der leicht milchsäuerlichen in Münster (die sich auch für Altbierbowlen eignet) bis zur milden, aber die obergärigen Aromatöne entbehrenden Variante, die in Möchengladbach von *Hannen* zu einem gewissen Markterfolg geführt wurde.

Die urtümlichsten Altbiere bekommt man aber immer noch in Düsseldorf, in den traditionsreichen Hausbrauereien *Zum Uerige* und *Im Füchschen* - hier haben sie noch jene kernige Bittere und gleichzeitig das feine Malzaroma, das durch die Obergärung betont wird.

Was Ober- und Unter gärung ist, wissen die heutigen Biertrinker besser als die Braumeister vor 200 Jahren.

Was der Unterschied zwischen Ober- und Untergärung ist, hat wohl jeder Biertrinker schon einmal gehört - und ist damit viel gebildeter als die meisten Braumeister es noch um 1800 herum waren. Heute gehört es zum Allgemeinwissen, daß bei der Vergärung des in der Bierwürze enthaltenen Zuckers zu Alkohol (Ethanol) und Kohlensäure (Kohlendioxid) zwei verschiedene Gruppen von Hefen beteiligt sein können: Obergärige wie beim Weißbier, Alt, oder im englischen Ale - und untergärige wie beim Pils, Lager oder Märzenbier.

Es hat sich auch herumgesprochen, daß sich die untergärigen Hefen am Schluß der Hauptgärung am Boden des Gärbottichs zusammensetzen, während obergärige aufschwimmen. Aus dieser Beobachtung leiteten sich auch die Bezeichnungen der Biere ab - „obere" oder „untere" Gier oder Gest bezeichnete die jeweils dominierenden Hefen. Mehr zu erklären war auch erfahrenen Braumeistern nicht möglich - bis zur zweiten Hälfte des vorigen Jahrhunderts hätte man nicht einmal recht schlüssig sagen können, warum obergärige Hefen eigentlich nach oben steigen. Erst unter dem Mikroskop wird die Erklärung augenfällig: Der obergärige Typus *Saccharomyces Cerevisiae* kommt in Sproßverbänden vor - da immer mehrere Hefezellen zusammenhängen, können sich darunter Kohlensäure-Bläschen sammeln und gemeinsam mit der Hefe aufsteigen; die einzeln auftretenden untergärigen Hefezellen sinken dagegen Stück für Stück zu Boden.

Im Prinzip tun alle in der Brauerei vorkommenden Hefen dasselbe: Sie vermehren sich durch Zellteilung, nehmen dabei Zukker auf und verarbeiten ihn zu Alkohol und Kohlensäure. Wie das im Detail abläuft, welche Alkohole als Gärungsprodukt entstehen, welche Aromen frei werden und wie das Endprodukt schmeckt, das alles ist seit den ältesten Brauversuchen der ersten Kulturvölker bis in die modernen Betriebs- und Forschungslabors der Braukonzerne stets Gegenstand von Versuchen, Berechnungen, Analysen und - Hand aufs Herz - unendlich vielen Verkostungen gewesen. Die Brauer früherer Jahrhunderte mußten sich mit der Beobachtung zufrieden geben, daß sich das „Zeug", wie sie den mit jedem Gärvorgang mehr werdenden Hefebrei respektlos nannten, eben so oder so verhielt. Und zwar (auch das lehrte die Erfahrung) je nachdem, wie warm oder kalt es im Gärkeller war.

In einem schlecht gekühlten Gärkeller verlief die Gärung schneller, die Hefe sammelte sich nach etwa drei Tagen oben auf dem Bottich – und ließ man das Bier nach dem Abschöpfen der Hefe

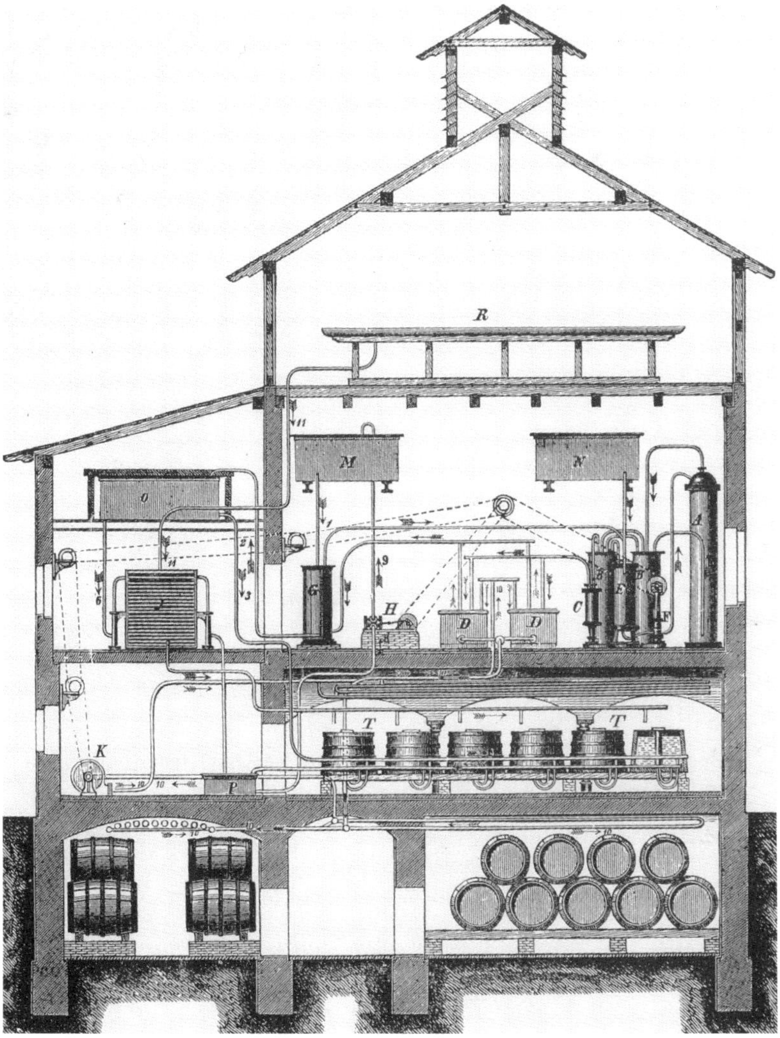

Der Würzeweg in einer Brauerei um 1890: Aus dem Sudhaus kam die heiße Würze auf das Kühlschiff (R), lief von dort über den Berieselungskühler (J) in die Gärbottiche (T). Später kam das Jungbier in den darunterliegenden Lagerkeller. Die wichtigste Maschine ist das Kühlaggregat, das hier das Zentrum des Bildes füllt.

und dem Umschütten in ein Lagerfaß auch nur wenige Tage reifen, so hatte man ein meistens sehr aromatisches Bier. Wer es dagegen verstand, seinen Gärbottich während der Hauptgärung stark zu kühlen – dazu hängte man einen mit Eisstückchen gefüllten Schwimmer in das Gärgefäß – und dadurch den Gärungs-

verlauf zu verzögern, der erlebte, daß sich die Hefe am Boden des Gärbottichs sammelte.
Allein durch die verbesserte Kühltechnik entstand ein anderes Bier - weniger aromatisch, aber gleichmäßiger im Geschmack und oft auch etwas haltbarer. Daher kommt der mittelalterliche Spruch: „Ein guter Keller ist ein halber Brauer."
Alles Zufall? Ja, zumindest in einem sehr hohen Ausmaß. Denn in dem „Zeug", jenem Hefebrei, der seinerzeit von einem Sud zum nächsten weiterverwendet wurde, gab es sicher hunderte ver-

„Ein guter Keller ist ein halber Brauer" - und den guten Keller konnte man sich schaffen, wenn man genug Eis einlagerte.

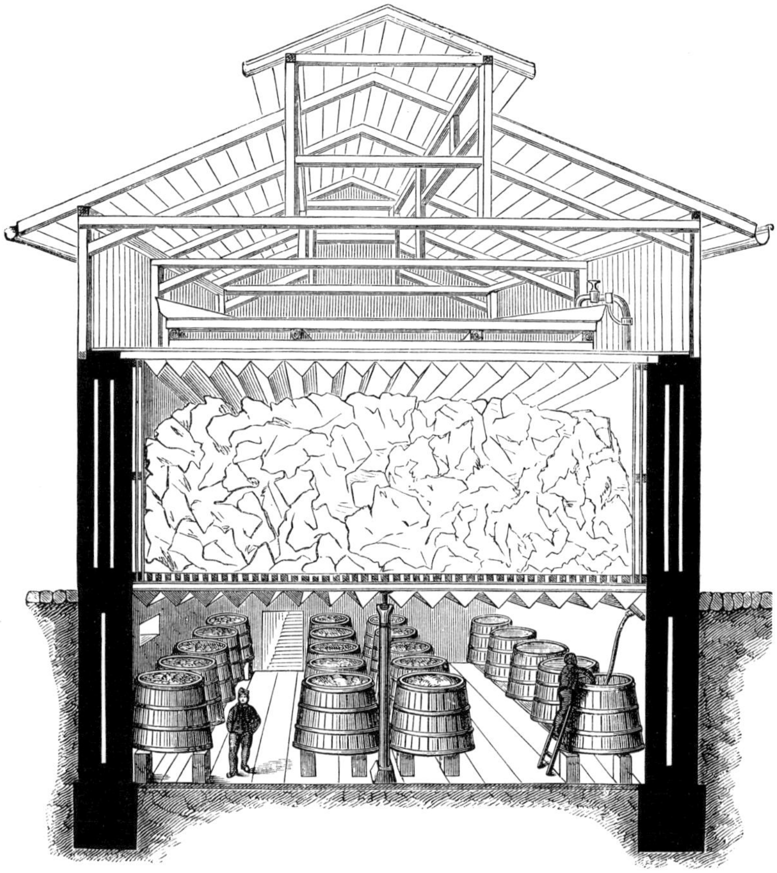

schiedene Hefen. Bei etwas höherer Temperatur vermehrten sich die obergärigen sehr schnell, vergoren den vorhandenen Zucker und ließen den untergärigen keinen Zucker mehr übrig, an dem sich jene hätten gütlich tun können. Waren Würze und Gärgefäß dagegen gut gekühlt, so war es den obergärigen Stämmen zu kalt - jetzt kamen die untergärigen zum Zug. Sie brauchen zwar länger, um sich zu vermehren und dabei Zucker in Alkohol, Kohlensäure und Wärme umzuwandeln. Aber sie bleiben unter sich, weil die obergärigen Stämme gar nicht in Aktion treten.

Erst wenn man das Zeug mehrfach hintereinander verwendete („führte", würde der Brauer sagen), wurden die Hefemischungen etwas reiner, weil sich eben der eine oder andere Stamm durchgesetzt hatte.
Es war diese Erkenntnis, aus der heraus die Brauer das bei etwas höheren Temperaturen vergorene Bier „Sommerbier" nannten. Das im Winter bei guter Kühlung in den Keller gebrachte Bier war dann ein untergäriges „Winterbier" oder in seiner stärkeren Variante ein „Märzenbier", bei dessen Herstellung das letzte Eis des Winters half, und das aufgrund des untergärigen Verfahrens und der relativ großen Stärke bis in den Herbst, bis zum nächsten Braujahr reichen konnte. Daraus erklärt sich auch, daß im heißen Hochsommer gar nicht gebraut werden konnte - da während der Gärung noch zusätzliche Wärme entsteht, wären die ohne Eis betriebenen Gärbottiche quasi „übergekocht".

Das Märzenbier konnte als letztes im kalten Winter vergoren werden - dann mußte es über den Sommer haltbar sein.

Wie „die Gier" verlief, war aber immer noch weitgehend der Einschätzung des Meisters überlassen - und weil Thermometer längst nicht allgemein in Gebrauch waren, mußte er sich auf sein Gefühl und seine Beobachtungsgabe verlassen. War draußen auf den Bäumen Rauhreif zu sehen, dann wußte der Brauer, daß man nun Winterbier brauen konnte. Und es begann die Zeit, zu der man von Teichen und Flüssen oder zur Not von einer „Eisgalgen" genannten Holzkonstruktion, die immer neu mit Wasser beschüttet wurde, Eis erntete.
Das Eis wurde dicht gepackt in unterirdischen Kellern gelagert. Das war vor allem ab 1841, als sich das Lagerbier von Wien und München aus auszubreiten begann, entscheidend. Denn für Lagerbier (ebenso für Pils, Export und die meisten anderen modernen untergärigen Biere) braucht man nicht nur während der ersten Gärphase viel Kühlung. Auch nach der sogenannten Hauptgärung, bei der der Großteil des Zuckers in Alkohol und Kohlensäure vergoren wird und sich die Hefe am stärksten vermehrt, muß das Bier in kalten Kellern reifen.
Dazu wird das untergärige Bier nach etwa einer Woche „geschlaucht". Aus dem Gärkeller, wo die zu Jungbier vergärende Würze nie wärmer als etwa zehn Grad werden darf, wird das Jungbier nun in den noch kälteren Lagerkeller gepumpt. Dabei sind Temperaturen um null Grad erwünscht. Ein oder zwei Grad unter Null sind kein Problem, weil das Bier ja mit dem inzwischen gebildeten Alkohol einen „Frostschutz" besitzt. Je kälter die Lagertemperatur allerdings ist, desto weniger ist die Hefe aktiv, die nun noch für eine Anreicherung des Bieres mit Kohlensäure und eine „Kohlensäurewäsche" (aufsteigende Kohlensäure nimmt unerwünschte Gärungsnebenprodukte aus dem reifenden

Eine deutsche Erfolgs-story in den USA: Als Frederic Miller sein Lagerbier braute, konnte er noch nebenbei auf Bärenjagd gehen.

Bier) sorgen muß. Dagegen setzen sich unerwünschte Eiweißreste, das sogenannte Geläger, bei niedrigen Temperaturen besonders gut ab.

Wirklich problematisch war lange Zeit die ordentliche Kühlung der Keller. Zwei Beispiele aus den USA mögen das verdeutlichen: Dorthin waren im vorigen Jahrhundert viele deutsche Braumeister emigriert, die in ihrem Gepäck die untergärige Hefe aus ihren heimischen Brauereien dabei hatten. Einer davon war Frederic Edward John Miller, wie er in der amerikanischen Firmengeschichte heißt - sehr wahrscheinlich hieß der am 24. November 1824 in Riedlingen in Württemberg geborene Bursch einfach Fritz Müller, ehe er zwischen 1838 und 1845 in Frankreich studierte, bei einem Onkel in Nancy die Bierbrauerei erlernte und (nach dem Betrieb einer von den Hohenzollern gepachteten Brauerei in Sigmaringen) in die USA auswanderte. Miller erwarb 1855 in der Nähe der damaligen Kleinstadt Milwaukee die fünf Jahre alte Plank Road Brewery von Frederic Charles Best. Man erzählt sich, daß Miller „in einer kleinen Arbeitspause an seinem ersten Tag in der Brauerei einen schwarzen Bären erschossen hat, der seine Nase aus einem Busch gegenüber der Brauerei gesteckt hat“[84]. Mag sein, daß das nur eine nette Erfindung der PR-Leute ist (heute ist die Gegend über mehrere Blocks hinweg von Brauereibauten beherrscht) - sicher ist aber, daß bereits die alte Brauerei den Vorzug eines tief in den Berg gegrabenen Ganges hatte, der von Miller weiter gegraben und inzwischen zu einem Brauerei-Museum umgebaut wurde. Der Keller war mit am Eingang gelagertem Eis leicht zu kühlen - eine wichtige Voraussetzung für den Erfolg des Lagerbieres. *Miller High Life* und *Miller Genuine Draught* - ein helles, sehr süffiges und schwach gehopftes Bier - waren Erfolgsmarken, ebenso das sehr helle und dünne *Lite Beer*, das dem amerikanischen Verständnis des Leichtbieres entspricht: Ein Bier, von dem man mehr trinken kann, weil es weniger sättigend wirkt.

Die andere, weniger modern klingende Lagerbiergeschichte aus den USA kommt von der Westküste, aus San Francisco. Kalifornien lag im Goldrausch, schnaufende Dampfrösser verbanden den Staat mit der Ostküste. „Steam“ - Dampf - war das Modewort der Zeit und es wurde bezeichnend für den Biertypus der Stadt. Das Steam-Beer hat mit Dampf- und anderen Maschinen wenig zu tun - eher im Gegenteil: Als deutsche Brauer mit ihrer Lagerbier-Hefe nach San Francisco kamen, stellten sie fest, daß künstliche Kühlung nicht verfügbar war und natürliche Kühlung ausgeschlossen ist. An der Bucht hat es das ganze Jahr über 15 bis 16 Grad Celsius. Es friert nie, wird aber auch nie heiß. Für reingezüchtete untergärige Hefe sind das recht ungünstige Bedingungen: Die Hauptgärung verläuft viel zu schnell, und es fallen allerhand seltsame Beigeschmäcker an. Dennoch ließen es sich die Brauer nicht verdrießen. 27 Brauereien machten um die Jahrhundertwende ihr Steam-Beer zu einem eigenständigen (und etwas kopfwehträchtigen Stil): Heute ist das *Anchor Steam Beer* aus der gleichnamigen, 1896 gegründeten Brauerei das letzte seiner Art - bitter, malzig-esterig und ein Muß für jeden Besucher von San Francisco.

In Gegenden, wo es Eis gab, begann man dagegen mit der jeweils besten Isolier- und Kühlmethode zu experimentieren: „Brainard schlug vor, das aufzubewahrende Bier durch stockwerkartigen Übereinanderbau der Gär- und Lagerkeller mittels Obereis zu kühlen", heißt es in einer technischen Darstellung[85] eines Systems, durch das kalte Luft gleichsam in den Gär- und Lagerkeller „fallen" sollte.

In der milden Luft von San Francisco reift noch heute ein Steam Beer, das ohne Kühlung auskommt und entsprechend eigenwillig schmeckt.

Eine Beschreibung eines für damalige Zeiten modernen, aber immer noch mit Natureis gekühlten Gärkellers liefert ein Brief des Heineken-Braumeisters Feltmann vom 27. Dezember 1884[86]: „Eine Besonderheit in diesen Brauereien sind die ganz frei stehenden Lagerräume, die nach verschiedenen Versuchen zuletzt so gebaut wurden, daß in den einzelnen Abtheilungen in Rotterdam die Maximaldurchschnitt-Temperatur 2,5 Grad Celsius nicht überstieg, die größte Temperaturdifferenz zwischen dem günstigst und ungünstigst liegenden Lagerfasse aber höchstens 0,7 Grad Celsius betrug. Dieses günstige Resultat wurde durch zweckmäßige Seiten- und Gewölbeisolierung, sowie durch entsprechend große Stirneisräume erzielt." Das bedeutete, daß an den Schmalseiten der Keller große Eislager eingerichtet wurden. Das Natureis war etwas höher als der Boden des Lagerkellers verstaut, so daß die kalte Luft nach unten zu den Bierfässern streichen mußte. Seit 1880 wurden die Heineken-Brauereien aber bereits „nach Plänen, die in Übereinstimmung mit Herrn Prof. Linde gemacht wurden" umgebaut - auch hier hielt nun künstliche Kühlung Einzug, wie sie zuerst von Anton Dreher in Triest (eine Brauerei, die inzwischen von Heineken übernommen und schließlich zugesperrt worden ist) erprobt worden war.

Den Anstoß zur Entwicklung einer großtechnisch einsetzbaren Kühlmaschine hatte eine Laune der Natur gegeben: Im Winter 1872/73 hatte es im Wiener Raum fast kein Eis gegeben - für die Lagerbierbrauerei Klein-Schwechat eine ziemliche Katastrophe. 80.000 Gulden mußte Anton Dreher jun. aufwenden, um die Eiskeller der rundum größten Brauerei entsprechend aufzufüllen: Per Bahn wurden Eisblocks aus der Steiermark und aus Mähren

Die Entwicklung der Kühlmaschine für die Drehersche Brauerei machte Linde reich - und führte zur Massenproduktion von Kühlschränken.

herangekarrt[87], „da an einen Betrieb der Brauerei ohne Eis nicht mehr zu denken war. Die Erfahrungen dieses Winters dürften Dreher dazu veranlaßt haben, sich mit dem schon früher gefaßten Gedanken der künstlichen Kühlung und Eiserzeugung eingehend zu beschäftigen, und er stellte daher im Frühjahre 1877 eine von Professor Carl von Linde in seinem Auftrag eigens konstruierte Kältemaschine vorerst versuchsweise zur Kühlung der Gärkeller im Brauhause Triest auf."

Bis 1908 diente diese erste Lindesche Kältemaschine der Welt (die auch zum großtechnischen Vorbild aller Haushaltskühlschränke wurde) in Triest, dann wurde sie in das Technische Museum in Wien überstellt. Man liest gelegentlich[88], daß die erste Kältemaschine nicht in Triest, sondern in Gabriel Sedlmayers Spatenbrauerei in München gestanden wäre. Das stimmt insoferne, als der seit 1869 als Professor für theoretische Maschinenlehre an der Technischen Hochschule München lehrende Carl von Linde zur gleichen Zeit auch für Spaten tätig war - allerdings war jene Maschine eine Eismaschine, die zum Ersatz des Manipulationseises (das für die Kühlung der Gärbottiche eingesetzt wurde) diente. Die Maschine für Triest war dagegen eine Kühlmaschine zur Kälteerzeugung, die den Keller mittels eines Berieselungs-Luftkühlers kühlte. Die Schwechater Chronik erzählt: „Damit war Dreher der erste Brauer überhaupt, der die künstliche Kellerkühlung einführte. Selbstverständlich wurden nach dem geglückten Triester Versuch auch in Schwechat Kältemaschinen installiert, obwohl noch jahrelang, besonders für die Lagerkeller, die fast von allen Brauereien geübte Vorsichtsmaßregel einer umfangreichen Natureiseindeckung nebenbei gehandhabt wurde, bis die Sicherheit der Kühlmaschine eine unbegrenzte geworden war."

Lindes Innovation wurde innerhalb weniger Jahre weltweit angewendet, der Professor verließ München als 37jähriger und setzte sich 1879 in Wiesbaden an die Spitze der Gesellschaft für Lindes Eismaschinen, ehe er 1891 wieder zur Wissenschaft zurückkehrte und unter anderem Verfahren zur Verflüssigung von Sauerstoff und Stickstoff entwickelte.

Mit der künstlichen Kühlung hatten die Großbrauereien einen entscheidenden Vorteil gegenüber den kleineren Gewerbebetrieben - vordem hatte man vielfach das Bier in der Brauerei bei höheren Temperaturen angären lassen und es dann sofort in Ausschankfässer gefüllt. So wie heute noch das Real Ale in England reifte es beim Wirt mehr oder weniger gut heran. Beim untergärigen Gärverfahren dagegen diente die sogenannte Zwicklprobe im Brauereikeller zum optischen und geschmacklichen Test der Reife des Bieres. Der Braumeister „zwickte" ein mit einem Hahn

verschlossenes Röhrchen in der Art einer Injektionsnadel zwischen die Bohlen des hölzernen Lagerfasses: Aus dem Zwickl-Hahn konnte nun eine Probe gezogen werden, die ergab, ob das Bier genügend geklärt und wohlschmeckend war.
Vor die Abfüllung werden üblicherweise ein oder mehrere Bierfilter geschaltet. Damit ist sichergestellt, daß die Biere auch glanzfein und blank sind, wenn sie in Fässer oder Flaschen gefüllt werden. Das ist nicht bloß eine optische Frage: Je weniger Trubstoffe und je weniger Hefen im fertigen Bier enthalten sind, desto weniger ist zu befürchten, daß sich das Bier beim Konsumenten unkontrollierbar verändert.
Allerdings gibt es Biere, bei denen man traditionell die Hefe in Flasche und Glas schätzt. Das sind zum einen die Zwickl- und Kellerbiere, wie sie zum Beispiel in Gasthausbrauereien und Brauereigasthäusern ausgeschenkt werden. Hier ist die im Bier enthaltene Hefe eine Art „Frischeausweis". Das andere gängige Beispiel für ein hefetrübes Bier ist das „Hefeweizen", eine Sorte, die sich nicht nur in Deutschland, sondern auch in den USA steigender Beliebtheit erfreut. Selbst in Tschechien hat die Brauerei *Herold* am 1. September 1994 mit dem *Psenicne Kvasnicove Pivo* ein Hefeweizen auf den Markt gebracht.
Auch Kurt *Widmer* von der gleichnamigen Brauerei in Portland, Oregon, hat ein optisch recht ansprechendes Weißbier, dem aber das „gewisse Etwas" fehlt, wie er selber zugibt. Er verwendet nämlich eine Altbier-Hefe, die etwas andere Aromen produziert als Weißbierhefen. Das vielleicht bayerischste Weißbier der Staaten ist mir in der *Water Street Brewery* in Milwaukee, Wisconsin, untergekommen. Diese Gasthausbrauerei verwendet zwar Malzextrakte (und erspart sich damit das Maischverfahren), sie legt aber besonderen Wert auf den Einfluß der Weizenbierhefe. Das dunkel-bernsteinfarbene Weizenbier erinnert mit seiner vollmundig-aromatischen Note an die *Schneider Weisse* aus Kelheim, es ist allerdings etwas bitterer. (Außerdem wird es mit einem Zitronenstückchen serviert - eine Unart, die sich davon herleitet, daß früher durch leichte Milchsäureinfektion sauer gewordene Weißbieremit einem Stückchen Zitrone garniert wurden, damit die Zitronensäure die unerwünschte Milchsäure überdecke).
Den richtigen Weißbiergeschmack findet man eben doch am besten in Süddeutschland - und das hat weniger mit der Region oder dem eingesetzten Weizenmalz zu tun als mit der Hefe und ihrer Verwendung. Für Weißbiere wird üblicherweise ein eigener Hefestamm verwendet - typische Weißbierhefen zeichnen sich dadurch aus, daß sie unter anderem einen Alkohol mit dem unaussprechlichen Namen 4-Vinyl-Gujacol produzieren, der ein

An der Zwickl-Probe erkennt der Brauer, ob das Bier schon ausgereift und schön klar ist - und schmecken muß es natürlich auch!

„Gleichbleibender Geschmack" ist ein zweifelhaftes Qualitätsmerkmal - von einem Château Mouton Rothschild würde es auch niemand erwarten.

leicht an Gewürznelken erinnerndes Aroma ergibt - eben das typische Weizenbieraroma. Es ist eine Ironie der Natur, daß die Hefe dieses Aroma gar nicht aus dem Weizenmalz, sondern aus dem Gerstenmalz bildet. Auch aus einer reinen Gerstenmaische könnte also mit der richtigen Hefe ein „typisch" schmeckendes Weißbier gebraut werden.

Um einen typischen Weißbiergeschmack zu erzeugen, muß der Brauer aber auch eine eigene Gärführung entwickeln, wobei das Verfahren der „Original Flaschengärung" besondere Wertschätzung genießt. Dafür wird die Bierwürze zunächst für drei oder vier Tage in einem Bottich mit Weißbierhefe angestellt - bei Zimmertemperatur vergärt nun der Großteil des enthaltenen Malzzuckers. Das ist nicht viel anders als bei anderen obergärigen Bieren. Was nun folgt, gilt aber als bayerische Spezialität: Das Jungbier wird gemeinsam mit einem kleinen Teil unvergorener Würze („Speise") oder frisch angegorener Würze („Kräusen") in die Flasche gefüllt. Nun werden die fertig gefüllten Flaschen in Reifekammern mit kontrollierter Temperatur gelagert - in den Flaschen findet eine Nachgärung (bei der vor allem der Zucker aus der zusätzlichen Würze vergoren wird) statt, das Bier reichert sich mit Kohlensäure und Aromen an. So findet sich etwa in der *Huber Weisse* aus dem *Hofbräuhaus Moy* in Freising ein zarter an Birnen erinnernder Geruch. Das *Moy Edelweizen* aus derselben Brauerei ist ebenfalls sehr fruchtig, aber es hat eine leicht an Zucker erinnernde Nase und schmeckt dann umso überraschender trocken.

In den letzten Jahren hat sich die Technik weiterentwickelt - für untergärige Biere ebenso wie für obergärige.

Längst kommen viele Weißbiere nicht mehr aus der eben beschriebenen Flaschengärung, sondern werden in Lagertanks fertiggestellt. Einige Brauer schwören, dabei nichts an Aroma zu verlieren, aber Qualität und Sicherheit zu gewinnen. Unbestritten produzieren sie ein von Flasche zu Flasche gleiches Bier - was allerdings ein unter Kennern umstrittenes Qualitätsmerkmal ist; auch bei großen französischen Weinen käme niemand auf die Idee, Unterschiede von Lage und Jahrgang als „Mangel an gleichbleibender Qualität" zu verurteilen.

Auch in den untergärigen Lager- und Pilsbrauereien sieht es heute ganz anders aus als noch vor zwanzig Jahren: Früher waren große kalte Keller ein wesentlicher Standortvorteil einer Brauerei. So sind am damaligen Stadtrand von Pest mehrere Brauereien auf einem alten Steinbruch entstanden - die ausgehauenen Kavernen boten einen idealen kühlen Lagerraum für das Bier. Die berühmteste war die Perlmuttsche (1862 von Dreher übernommene) Brauerei Steinbruch/Köbanya. Den englischen Namen der *Köbanya*-Brauerei (heute mitten in Budapest) trägt seit langer Zeit das goldgelbe *Rocky Cellar*, eine alte Marke, die in den letzten Jahren neuerlich groß herausgekommen ist. Braumeisterin Henriette Szinyei hat allerdings ein anderes Lieblingsbier: *Dreher Pils* - sehr hell, sehr fester Schaum, leicht hopfige Nase, schlanker, herber Antrunk und herber, leider wenig aromatischer Nachtrunk. Alles in allem das wohl pilsigste Bier Ungarns.

Die Felsenkeller erweisen sich aber nun mehr und mehr als Nachteil: Auf dem wie ein Emmentaler unterhöhlten Gelände kann man kaum neu bauen. Und die tiefen Keller sind technisch längst veraltet.

Wer in einer modernen Brauerei den Keller sucht, sollte den Blick nach oben richten: Er ist nicht das tiefste, sondern das höchste Gebäude.

Sucht man heute den „Keller", so empfiehlt es sich, das höchste Gebäude zu suchen: Moderne Brauereien sind nämlich vom ZKG-System geprägt - Zylindrokonische Gär- und Lagertanks, 20 und mehr Meter hoch, bieten eine viel effizientere Methode der Vergärung als die alten Keller. Anstatt des Kellers muß nur mehr der nach außen gut isolierte Tank gekühlt werden - und das funktioniert mit einer auf Zehntelgrade treffsicheren Präzision. So kann der Verlauf der Gärung exakt gesteuert werden, es kann von außen keine Luft (und damit keine Fremdinfektion) an das Jungbier heran. Am Schluß der Hauptgärung setzt sich die Hefe unten im Konus des Tanks ab - um die Hefe zu ernten (und sie später eventuell wiederzuverwenden) braucht man nur ein wenig vom Jungbier abzulassen und den Tank mitsamt seinem Inhalt zu kühlen. Somit wird der Gärtank zum Lagertank. Und wenn man noch weiß, daß sich die ZKGs viel leichter reinigen lassen als die früher verwendeten liegenden Tanks oder gar die alten Holzfässer, dann versteht man ihre Beliebtheit.

Ein paar gestandene Meister ihrer Zunft haben dennoch ihre Vorbehalte; sie meinen, daß Bier nicht in irgendwelchen Bioreaktoren verschwinden soll, und sie haben auch den einen oder anderen technischen Einwand. Die Wissenschaftler dagegen versuchen, die Innovation zu verteidigen.

Es ist der alte Streit zwischen der Berufserfahrung zünftiger Arbeit und dem wissenschaftlich-technischen Fortschrittsanspruch. Ein Streit, der uns auch in den nächsten beiden Kapiteln immer wieder unterkommen wird.

Brauerstolz in den USA: Die meist aus Deutschland stammenden Brauer hielten an ihrer Sprache und ihrer Tradition auch in St. Louis fest.

ANHEUSER-BUSCH
BR'NG ASS'N
ST. LOUIS MO

Der Bräu und seine Leute

Auch wenn Orest nicht vom Kaiser-Bier singt - der Bräu greift in die Tasche, wenn Opernpremieren oder Autorennen zu sponsern sind.

Es scheint nun an der Zeit, einmal einen Blick auf diejenigen zu richten, denen wir das gute Bier verdanken. Auf die Brauer und den Bräu, der vielfach mehr war und ist als nur ein Gewerbetreibender unter vielen: Wenn auf dem Land die Feuerwehr ein Fest feiert, in der Stadt eine Opernaufführung (wie zum Beispiel die spektakuläre „Elektra"-Inszenierung im Linzer Brucknerhaus 1994) noch ein wenig Sponsormittel braucht - stets denkt man an den Bräu, der als Sponsor auftreten könnte[89]. Und er tut es meist gerne, weiß er doch, daß sich seine Wohltätigkeit ziemlich unmittelbar dem Publikum mitteilt - und die Bierliebhaber umso stärker an die Marke bindet.

Brauherr sein, das war traditionell nicht nur eine Ehre, es war auch Verpflichtung. Immer wieder wurden die Brauereibesitzer in die Politik berufen, wofür in Österreich die noch heute in verschiedenen (!) politischen Parteien engagierte Familie Mautner Markhof einprägsame, aber keineswegs alleinstehende Beispiele gibt. Im österreichischen Reichstag saß wie selbstverständlich Anton Dreher (Schwechat) und im deutschen Richard Roesicke, Ignaz Kuffner, der den Erfolg der Ottakringer Brauerei begründete, war Bürgermeister der damaligen Vorstadt von Wien[90]. Immer, wenn ihr soziales Umfeld ein Anliegen hatte, wurde an ihre gesellschaftliche Verantwortung appelliert. „Der Bräu" ist noch heute Sinnbild des gestaltenden Unternehmers, der das Gemeinwesen mitverantwortet und auch einmal mehr als nur eine Runde Freibier springen läßt, wenn es notwendig ist. Freilich hat da manche gute Tradition den Weg in die moderne Marketingwelt geebnet: Der Skizirkus braucht Geld - Gösser zahlt. Auch für die Auto-Rennställe haben die Brauherren offene Taschen - nicht nur, weil früher gerade die Brauer eigene Reitställe unterhielten, sondern weil ja der Markenname immer wieder in den Fernsehbildern zu sehen ist (wie Bitburger am Beispiel des Weltmeisters Michael Schumacher bewiesen hat).

Auch konnte und mußte man von einem Brauer immer eine besonders patriotische Haltung erwarten - wir haben es schon in der Diskussion um die Prohibition und die Biersteuern gesehen. Im Londoner Whitbread-Archiv liegen dafür aber noch handfestere Beweise[91]: Nick Redman, einer der rührigsten Brauerei-Archivare, hat dort zwei Musketen (mit der Inschrift „S. Whitbread Esq.“) aufbewahrt, die im Jahr 1809 von der Brauerei erworben wurden, damit die Arbeiter im Falle einer Invasion durch französische Truppen das englische Land und das englische Bier verteidigen könnten.

Was aber qualifizierte einen zum Brauer? „Es ist bekannt, daß zu dem Fach des Bierbräuens bisher meistens rohe, starke, massige Menschen, der schweren Arbeit wegen, wie man glaubte, bestimmt wurden, ohne sich im geringsten um die Talente, Fähigkeiten, Bildung des Verstandes etc. dabey zu bekümmern. Viele Jahrhunderte hindurch wurde nun diese an sich so schöne Kunst des Bräuwesens von gedankenlosen Menschen blos nach dem mechanischen Erlernen als ein Handwerk betrieben. Es konnte gar lange Zeit niemandem einfallen, etwas darüber zu schreiben, da die meisten Bräuer in ältern Zeiten weder lesen noch schreiben konnten“, klagt im Jahr 1805 der Physikprofessor J. B. Hermann aus Eichstädt[92].

Man braute jahrhundertelang so, wie es der Brauch war: Abergläubische stellten Salz und Schere auf das Gärgefäß.

Es dauerte noch Jahrzehnte, bis sich die wissenschaftliche Anwendung von Braumethoden durchsetzte. In einem Brauer-Taschenbuch von 1818 schreibt ein erfahrener Bier-Taxator leicht spöttisch über die damals noch gängigen Praktiken bei der Malzbereitung[93]: „Die andern Vorurtheile durch Sprüche, Zeichen, geweihte Kreide, will ich stillschweigend übergehen.“ Man braute eben weitgehend, wie es der Brauch war, und gab sich mit dem Ergebnis zufrieden. Erst der Erfolg der industriellen Brauunternehmer zwang auch die kleineren Betriebe zu gewissenhafterer Arbeit und zu ständiger Anpassung an die Anwendung neuerer Methoden. Um 1890 setzte sich die bis heute gültige Ansicht durch: „Wer nicht baut, bald nicht mehr braut.“

Mit der Rationalisierung kam auch die traditionelle Lebensweise im Brauhaus ab, die etwa noch 1818 in Kufstein in einer zünftisch wirkenden Handwerksordnung festgeschrieben wurde[94]. Weil in der Brauerei ständig etwas zu tun war, lebten Gesellen, Lehrjungen und Handlanger dort, gingen nach Bedarf das Grünmalz widern, den Keller inspizieren oder den Kessel heizen. Erst nach und nach spezialisierten sich die Tätigkeiten: Da gab es den Darrfax zum Abräumen der Darre, der Bierläufer verfolgte den Weg der Würze und des Jungbieres vom Kühlschiff zur Faßfüllung, der Haspulant hantierte mit den Fässern. Der Pump-Auf besorgte das Umpumpen von Maische und Würze im Sudhaus, als man dafür noch keine elektrischen Pumpen hatte.

Noch in der Zwischenkriegszeit hieß es: „Wer etwas lernen will, lerne zuerst das Schweigen!“ So steht es im Buch „Der Brauerlehrling“, das im Jahr 1938 „Im Auftrage des Reichsinnungsmeisters für das Brauer- und Mälzerhandwerk“ herausgegeben wurde. Den Berufsanfängern wurde eingeschärft[95]: „Lehrling! Vermeide auf jeden Fall eine Kritik an den Erklärungen deines Meisters, auch wenn dir zum Beispiel in einem Buch oder in einer Fachzeitschrift eine andere Auslegung zu Gesicht käme. Kritik ist für dich ganz unstatthaft. Du verwirkst dir dadurch allzuleicht die

Zuneigung deines Lehrmeisters und schadest dir damit außerordentlich. Der Glaube an den Meister hilft einem Lehrling zur richtigen Überzeugung."

Es gab in den Brauereien seit Jahrhunderten ein enges soziales Geflecht, doch die Hierarchie ist bis heute unantastbar. So haben sich die Braumeister einiger Großbrauereien erst in den letzten Jahren dagegen gewehrt, die gleiche Arbeitskleidung zu tragen wie einfache Biersieder. Vielfach tragen der Braumeister und der Brauführer weiße Arbeitsmäntel – eine Farbe, die nur ihnen als

„Der Glaube an den Meister hilft dem Lehrling zur richtigen Überzeugung" – und das kräftige Anpacken. So waren die Ausbildungsgrundsätze in der ersten Jahrhunderthälfte.

Die Brauherren wußten zu feiern: Für sie spielte die Kapelle der Garde-Dragoner im Grunewald.

Techniker zusteht. Manches hat sich aber auch verschliffen – während ein Auszubildender heute möglichst viel über die Technik und die neuesten Erkenntnisse der Brauwissenschaft lernen kann und soll, hieß es 1938: „Das alte Sprichwort ‚Lehrjahre sind keine Herrenjahre' besagt, daß dieser Zeitabschnitt des Lebens im Berufsbeginn auch an die Lebensauffassung bestimmte Anforderungen stellt. Der Lehrling soll nicht glauben, daß er sich theoretisch schon in der Brauwissenschaft auszubilden hätte. Wissenschaft, die über den Rahmen einfacher brautechnologischer Erläuterungen hinausgeht, ist für ihn der schlimmste Bazillus, mit dem seine Seele infiziert werden kann; sie macht ihn nur eingebildet, weil er glauben könnte, das Erlernen einfacher Dinge sei für ihn überflüssig. Die Wissenschaft bleibt dem Fortgeschrittenen vorbehalten, dazu gehört der Lehrling nicht."

Diese zweifelhaften pädagogischen Grundsätze der dreißiger Jahre sind glücklicherweise überwunden – sie waren ein letztes Aufflackern jener patriarchalischen Haltung, nach der man zwar „gut ist zu seinen Leuten", ihnen aber keinerlei Rechte einräumt. 1910 heißt es in einer deutschsprachigen Gewerkschaftsschrift aus den USA[96]: „Manche Brau-Industrielle mögen hie und da noch der Meinung sein, daß die Zeit noch einmal kommen mag, wo sie an die Vernichtung der Organisation ihrer Arbeiter, an die Herstellung der alten idyllischen Arbeitsverhältnisse denken können."

Die Brauherren verdienten nicht schlecht – und sie wußten zu feiern. Schulze-Besse beschreibt das Vereinsleben des Berliner Braumeister-Verein e. V. in der Zeit vor dem Ersten Weltkrieg[97]: „Die Vereinsversammlungen wurden abwechselnd zumeist in den verschiednen Brauereiausschänken abgehalten, dabei bestand der löbliche Brauch, daß den Mitgliedern vielfach Freibier gestiftet wurde. Die Ausflüge hatten meist den Grunewald zum Ziel. Mit Girlanden geschmückte Kremser führten die Mitglieder mit ihren Damen in stattlichem Zuge an einem schönen Sommertagmorgen hinaus nach Westen, im ersten Wagen blies die Musikkapelle der Garde-Dragoner, ein Proviantwagen bildete den Schluß. Im Walde wurde Halt gemacht und ein Baum ausgesucht, dessen Stamm eine Gabel bildete, gerade richtig, um als Aufleger für ein Bierfaß zu dienen. Geübte Hände faßten zu, und bald strömte das edle Naß in die Gläser, um die in fröhlichen Gruppen auf dem moosigen Waldboden gelagerten Mitglieder mit ihren Damen und Gästen zu erquicken. Zum Mittag ging's weiter nach der Krummen Lanke oder Onkel Toms Hütte, wo ein fröhliches Mahl und ein Tänzchen zum Nachmittagskaffee die Freude noch erhöhten."

Der Brauch verlangt, daß ein Braumeister auf Auslandsreisen einen Höflichkeitsbesuch bei örtlichen Brauereien unternimmt - eine Erinnerung an die Handwerkssitte, die wandernden Gesellen den Besuch in allen Brauereien vorschrieb: „Jeder ankommende Bräuknecht, der nicht Antritt nimmt oder erhält, hat von jeder Bräustatt als sogenannten Zuschuß 2 Kreuzer zu begehren", hieß es in der Handwerksordnung von Kufstein. Jeder Brauer konnte also jederzeit Bier, Brot, Schlafstatt und sogar ein Taschengeld finden, wenn er auf Wanderschaft war.

Die Wanderschaft ist weitgehend abgekommen - und auch einige Nebengewerbe der Brauerei, wie aus der Lebensbeschreibung von Herbert Schmidt eindrucksvoll hervorgeht[98]. Schmidts Vater Robert war Nebenerwerbsbauer und Böttcher in der Weiperter Braubürgerschaft im Sudetenland - doch der Vater riet ihm während des Krieges ab, seine Nachfolge anzutreten: „Mit Böttcher wird nichts. Es ist keiner mehr da, der Dir das Handwerk vermitteln könnte, aber die Braumeister haben es gut, besser als die Böttcher. Lerne deshalb Brauer und versuche weiterzukommen."

Schmidts weiterer Lebensweg führte ihn am 1. Oktober 1978 zur *Berliner Bürgerbräu* - damals ein Vorzeigebetrieb der DDR, dessen Bier international vermarktet wurde. Als er nach der Wende abgesetzt werden sollte, streikte die Belegschaft erfolgreich dagegen[99]. So führt Schmidt den Betrieb heute gemeinsam mit der Familie Häring, den neuen Eigentümern der Spezialitätenbrauerei am Müggelsee. Inzwischen hat sich die traditionsreiche - lange Zeit von einer Gastwirtegenossenschaft geführte - Brauerei mit Nischenprodukten wie dem mild-süffigen *Rotkehlchen* einen Namen gemacht. Und sie hat das Bräustübl in Friedrichshagen wiedererstehen lassen - hier wird nun nicht nur Bier ausgeschenkt, sondern auch Kleinkunst geboten. Wie schon in den dreißiger Jahren, als Leopold Maass und Felix Wolff sogar ein eigenes Marschlied auf das Berliner Bürgerbräu schrieben, sind Brauhäuser noch heute Zentren des gesellschaftlichen und künstlerischen Lebens.

Trinkt auf Berlin!
Berliner Bürger-Bräu-Marschlied
Text von Felix Wolff
Musik von Leopold Maaß

1. Berlin hat alles, was man braucht,
Wenn man gern ißt, trinkt, sportelt, raucht,
Berlin ist doch die schönste Stadt,
Wo alles man am besten hat,
Und bist Du noch so anspruchsvoll,
Hier ist doch alles wie es soll,
Und eines noch, das sag' ich Dir:
Berlin hat auch das beste Bier.

Refrain:

Du mein Berliner Bürgerbräu,
Dir bleibe ich auf ewig treu,
Ich fülle bis zum Rand das Glas,
Trink auf Berlin mit edlem Naß,
Was immer gleich in Stimmung bringt,
Man denkt stets wieder, wenn man es trinkt:
Dir bleibe ich auf ewig treu,
Du mein Berliner Bürgerbräu! Prost!-Prost!

2. Bier ist ein ganz besondrer Saft,
Den Friedrichshagen uns beschafft,
Trinkt man es dunkel, trinkt man's hell,
Es ist und bleibt ein Freudenquell,
Des echten Zechers schönster Traum
Ist dieses Trankes weißer Schaum,
Und trinkt man es in froher Rund',
Ertönt das Lied von Mund zu Mund:
Refrain.

3. Die trübe Laune es vertreibt,
Ist Frohsinn da, er bei uns bleibt,
Die Sorgen Ihr vergessen habt,
Solange Bürgerbräu Euch labt,
Das ist der Trank von Groß-Berlin,
Der goldig Euch im Glas erschien,
Es ist des Daseins bester Trost,
Stoßt an mit Bürgerbräu, Prost-Prost.
Refrain.

Moderner Musik-Verlag „Berlin-Halensee"
In Berlin-Halensee

Braukunst wird zur Wissenschaft

Der große Wissenschaftler Pasteur widmete sich sehr kleinen Problemen: Einzellern, die das Bier sauer machten.

Es war ein Samstagmorgen, der 9. September 1871, am Rande der City of London. In der Chiswell Street, wo die Familie Samuel *Whitbread* seit 1742 eine inzwischen zu großer Bedeutung gelangte Brauerei betrieb, war ein angesehener Franzose zu Gast: Louis Pasteur. Er hatte sein Mikroskop mitgebracht, um einem Bierfehler nachzuspüren, den das berühmte Whitbread-Porter seit einiger Zeit aufwies.[100]

Unter dem Mikroskop zeigte sich rasch, warum das Bier während der Gärung sauer geworden war: „This porter is unfit because it contains the ferments of disease", soll Pasteur den staunenden Direktoren von Whitbread erklärt haben - das Bier sei untauglich, weil es Krankheitskeime enthalte. Die säurebildenden Bakterien, die Pasteur unter dem heute noch im Brauereiarchiv aufbewahrten Mikroskop identifiziert hatte, waren damals wohl in vielen Bieren vorhanden; aber seit jenem Septembersamstag wissen die Brauer sie zu identifizieren.

Vielfach wird angenommen, daß Pasteur mit jener Untersuchung überhaupt den Anstoß zum wissenschaftlichen Arbeiten in der Brauerei gegeben hätte. Der korrekte Wissenschaftler hätte es selbst wohl nie so gesehen - denn er hat stets auf die Verdienste anderer hingewiesen, wenn seine Leistungen gelobt wurden. Dennoch scheint es das Schicksal Pasteurs zu sein, daß ihn die Nachwelt für Dinge kennt, die gar nicht seine eigenen Erfindungen waren. So ist heute jedem Schulkind bekannt, daß abgekochte Milch keimfrei und daher verträglicher ist als frisch von der Kuh. Der zum Keimfreimachen in der Molkerei benutzte Prozeß wird Pasteurisation genannt - er wurde allerdings bereits 1827 von Gervais vorgeschlagen. Pasteur war damals erst fünf Jahre alt. Auch ist Pasteurs Hauptwerk keineswegs der Milch gewidmet gewesen: Er studierte vor allem die Gärungserscheinungen und veröffentlichte 1878 als wahrscheinlich bedeutendstes Buch seine „Etudes sur la bière", die Studien über das Bier. Bier wurde aber bereits 1867 „pasteurisiert" - allerdings ohne Pasteurs Zutun in der Brauerei Velten in Marseille[101]. Und daß man Wein

durch Erhitzen haltbar machen konnte, war sogar schon den alten Römern bekannt gewesen.
Wenn es auch Pasteurs konsequente Arbeit war, die die Brauwissenschaft geradezu sprunghaft von der alten handwerklichen Braukunst loslöste und emporhob, so war wissenschaftliches Arbeiten in der Brauerei bereits lange vorher bekannt gewesen.
Der bedeutendste Name aus diesem Fach ist heute noch in aller Munde: Joule. Hinter der Bezeichnung, mit der wir heute den Nährwert von Nahrungsmitteln angeben, steht ein englischer

Pasteur im Whitbread-Labor: Sein Mikroskop wird noch heute vom Whitbread-Archivar Nick Redman wie ein Schatz gehütet.

Brauereibesitzer des 19. Jahrhunderts. James Prescott Joule, geboren in Salford am 24. 12. 1818, war das, was noch heutige Lexika als einen „Privatgelehrten" bezeichnen. Egon Friedell schrieb in seiner „Kulturgeschichte der Neuzeit"[102] über den aus der Betriebspraxis zur Wissenschaft gekommenen Forscher: „Die ganze Geschichte der Wissenschaften ist daher ein fortlaufendes Beispiel für den Wert des Dilettantismus. Das Gesetz von der Erhaltung der Energie verdanken wir einem Bierbrauer namens Joule."
Joule war aber kein Brauwissenschaftler im engeren Sinne, sondern ein Forscher, der sich aus den Einkünften der Brauerei sein Hobby finanzierte - und der wegen seiner Erfolge dann schließlich ab 1878 sogar eine staatliche Pension bezog.
Man kann aber ruhig noch zwei Jahrhunderte zurückgehen, wenn man an die Wurzeln der Brauwissenschaft will. Der erste Mensch, der Hefezellen beobachtet, beschrieben und genau gezeichnet hat, war Antoine van Leeuwenhoek, ein Tuchhändler aus Delft, der 1680 einen entsprechenden Bericht an die Royal Society schickte. Aber jene Beobachtungen wurden nicht weitergeführt, und es dauerte bis 1697, bis der Medizinprofessor Georg

Die Braumeister verstanden die Zymotechnica Fundamentalis *nicht: Sie konnten nicht lesen - und schon gar nicht in Latein.*

Ernst Stahl (1660-1734) seine „Zymotechnica Fundamentalis" veröffentlichte. Auch Stahl war kein Brauer, sondern Hofarzt erst in Weimar und dann in Berlin - doch ist es sein Verdienst, die Gärungserscheinungen wissenschaftlich erforscht und dem Dunkel magischen Glaubens entrissen zu haben. Er erkannte als erster, daß Gärung damit zu tun hat, daß chemische Vorgänge ablaufen, die analysiert werden können. Heute weiß man, daß Stahls Schlüsse teilweise falsch waren; umso richtiger aber war seine Überlegung, die wissenschaftliche Erforschung des Brauvorganges könnte viel zum Aufbau einer modernen Brauwirtschaft beitragen.
Dies scheiterte aber teilweise an der simplen Tatsache, daß Stahl - ganz dem Geist der Barockzeit verhaftet - selbstverständlich auf Latein publizierte, während viele Braumeister Schwierigkeiten hatten, auch nur deutsche Texte zu lesen. Max Delbrücks Brauereilexikon erklärt die Folge: Erst 1748 wurde Stahls Buch auch in deutscher Sprache herausgegeben und den Brauern der wesentliche Umstand mitgeteilt, daß Gärung als eine Sonderform der Fäulnis verstanden werden kann. Fermente sind demnach „Körper in innerer Bewegung", die diese Bewegung an gärungsfähige Substanzen weitergeben können und diese dadurch zum Zerfall bringen.
So wurde erst das 19. Jahrhundert das Jahrhundert der Verwissenschaftlichung der Brautechnik. Vergegenwärtigen wir uns noch einmal den Stand des Gewerbes zu jener Zeit. Wie schon erwähnt, war dem Bier in den letzten Jahrzehnten in Kaffee und Tee eine ernstzunehmende Konkurrenz entstanden - mit diesen Aufgußgetränken waren erstmals auch andere hygienisch unbedenkliche Getränke verfügbar. Kein Wunder, daß bei der Boston Tea Party am 16. Dezember 1773 der Brauer Samuel Adams[103] (der Bruder des späteren US-Präsidenten John Adams) als Revolutionär auftrat: Als rund 150 als Mohikaner verkleidete Bürger von Massachusetts die 35.000 Pfund Teeballen von den englischen Schiffen warfen, wendeten sie sich gegen die britische Kolonialpolitik. Der gar nicht sehr erfolgreiche Brauer Adams aber hatte darüber hinaus ein persönliches Motiv: Er wurde mit dem englischen Tee auch ein Konkurrenzprodukt los.
Europa war in jener von Revolution und Napoleonischen Kriegszügen bestimmten Zeit ein unruhiger Kontinent geworden, die Wirtschaft war stark verunsichert. Der Brauwirtschaft ging es besonders schlecht: Zwar gab es durch die Kontinentalsperre wenig Tee und Kaffee, doch war dem Bier in der Kartoffel eine nicht zu unterschätzende Konkurrenz auf den Speise- und Getränkezetteln der Europäer erwachsen.

Bisher war Bier Grundnahrungsmittel: Biersuppen - warmes Bier mit Stücken alten Brotes - waren das übliche Abendbrot breiter Schichten. Nun aber konnten sich die Europäer auch mit Kartoffeln verpflegen. Die Kartoffel gab aber auch ein sehr billiges und stark berauschendes Getränk ab: Aus Kartoffelstärke gewonnener Sprit war üblicherweise viel billiger als Bier.
In einigen Gegenden begann das Biergeschäft aber schon wieder zu blühen - und es stand ganz offensichtlich auf einer neuen, fundierteren Basis. In Bayern war es vor allem der Bierbrauer,

Die Boston Tea Party war für den Brauer Samuel Adams auch ein Protest gegen eine lästige Konkurrenz zu seinem Bier.

Gutsverwalter und Jesuit Benno Scharl (1741-1812), der die Bierbrauerei vorwärts brachte: Er dürfte der erste gewesen sein, der bewußt untergärige Hefen selektierte - und er beschrieb als erster die Bedeutung des Kohlensäuregehalts im Bier für den rezenten Geschmack.
In England war man aber schon ein Stück weiter. Hier hatte die industrielle Revolution bereits begonnen, als James Watt 1784 die erste Dampfmaschine in einer Brauerei installierte. Die Voraussetzung für Industrie und Wissenschaft war dieselbe: Man mußte exakte Mengen kennen und vorausberechnen können. Michael Combrune war der erste Brauer, der in seiner Londoner Brauerei 1762 ein Thermometer einführte. 1784 wurde John Richardsons Arbeit über das Saccharometer publiziert - und es dauerte ein halbes Jahrhundert, bis der Wert dieser Innovation auch außerhalb Englands gewürdigt wurde.
Auf dem Kontinent kam man unterdessen der Rolle der Hefe auf die Spur. Zum Ärger der Chemiker, die eine rein mechanistische Deutung der Gärung bevorzugten, erklärten Theodor Schwann, Charles Latour und Friedrich Kützing nach unabhängigen Arbeiten mit dem Mikroskop, daß lebende Hefe die Gärung auslöst.

In Kopenhagen wird jener Apparat aufbewahrt, mit dem Emil Christian Hansen den Saccharomyces Carlsbergensis *erstmals rein gezüchtet hat.*

Mochte Justus von Liebig noch so sehr dagegen anschreiben - die Biochemie war nun etabliert, und Carl Balling lehrte sie bereits in den vierziger Jahren des 19. Jahrhunderts in Prag. Unter dem Mikroskop erschloß sich tatsächlich eine völlig neue Welt: Schon 1807 hatte der Franzose Jean Chaptal jenen hauchdünnen Film untersucht, der sich auf sauer gewordenem Wein bildet. Kützing forschte weiter und erkannte säurebildende Bakterien, die sich bei der Gärung nebenher ausbreiten konnten. Die Black Eagle Brewery von Truman, Hanbury und Buxton in der Brick Lane am Spitalfield im Londoner East-End war die erste, die im Jahr 1831 einen mit dem Mikroskop wohlvertrauten Chemiker anstellte: Robert Warington, der später die Chemische Gesellschaft in London gründete[104].

Pasteurs Genie aber blieb es vorbehalten, all die Puzzleteile 1876 zu seinen Bierstudien zusammenzutragen. Im selben Jahr begannen vier Wissenschaftler in Burton-on-Trent ihr Wissen auszutauschen. Der Ire Cornelius O'Sullivan hatte im Dienste der Bass-Brauerei erforscht, was den Erfolg des Burton Ale ausmachte - die spezielle Zusammensetzung des Wassers; Horace Brown kam bei Worthington den Zusammenhängen der Keimung und Enzymbildung bei der Gerste auf die Schliche; Adrian Brown forschte an der Hefe und möglichen Infektionen; Peter Griess schließlich widmete sich im Labor von Allsopps der organischen Chemie. Es war ein Höhepunkt der chemisch-technischen Entwicklung der Brauindustrie: Die Entdeckungen der vier Wissenschaftler führten dazu, daß Burton seine natürlichen Standortvorteile wieder verlor. Mit dem nötigen chemisch-biologischen Rüstzeug konnte nun jeder sein Brauwasser und die anderen Rohstoffe nach Belieben aufbereiten.

Noch einfacher war es für die Brauereien jener Zeit, an die Entwicklungen des Carlsberg-Laboratoriums heranzukommen: Jacob Christian Jacobsen, der Chef von Carlsberg, hatte das Labor zu rein wissenschaftlichen Zwecken 1875 gegründet und jede Patentierung von Erfindungen untersagt. Der Leiter des Labors, Johan Kjeldahl, publizierte 1883 eine bahnbrechende Arbeit über die Stickstoffbestimmung - aber was sein ehrgeiziger Mitarbeiter Emil Christian Hansen im selben Jahr erfand, war für die Brauwirtschaft noch wesentlich umwälzender. Hansen gelang es, aus einer einzelnen Hefezelle Milliarden identischer Nachkommen mit identischen Eigenschaften zu erzeugen.

Diese Reinzucht der Hefe ermöglichte es, Gärungserscheinungen exakt vorauszuberechnen und Zufälle auszuschalten, die durch die Verwendung von vermischtem „Zeug“ unvermeidlich waren. Was Benno Scharl am Ende seines Lebens publiziert hatte, war 70

Jahre später Stand der Technik: Sauberes Arbeiten, vor allem im Bereich der Untergärung. Innerhalb von nur neun Jahren wurde Hansens Hefe-Reinzucht-Apparat in 173 Brauereien in 23 Ländern angewendet. So kommt es, daß die große Gruppe der obergärigen Hefen heute noch unter dem Namen *Saccharomyces Cerevisiae* firmiert, während die untergärigen Stämme in Anerkennung von Hansens Laborleistung *Saccharomyces Carlsbergensis* heißen. Reingezüchtete Hefestämme aus Kopenhagen, später aus Nürnberg, Weihenstephan und vom Wahl-Henius-Institut in Chicago eroberten die Welt der Brauereien. Heute ist es Stand der Technik, daß die Bierhefestämme in Hefebanken deponiert sind und immer wieder neu und rein hergeführt werden, um gleichbleibenden Biergeschmack sicherzustellen.

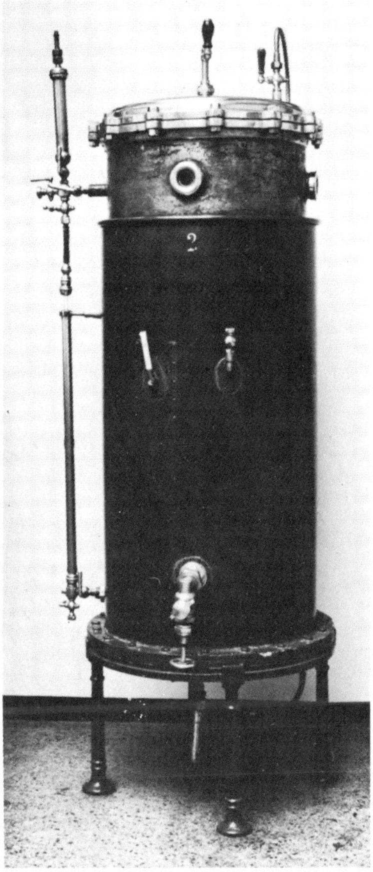

Wie sehr die Brauwissenschaft in den Jahren vor dem Ersten Weltkrieg in einer Blüte stand, die bis heute nicht mehr erreicht wurde, läßt sich nicht zuletzt an der Fülle der Publikationen[105] zum Thema ermessen: Allein in Österreich-Ungarn, Deutschland und der Schweiz erschienen damals drei Tageszeitungen (in Berlin, Nürnberg und Wien), 26 Wochenzeitschriften, 22 vierzehntägig erscheinende und fünf Monatszeitschriften für die Brau- und Brennereiindustrie. Viele davon - wie die 1883 gegründete Berliner Wochenschrift für Brauerei - waren rein wissenschaftlich-technisch orientiert.

Die Zentren der Brauwissenschaft waren damals wie heute dieselben: Der Berg von Weihenstephan am Stadtrand von Freising ist sicherlich die bedeutendste Pilgerstädte für den Brauwissenschaftler. Kommen besondere Gäste, wird dort die Glocke der Brauer-Kapelle (einer der letzten Reste der Klosteranlage) gegenüber vom Bräustüberl geläutet - eine Ehre, die mir im Herbst 1994 bei einem gemeinsamen Besuch mit meinem englischen Kollegen Michael Jackson zuteil geworden ist. An Weihenstephan sind allerdings nicht nur das Bräustüberl, nicht nur die bayerische Staatsbrauerei (die mit einigem Recht die älteste der Welt genannt wird), sondern vor allem die universitären Einrichtungen bemerkenswert. Die hier verliehene Braumeisterwürde gilt als die angesehenste der Welt.

Wie gesagt: Selbst für den Nicht-Wissenschaftler ist der Besuch hier eindrucksvoll. Und das nicht erst seit heute. Man setze sich ins Bräustüberl, verkoste die Biere, die der Brauereidirektor Georg Wohn im selben Haus braut, und studiere die Geschichte[106]: „Schon in uralter Zeit war die weithin die Ebene beherrschende Höhe von Weihenstephan besiedelt. Vor dem Erscheinen St. Korbinians" - ihm ist eines der Biere gewidmet, wie der Karte zu entnehmen ist - „befand sich hier, auf dem Berge

Tetmons, vermutlich eine Burg, später von 1021 ab eine vom Bistum Freising aus gegründete Bendiktinerabtei. Nahezu 800 Jahre blieben die Benediktiner Besitzer des Weihenstephaner Berges, bis im Jahre 1803 das Stift der Säkularisation verfiel und mit seinem Grundbesitz in die Hände des Staates überging."

Die Idee, die umfangreichen Güter und Liegenschaften des ehemaligen Klosters für eine landwirtschaftliche Lehranstalt zu nutzen, muß noch im selben Jahr aufgekommen sein. Erst kam die kurfürstliche Forstelevenschule nach Weihenstephan, am 1. Jänner 1804 wurde ein Lehrstuhl für Landwirtschaft eingerichtet und die Klosterökonomie in einen landwirtschaftlichen Musterbetrieb umgewandelt.

1805 mußte ein durchschnittlicher Brauer noch froh sein, wenn ihm von zehn Suden sieben gelangen.

Zu dieser Zeit wurden im Churpfalzbaierischen Intelligenzblatt bereits die „Grundlinien zur Errichtung einer öffentlichen Lehranstalt über die Oekonomie des Bräuens"[107] diskutiert: „Alles, was bisher zum wirtschaftlichen Vortheile des Bräuwesens geschah, war entweder die Preis-Erhöhung des Bieres oder eine Beschränkung der Qualität desselben. Stellen wir uns einen Bräuer bisher gewöhnlicher Art vor, der sein Werk nun schon seit vielen Jahrn getrieben, der reich, ansehnlich unter seinen Mitbürgern, und mit aller Behaglichkeit dahin zu leben gewöhnt ist, der strenge und mit eisernen Vorurtheilen an seinen alten praktischen Regeln haftet, dem es etwa unter zehn Suden sieben mal gelingen und drei mal mißlingen mag ein gutes Bier zu bräuen. Mögen wir etwa glauben, daß dieser Mann sich wohl um alles in der Welt entschließen würde, irgendwo sich über sein Fach besser belehren zu lassen?" Zudem würden viele Brauer des frühen 19. Jahrhunderts entweder gar nicht oder zumindest nicht die „neuern Kunst-Ausdrücke nach chemischer Sprache" lesen und verstehen können. Doch der Autor, Professor Hermann aus Eichstätt, ist optimistisch: „Ich sehe seit einigen Jahren wirklich eine Aufklärungs-Periode in dem Fache des Bräuens beginnen." Daraus folgert er, daß man durch einen kleinen Aufschlag auf den Bierpreis einen Fonds speisen könnte, um den dann eine Versuchsbrauerei mit angeschlossenem Institut erworben, kostendeckend betrieben und allen Brauersöhnen „unentgeltlich, ja sogar ohne jedes Geschenk an die Lehrer" geöffnet werden könnte.

Aber die Zeit war noch nicht reif dafür. So sehr sich Max Schönleutner als erster Direktor in Weihenstephan auch mühte - die Napoleonischen Kriege führten zu einem Erlahmen der Lehrtätigkeit und schließlich zu einer Schließung des Lehranstalt im Jahr 1807. Die ersten wissenschaftlich fundierten Brauer-Kurse fanden 1816 nicht in Bayern, sondern in Wien statt.

Schönleutner wanderte mit den verbliebenen Schülern nach Schleißheim ab, und erst „1852 erfolgte die schon wiederholt in Betracht gezogene Rückverlegung an den in vielen Beziehungen geeigneteren früheren Sitz nach Weihenstephan, wo die Lehranstalt unter der tatkräftigen Leitung ihres neuen Direktors Christian Helferich bald eine wesentlich günstigere Entwicklung wie in Schleißheim nahm", erzählt die Chronik.

1865 wurde die Brauerabteilung eingerichtet, aber ihr eigentlicher Anfang in Weihenstephan kam mit der Berufung von Carl Lintner im Jahr 1863. Lintner (1828-1900) war nach Delbrücks Brauereilexikon „ein Meister der Zymotechnik, dem das Aufblühen der Brauindustrie in der zweiten Hälfte des 19. Jahrhunderts vorherrschend zu verdanken ist".

Dem Weihenstephaner Professor Ludwig Narziss verdankt Deutschland, daß sich ein eher milder Pils-Stil allgemein durchgesetzt hat.

Seit dem 17. Dezember 1919 führt Weihenstephan schließlich den Titel einer Hochschule, heute ist es ein Teil der TU München. Was hier gelehrt wird, gilt weltweit als der Stand von Wissenschaft und Technik. So hat in den letzten Jahrzehnten kaum jemand so stark die Entwicklung des deutschen Bierstils beeinflußt wie der Weihenstephaner Professor Ludwig Narziss.

Die zweite berühmte Brauerschule in München ist die 1895 gegründete Doemens-Schule. Hier werden jedes Jahr mehrere Dutzend Braumeister ausgebildet - und noch mehr weitergebildet; denn Doemens-Direktor Georg Zentgraf legt besonderen Wert darauf, aktuelles brautechnisches Wissen an die Absolventen und andere Fachleute weiterzugeben. Und diese sind traditionell in alle Welt verstreut: Der Bund der Doemensianer hat sogar einen eigenen Zweigverein in Brasilien.

War Bayern seit dem 16. Jahrhundert ein Brauzentrum Deutschlands, so erwuchs ihm mit dem Aufstieg Berlins eine gewisse Konkurrenz, die sich auch in der Wissenschaft niederschlug[108]. Am 19. Dezember 1882 kamen einige honorige Herren im Stammhaus der Patzenhofer-Brauerei zusammen: das Reichstagsmitglied Richard Roesicke, der nicht nur anerkannter Sozialpolitiker war, sondern auch die Schultheiss-Brauerei aus kleinen Anfängen zu nationalem Rang geführt hatte, und die Brauherren Friedrich Goldschmidt und Armand Knoblauch. Von wissenschaftlicher Seite kam der Staatsmann und „als Direktor der Preußischen Domänenverwaltung der vornehmste deutsche praktische Landwirt" Hugo Thiel dazu. „Er hatte erkannt, daß im deutschen Braugewerbe eine gewaltige Kraft verborgen liege, die nur geweckt zu werden brauche, um unter Mithilfe der Begeisterung für die Wissenschaft zu höchster Tat entflammt zu werden." Der Mann, der diese Beschreibung gegeben hatte, war der Chemiker Max Delbrück, eben im Alter von 32 Jahren zum

Professor ernannt. Gemeinsam haben diese fünf Männer die Gründung der Versuchs- und Lehranstalt für Brauerei in Berlin beschlossen. Delbrück leitete diese zweite akademische Ausbildungsstätte für Braumeister 36 Jahre lang. 1884 rief er die Wochenschrift für Brauerei ins Leben (die Tageszeitung für Brauerei trat 1903 nicht zuletzt als Argumentationshilfe im Kampf gegen Prohibitions-Tendenzen dazu). Ebenfalls 1884 fiel der Beschluß zur Gründung einer Hochschulbrauerei, die auf dem Wedding, Ecke Amerumer- und Seestraße errichtet wurde. Der erste Sud

Auf dem Weihenstephaner Berg entstand eine eigene Versuchsbrauerei - hier haben bereits Generationen von Braumeistern die Feinheiten ihres Handwerks gelernt.

„Bundesbräu" wurde am 20. Mai 1891 in Gegenwart des Ministers von Heyden ausgestoßen.

Man möchte meinen, daß mit den Forschungen jener Zeit aller Aberglaube um das Bier beseitigt gewesen wäre. Aber die Menschen hängen an ihrem Aberglauben, selbst wenn sie die Wissenschaft kennen. „Noch 1873 mußte sich in Ravensburg im Schwäbischen ein Brauer öffentlich zur Wehr setzen, weil man ihm nachsagte, er habe einen Molch, der sein Bier saufe und wieder von sich gebe, um es vor dem Ausschank süffiger und berauschender zu machen", erzählt eine Bierchronik aus Andechs[109].

Immerhin ist der darin aufgelistete gröbste Unfug rund ums Bier abgekommen: Zur Zeit der Hexenprozesse war es üblich, daß ungeschickte Brauer, denen das Bier allzu oft sauer wurde, eine unliebsame Nachbarin dafür verantwortlich machten - die arme Frau wurde dann gefoltert, bis sie ihre „Schuld" gestand und anschließend verbrannt. Aber: Noch heute verbietet jeder Brauer, der auf seinen Stand hält, einer menstruierenden Frau das Betreten der Brauerei.

Umgekehrt durfte eine Frau beim Bierausschenken auch nicht zu erfolgreich sein: In Zehdenick bei Potsdam wurde 1249 eine Frau beschuldigt, „eine Hostie genommen, in Wachs gedrückt und vor ihrem Bierfasse vergraben zu haben, in dem Aberglauben, daß sie so die Güte ihres Bieres mehre". Man sagte den Hexen aber auch nach, die größten Fässer leerzutrinken - in Leobschütz bei Oppeln in Oberschlesien verbrannte man 1581 zwei Frauen, die volle Fässer aus Bürgerkellern gezogen, auf ihnen eine Fahrt durch die Luft vollführt und sie schließlich auf einer Turmspitze aus

Während die Brauwissenschaft fortschritt, blieben die Vorurteile bestehen: Ein lediges Mädchen sollte sich hüten, Bier zu verschütten, sonst würde es gar schwanger.

gesoffen haben sollen. Da muß der Aberglaube Egerländer Bauern, am Aschermittwoch viel Bier zu trinken, auf daß die Gerste gut gerate, als direkt harmlos gelten. Auch daß Biertrinken am Neujahrstag verjünge, mag ein rein absatzförderndes Gerücht sein. Und wenn in Cottbus ein verliebtes Mädchen heimlich in das Glas des Liebsten spuckt, so ist das halb so schlimm - die beiden werden einander dem Aberglauben nach ohnehin bald küssen.

Was ist aber dran, daß man in der Oberpfalz die Gläser tunlichst auszutrinken hat, damit die Reste nicht bei einem Hexensabbat verwendet werden können? Was will es sagen, wenn ein Mädchen in Gesellschaft Bier verschüttet? Daß sie ein lediges Kind bekommen wird? Und was bedeutet es, wenn der Schaum im Bierglas stabil ist und nicht gleich zusammenfällt? Richtig: Ein schön eingeschenktes Bier mit stabiler Schaumkrone bedeutet Glück!

Das Glas bringt die Bierkultur

Biertrinken, richtiges Biertrinken, ist auch eine kulturelle Leistung. Die lange und vielfältige Geschichte der Bierkrüge ist dafür ein klarer Beweis.

IM GASTHAUS BAUER, das mir zum zweiten Wohnzimmer geworden ist, weil meine Redaktion nicht allzu weit entfernt ist, vor allem aber, weil dort *Weitraer Bier* ausgeschenkt wird, in diesem Gasthaus Bauer also genieße ich ein besonderes Privileg: Ich bin der einzige Gast, der sein Bier in einem Steingutkrug mit Zinndeckel serviert bekommt. Auch wenn das schön glasierte Objekt „nur" eine Replik eines historischen Walzenkruges ist, die mir Rudolf Kus von der Steirerbrau vor Jahren geschenkt hat - es zieht alle Blicke auf sich (und auf mich, den eitlen Stammgast). Da nehme ich auch in Kauf, daß ich das dunkelbernsteinfarbene, röstmalzbittere *Hadmar Bräu* (eine Kreation des jungen, engagierten Braumeisters Christian Pöpperl[110]) nicht sehen kann. Kulinarisch gesehen ist das ja fast wie bei professionellen Bierverkostungen. Wenn in Brauereien verkostet wird, nimmt man dazu geschwärzte Gläser und ein Bier von Zimmertemperatur. Der Genuß dabei ist zwar bescheiden, doch offenbart ein Bier unter solchen Bedingungen jeden Geschmacksfehler.

Aber normalerweise ist man als Biertrinker ja nicht auf Fehlersuche. Man sucht im Gegenteil die positiven Eindrücke. Man probiert, probiert und probiert noch einmal. Am besten tut man das in einer kleinen, unvoreingenommenen Gesellschaft, in der nicht allzuviele bierernste Profi-Trinker dabeisitzen. Die wollen nämlich meistens werten, reihen, benoten. Viel wichtiger ist es, offen an die Verkostung heranzugehen - und zu sagen, was man zu riechen oder zu schmecken vermeint. Gerade in obergärigen Bieren findet dann der eine oder andere einen Hauch von Fruchtaromen. Nicht selten sind es übrigens Frauen, die die Biere am treffendsten beschreiben - einfach, weil sie weniger Sorge haben, auch etwas „Falsches" zu sagen, was andere vielleicht nicht nachvollziehen können.

Eine gewisse Erfahrung ist allerdings Voraussetzung. Biertrinken, richtiges Biertrinken, ist nämlich eine kulturelle Leistung. Wer das erste Bier in seinem Leben kostet, wird es sehr wahrscheinlich nicht harmonisch finden: Man schmeckt dann nämlich selbst in einem Pils und schon gar in einem Export eine fast aufdringliche Malzsüße; und während man sich über diesen süßlichen Eindruck wundert, kommt überraschend der kernig-bittere Hopfengeschmack wie ein Hammerschlag auf die Zunge. Es braucht mehrere Versuche, bis das Gehirn soweit kultiviert ist, daß es die beiden Geschmackserlebnisse nicht mehr isoliert wahrnimmt, sondern zu einem harmonischen Gesamtbild des jeweiligen Bieres verschmelzen läßt. Eine Leistung, die übrigens nur durch Training erhalten werden kann. Wer aus irgendwelchen Gründen längere Zeit kein Bier getrunken hat, muß sich erst wieder daran gewöhnen.

Der regelmäßige Biertrinker aber hat seine Freude am Tonkrug. Nicht nur, weil der Maßkrug laut Ludwig Thoma ein „Symbol der Männlichkeit" ist, sondern weil das Bier in dem dickwandigen Gefäß seine Temperatur schön hält. Man kann dann den Nachteil in Kauf nehmen, daß man das Bier nicht sehen kann. Der erfahrene Bierliebhaber erkennt ohnehin in etwa, was man ihm vorsetzt und urteilt bloß, ob es ihm schmeckt oder nicht. Als DER STANDARD vor einigen Jahren einen Vergleich verschiedener Biertrinkgefäße[111] anstellte, ließ sich Außenpolitik-Chef Erhard Stackl einen Tonkrug reichen und bewies einmal mehr, wie gut er sich in der Welt auskennt. Er roch kurz daran, nahm einen kräftigen Schluck und erkannte (fast) richtig: „Das erinnert an ein englisches Bier." In Wahrheit hatten wir zwar ein etwas vollmundiges bayerisches Weißbier in den Krug geschmuggelt – aber die Verwandtschaft des Weißbieres zum Ale ist ja unleugbar. Hätten wir etwa das *White Shield* von *Worthington* in ein Weißbierglas gefüllt – es wäre ziemlich sicher als Weißbier identifiziert worden.

Der Tonkrug aber verhindert die genaue Bestimmung, hier sind nur der Geruchs- und der Geschmackssinn gefragt: Riecht es hopfig? Schmeckt das Bier vollmundig, vielleicht gar süßlich? Man bekommt nicht zu sehen, wie glanzklar ein Pils filtriert ist, hat keinen Eindruck von der feinen Trübung eines Zwickl. Und die Farbe bleibt erst recht verborgen – wozu ein dunkles Bier, wenn man es nicht sehen kann?

Zu Beginn des vorigen Jahrhunderts waren allerdings fast alle Biere dunkel – und die zu jener Zeit noch Stück für Stück handgefertigten (oder genauer gesagt: mundgeblasenen) Biergläser waren nur in den besten Haushalten vorhanden. Im Gasthaus trank jedermann sein Bier aus dem Krug, was inzwischen abgekommen ist, weil industriell gefertigte Gläser billiger und bei Sammlern weniger begehrt sind.

Die Jahrhunderte, in denen es nur Krüge für das Bier gab, sind

Wozu braucht der Bierkrug eigentlich einen Deckel? Damit keine Fliegen hineinfallen - hielt man diese doch lange Zeit für Überträger der Pest.

übrigens im Bierkrug-Museum von Bad Schussenried, eine Dreiviertelstunde südlich von Ulm, anschaulich dargestellt. Der Brauereibesitzer Jürgen Ott führt dort nicht nur eine vorbildliche Schenke (wo es das auffällig fein mit Tettnanger Hopfen gehopfte *Schussenrieder Pils* unfiltriert gibt), sondern hat auch zwei Stockwerke mit allem, was es rund um den Bierkrug zu erzählen gibt, vollgepackt[112]. Da lernt man etwa, daß der Krugdeckel aufgrund gesetzlicher Verordnung aus hygienischen Gründen ab ca. 1510 für jedes Trinkgefäß eingesetzt wurde. Dies geschah vor allem deshalb, damit keine Fliegen, welche als Verbreiter der Pest galten, ins Getränk fallen konnten. Erst in späteren Jahren wurde der Deckel immer wertvoller und schließlich vor allem als Zierde angebracht. Auch der Zusammenhang von barocker Trinkfreude - in der Zeit des Dreißigjährigen Krieges gehörte übermäßiges Trinken zum guten Ton, und wer nicht mittrank, wurde mit Verachtung angesehen - und die Größe der zweieinhalb und mehr Liter fassenden Humpen wird anschaulich.

Die Biere waren vor 170 oder 180 Jahren so dunkel und so trüb, daß man den Boden des Gefäßes kaum sehen konnte: Das war seinerzeit ein Kennzeichen des englischen Porter-Bieres, und Witzbolde schufen Krüge, auf deren Boden eine Froschfigur saß - erst wenn man den Krug leergetrunken hatte, erblickte man das unappetitliche Tier. Und noch etwas schürt die Skepsis gegenüber Tonkrügen: In einer amerikanischen Bier-Broschüre[113] konnte man unlängst den *Classic Ayinger Mug*, den 0,5 Liter-Krug von Franz Inselkammers Brauerei, angeboten finden: „Ein aus Bayern importierter Steinzeugkrug mit traditioneller blau-grauer Glasur. Die Dicke und Natürlichkeit des strapazfähigen Kruges fühlt sich gut an und sieht gut aus. Mehrfarbige Darstellung des Herkunftsortes Aying. Design für ein großartiges Bier und wie jedes gute Design mehrfach verwendbar. Perfekt als Kaffeetasse, für Bleistifte oder als schöne Vase." Nein, danke. Ich will keinen Bierkrug, den andere Leute als Kaffeetasse oder Vase verwenden.

Dann schon lieber ein Bierglas - und womöglich eines, dessen Form dem jeweiligen Bier angemessen ist. Es spricht viel dafür, daß die Einführung von industriell gefertigten billigen Biergläsern den Erfolg von hellen Bieren um 1840 begünstigt hat: Plötzlich konnte man sehen, was man schmeckte. In Burton-on-Trent wurde ein viel helleres Ale gebraut. Als die Londoner das im Glas sehen konnten, wurde das typisch Londoner Porter unmodern und Burton das Brauzentrum des Empire. Nur wenige Brauer Londons zogen damals nicht aus der Hauptstadt weg und jenem gipshaltigen Wasser nach, welches das hellere *India Pale Ale* (IPA) hervorbrachte. Pale Ale wurde allerdings durchaus auch in

London gebraut, wo Whitbread bereits 1834 mit seiner Version eines hellen Ales auf den Markt kam[114].
Ganz ähnlich ging es in der Donaumonarchie zu: Da entdeckte Anton Dreher im Jahr 1841 die Möglichkeit, seine Hefekultur mit einer kalten Gärführung zu besseren Ergebnissen zu bringen. Er kühlte das Jungbier (das früher frisch in die Gasthäuser geliefert wurde und dort unkontrolliert nachreifte) und lagerte es ab, bis es gereift war. Dieses erste Wiener Lager-Bier war von rötlichem hellbraun - und es hatte sich auch ohne Filtration weitgehend geklärt. Es wurde ein Welterfolg - ebenso wie das ein Jahr später vorgestellte Pilsner Bier mit seiner goldgelben Farbe.

Ein Bierglas vermittelt Persönlichkeit: Einem Bier im bauchigen Glas traut man dieselben Eigenschaften zu wie einer molligen Frau.

Seither sind 150 Jahre vergangen. Und die Bierglaslieferanten (allen voran die Firmen Rastal und Sahm in Höhr-Grenzhausen) haben sie wohl genützt. Die Zeit, zu der es in den Gasthäusern landauf, landab nur eine Glasform - es war meistens der sogenannte „Willibecher" - gegeben hat, ist glücklicherweise ebenso vorbei wie die Praxis, nur zwei Biere (das Große und das Kleine) anzubieten. Die Entwicklung der Glaskultur hat dazu geführt, daß mit der Präsentation in ansprechenden Biergläsern das Image der Brauereien und ihrer Produkte gepflegt werden kann[115]. Ein hübsch dekoriertes und originell geformtes Bierglas kann den Genuß erhöhen. Vor allem ist aber die Abstimmung von Glasform und Biercharakter wichtig.
Schon der optische Eindruck macht viel aus: Ein bauchiges Glas läßt schon auf den ersten Blick (und erst recht, wenn sich die Hand darum schließt) an Gemütlichkeit, deftige Fröhlichkeit und Süße denken - man ordnet dem Glas und seinem Inhalt ähnliche Eigenschaften zu, wie man das bei einer etwas molligen Frau täte. Von einem Pils in einem solchen Glas bekäme man schon vor dem Kosten eine falsche Assoziation: Bauchige Gläser suggerieren Vollmundigkeit - und womöglich, daß der Inhalt dick mache ...
Pilsbier, aus dem falschen Glas serviert, kann dem Biertrinker die ganze Freude verderben. Mag sein, daß ein bauchiger Schwenker an Cognac erinnert und daher „edel" aussieht.
Zugegebenermaßen zapft man in ein solches Glas auch leichter: Da sich die Öffnung oben schließt, lassen sich schöne Schaumkronen über den Glasrand hinaus heben. Die Kehrseite dieses optischen Genusses: Trinkt man ein, zwei Schlucke, ist die Pracht auch wieder vorbei: Im breiteren Glas-Querschnitt wird die Flüssigkeitsoberfläche größer, der Schaum fließt auseinander, verschwindet schließlich ganz und läßt das Bier schal erscheinen. Pils verlangt daher nach schlanken, feinen Gläsern. Sie vermitteln denselben Stil, den das Bier hat: herb, schlank, selbstbewußt,

vielleicht sogar ein wenig zurückweisend - wieder in etwa die Eigenschaften, die man unwillkürlich einer sehr schlanken Frau zuordnen würde. Es ist daher kein Zufall, daß sich nach unten verjüngende Tulpen (in denen der Schaum kompakt zusammensinkt) für das Pils durchgesetzt haben, während für Trappisten- und andere Starkbiere bauchige Gläser die Regel sind. Aromatische obergärige Biere - Weißbier, aber vor allem auch die Berliner Weisse - entfalten sich am besten in Gläsern, die oben weit offen sind: Hier kann die Nase den Biergeruch am besten

aufnehmen. Für die Berliner Weisse, damals noch pur getrunken, hatte man zeitweise sogar zylindrische Gläser, die mehr Durchmesser als Höhe hatten, in Gebrauch - man sprach von einer „Klau-Weisse“, weil die großen, flachen Gläser nur mit beiden Händen („Klauen“) gehalten werden konnten.

Erfreulicherweise ist in den letzten Jahren sehr viel für die Glaskultur getan worden. Bei manchen Bieren ist es inzwischen durchaus so, daß die schöne Präsentation zur Erlebnis- und Markenwelt dazugehört. Zum Beispiel beim *Fürstenberg Pilsner*, das

Der Anblick macht sicher: Ein klares helles Bier im Glas - wie hier bei der westfälischen Brauerei Hohenfelde - vermittelt einen noblen Eindruck.

eines der traditionsreichsten Pilsbiere Deutschlands ist. Ursprünglich hatte der aus Böhmen kommende Braumeister Münz - die fürstliche Familie war auch an Brauereien in Böhmen, unter anderem in der noch heute für ihr pilsartiges Lagerbier bekannten Ortschaft *Krusovice*, beteiligt - sein Bier einfach „Bohemia" genannt. Die Marke[116], die in den letzten Jahren vorsichtig von der pompösen Anknüpfung an Kaiser Wilhelm (der die Brauerei tatsächlich einmal besucht hat) hin zu einem modernen Stil des Biergenusses geführt wurde, wird nicht zuletzt mit der künstlerisch gestalteten Glas-Serie Galeria verbunden.

Andererseits ist die Entwicklung des ultimativen Bierglases längst noch nicht gelungen. Die Sigl-Brauerei hat für ihr *Trumer Pils* mundgeblasene, etwa 35 Zentimeter lange schlanke Stangen (die mit eigener Flaschenbürste geliefert werden) an Bier-Kenner verschenkt - die typische scharfe Hopfenbittere kommt darin besonders schön zur Geltung. Aber wer je ein fein gehopftes Bockbier aus einem Pilsglas getrunken hat, wird feststellen, daß die schlanke Glasform den Bock noch feiner und weniger vollmundig erscheinen läßt.

Ein wenig herumzuprobieren, kann also nicht schaden. Und Spaß macht es allemal!

O'zapft is!

Gutes, altes Holzfaß, wieviel Arbeit hast du doch gemacht! Nach jeder Reinigung mußtest du ausgeleuchtet und kontrolliert werden.

Wer als Oberbürgermeister von München Ungeschicklichkeit beim Anschlagen des ersten Bierfasses auf der Wiesn zeigt, muß sich tagelangen Spott der lokalen Presse gefallen lassen. Seit 1950 ist es Tradition, daß das Stadtoberhaupt um Punkt 12 Uhr am ersten Samstag des Oktoberfestes im Schottenhamel-Zelt das erste Faß Wiesn-Bier anschlägt. Da muß der Wechsel mit zwei, drei Schlägen und ohne große Schaumentwicklung ins „Hirschen" genannte 200-Liter-Faß getrieben werden. Gerhard Merk[117], Chronist der Münchner Abendzeitung, weiß zu erzählen, daß der Kurzzeit-Bürgermeister Erich Kiesl erst im Keller üben mußte, wie man spritzerfrei zapft.

Der „Anstich" von Faßbier ist ein Ritual, das nicht nur beim Münchner Oktoberfest besondere Bedeutung hat. 1959 wurden sogar die vier Münchner Oberbürgermeisterkandidaten zu einem Bierzapf-Wettbewerb eingeladen: „Unter den kritischen Augen der Schiedsrichter ging der vorwärtsstrebende Rathaus-Zarewitsch Vogel als sicherer Sieger aus diesem Wettbewerb hervor", schrieb „Blasius, der Spaziergänger" in der Abendzeitung[118]. Hans Jochen Vogel wurde dann auch gewählt - für volle zwölf Jahre.

Wo immer ein Fest von einiger Bedeutung gefeiert wird, muß ein Politiker oder sonstiger Prominenter her, um den Zapfhahn ins Faß zu treiben. Wenn es dann heißt: „O'zapft is!", rinnt zur Freude der Festgäste meist das beliebteste aller Biere, das Freibier. Und selbst wenn man es selber zahlen muß: Der Genuß frischen Bieres vom Faß gilt als etwas Besonderes - vor allem, wenn dieses Bier aus einem Holzfaß kommt. Diese einst ubiquitären Gebinde, die über Jahrhunderte die einzige Möglichkeit für den Biertransport darstellten, sind rapide auf dem Rückzug. Und je seltener man die echten Holzfässer sieht, desto öfter hört man die wehmütigen Erinnerungen an die gute alte Zeit: Ja, damals aus dem Holzfaß, da seien die Biere eben noch etwas ganz, ganz anderes gewesen.

Was ist dran? Tatsächlich sind die alten Eichenfässer technisch längst überholt - und die Legenden, die sich um sie ranken, sind meist völlig aus der Luft gegriffen. Daß das Bier früher eben nach Holzfaß geschmeckt hätte, ist schon deshalb Unsinn, weil die Fässer ja abgedichtet waren. Das Bier ist also nie mit dem Holz in Berührung gekommen. Viel eher lief es Gefahr, durch die wenig hygienischen Zapfmethoden mit allerlei Bakterien infiziert zu werden - und damit innerhalb kurzer Zeit sauer zu sein. Die Holzfässer hatten zwar ein besonders langes Leben - im Hofbräu Kaltenhausen[119] bei Hallein läßt sich nachschlagen, daß ein 1925 in Dienst gestelltes Faß noch 1967 benutzt wurde - ihre Pflege war aber auch besonders aufwendig. „Sowohl Lager- als Transportfässer werden vor ihrer Verwendung überall dort, wo man Bier nach Wiener Art erzeugt, mit Pech ausgegossen (gepicht). Der durch Pech hergestellte dichte und glatte Überzug hindert nicht allein das Zutreten von Luft zu dem Biere, sondern auch das Austreten von Kohlensäure und Bier durch die Poren des Holzes und die Fugen des Fasses, und was das Wichtigste ist, das Holz kann sich nicht mit Bier ansaugen, Hefe nicht in den Poren festsetzen und die Reinigung des Fasses ist leicht und vollkommen zu bewerkstelligen. Die Reinigung, wie sie durch das Abschmelzen des Peches erfolgt, kann durch nichts ersetzt werden", schreibt der Brauerei-Professor und spätere Direktor der Simmeringer Brauerei Julius E. Thausing 1882[120].

Wer weiß heute noch, was Pech ist? Nein, nicht unbedingt Unglück, sondern ein duftendes Harzprodukt zum Abdichten der Fässer.

Dem heutigen Leser muß man wohl zunächst erklären, was Pech ist - in der heutigen Sprache ist ja vor allem der Pechvogel[121] geläufig (ursprünglich wurde so ein Vogel bezeichnet, der an einer mit Pech oder Leim bestrichenen Leimrute gefangen wurde und in den Kochtopf kam). Die fast abgekommene Pechindustrie hatte auch eine Zulieferfunktion für Papier-, Lack-, Seifen- und Kabelfabriken, wie einer Darstellung des Jahres 1929 zu entnehmen ist[122]: „Das Ausgangsprodukt für die gebräuchlichsten Peche ist bekanntlich das Kolophonium oder Harz, das aus dem Balsam der verschiedenen Föhrenarten gewonnen wird. Unser kleines Österreich besitzt im Wiener Neustädter Schwarzföhrengebiet eine eigene, nicht unbedeutende Harzproduktion, gewissermaßen ein Unikum in ganz Mitteleuropa. Weder Deutschland noch die Nachfolgestaaten verfügen über eine eigene Harzproduktion. Die österreichische Harzproduktion beläuft sich auf rund 500 Waggon Harzbalsam pro Jahr. Das sogenannte Neustädter Kolophonium erfreute sich vor dem Kriege keiner besonderen Beliebtheit. Seit dem Kriege sind indessen ganz bedeutende Fortschritte gemacht worden. Zunächst wurde das primitive Destillationsverfahren in Kupferretorten mit direkter Feuerung umgestaltet und die Dampfdestillation mit modernen Apparaten eingeführt, die lichte und vollkommen gereinigte Kolophoniumsorten ergibt.

An Stelle der in den Wurzellauf der Stämme geschlagenen Auffanggrube für den abrinnenden Harzbalsam wurde das Zapfbecherverfahren eingeführt. Damit war aber auch die Grundlage geschaffen für die Erzeugung eines erstklassigen Brauerpechs aus heimischem Harz."

Brau- und Forstwirtschaft waren lange eng verbunden: „Ein großer Teil der Harzproduktion findet auf dem Umwege des daraus erzeugten Brauerpeches in den heimischen Brauereien Absatz und Verwendung. Außerdem ist in den Braubetrieben selbst, aber noch mehr in ihren Hilfsbetrieben - abgesehen von den Fässern, die eine eigene Holzart erfordern - ein reichlicher Bedarf an Holzgeschirr und Holzgerät", heißt es noch 1948[123].

Noch 1948 war die Brauwirtschaft mit der Forstwirtschaft fast so eng verbunden wie mit der Landwirtschaft, die die Rohstoffe lieferte.

Lassen wir uns nun vom erfahrenen Praktiker Thausing das Pichen der Fässer schildern, wie es in einigen Brauereien noch bis vor wenigen Jahren üblich war: „Das Faß, in welchem Spund und Zapfen eingeschlagen sind, wird vorerst aufgeschlagen, das heißt, man entfernt den vorderen Kopf- und Halsreifen und nimmt den Vorderboden heraus. Das Pech wird in einem offenen Kessel zum Kochen erhitzt. Das Faß wird gegen ein Holz mit der offenen Seite etwas erhöht, schräg angelegt, mit einem Löffel die passende Quantität flüssiges Pech eingegossen und dieses nun durch ein glühend gemachtes Eisenstück entzündet. Der herausgenommene Boden wird gegen das Faß angelegt, so daß eben nur genug Luft zutreten kann, um das Brennen des Pechs zu unterhalten. Das Pech soll lebhaft brennen, und läßt man den Rauch nicht gut entweichen, so nimmt das Bier in der Folge einen rauchigen, unangenehmen Geschmack an. Wenn das alte Pech von den Wänden des Fasses abzuspringen beginnt, drückt man den Boden fest gegen dasselbe, und bringt dadurch das Feuer zum Verlöschen, scharrt das Pech aus den Fugen des Frosches, setzt den Boden rasch ein, treibt die Reifen an, stürzt das Faß - behufs Vertheilung des Peches - zu wiederholten Malen, schlägt endlich, um die gespannte Luft und den Rauch auspfeifen zu lassen, den Zapfen heraus und rollt das Faß, bis das Pech erstarrt ist."

Wenn man bedenkt, daß das Faß nun auch noch nachgeeicht werden mußte, so sieht man, daß es eine Heidenarbeit war, die Fässer zu pichen. Auch wenn diese Arbeit in Großbrauereien nach und nach durch Einblasen von Heißluft in die geschlossenen Fässer erleichtert wurde und manche Kleinbrauer das Pech im geschlossenen Faß ausbrannten - die Nachteile des Pechs waren unverkennbar. Schlechtes, zähes Pech konnte das Bier verderben, weil es noch zu viel Terpentinöl enthielt. Ein an Terpentin armes Pech dagegen wurde im Faß spröde und hat das Bier schal werden lassen.

Dazu kommt, daß die Herstellung und die Pflege der Fässer eine eigene Berufsgruppe – meist in der Brauerei – beschäftigte: Die Böttcher, Faßbinder, Küfer oder Schäffler waren mit den Brauern so eng verbunden, daß sie in Straßburg sogar eine gemeinsame Zunft bildeten[124].

In einer Festschrift einer New Yorker Brauerei heißt es allerdings schon 1891 mit gewissem Stolz über den Rationalisierungsfortschritt[125]: „Küferei ist in Amerika kein Handwerk mehr; der Erfindergeist unseres Volkes, dem wir den Großteil des Erfolges

verdanken, der uns im Maschinenbau an die Spitze der zivilisierten Völker gestellt hat, hat das Küfer-Handwerk praktisch ausradiert und uns stattdessen ein halbes Dutzend enormer Fabriksanlagen beschert, in denen praktisch alle Fässer für Brauer und Destillateure maschinell gefertigt werden ... Auch im Pich-Hof stellt Handarbeit nur mehr einen Zusatz zur Dampfkraft dar. Vier große Faßrollmaschinen und viele kleinere, alle von einer Dampfmaschine mit zehn Pferdestärken angetrieben, ein Pechofen und ein Pechkessel haben den Platz der einfachen Werk-

Die Küfer waren in vielen Städten eine mächtige Zunft, die eng mit den Brauern verbunden war: Hier die Kuipersgilde von Amsterdam auf einem Bild von Gerbrandt van den Eeckhout, 1673.

zeuge eingenommen, mit denen der Küfer früher seine Arbeit tat." Und obwohl es sich damals noch um Holzfässer handelt, sprach man in den USA bereits von „kegs", worunter wir heute nur die von Krupp entwickelten Edelstahlfässer mit eingebautem Fitting zum automatischen Anschluß an die Zapfanlagen verstehen.

Der Brauer Leopold Heyl, der in den vierziger und fünfziger Jahren beim Berliner Bürgerbräu gelernt hatte, erinnert sich dagegen noch an die alte Böttcherei, in der die hölzernen Bierfässer hergestellt wurden: „Bei Bürgerbräu arbeiteten mit den Brüdern Unger wahre Meister ihres Faches. Noch heute denke ich mit Bewunderung an ihre Materialbeherrschung und handwerkliche Kunstfertigkeit. Ich lernte bei ihnen jedenfalls, eiserne Faßreifen zuzuschneiden, zu lochen und zu nieten, sowie ein Faß anzutreiben. Transportfässer zu pichen und hinterher zu eichen kam sowieso oft vor und war eine ruhige und wohlriechende Tätigkeit."

Das Geheimnis des Holzfasses: Hier wurde das Bier nicht durch zusätzliche Kohlensäure gefördert und war daher bekömmlicher.

Natürlich wurden die Fässer nicht nach jedem Umlauf gepicht, normalerweise wurden sie auf einer Waschmaschine zweimal mit warmem und einmal mit kaltem Wasser ausgespritzt, wie ein „Praktischer Ratgeber für Bau und Einrichtung von Brauereien und Mälzereien"[126] noch 1953 empfiehlt und erklärt: „Obwohl das Faßinnere der Reinigung viel weniger zugänglich ist als bei Flaschen und der Erfolg viel schlechter beobachtet werden kann, ist die Faßreinigung, verglichen mit derjenigen von Flaschen, viel primitiver. Dem entspricht auch die Tötung von Keimen. Bei Holzfässern kann das offenbar in der Praxis noch hingenommen werden."

Was also läßt die Erinnerung an die „guten alten" Holzfässer so verklärt erscheinen? Zunächst wohl das rustikale Gefühl, das Holzfässer vermitteln – der Edelstahl der modernen Gebinde kann mit dem Charme von Holz natürlich nicht mithalten. Aber es ist nicht nur der optische Eindruck: Jene alten Fässer, die noch ganz konventionell mit der Moussee-Pipe angezapft wurden, ließen das Bier nur mit dem eigenen Druck herauslaufen: Es lief aus dem Zapfhahn und über das Spundloch drückte Luft nach. Damit enthielt das ins Glas oder den Krug gezapfte Bier nur jene Kohlensäure, die sich während der Reifung des Bieres daran gebunden hatte.

Moderne Zapfanlagen fördern das Bier allerdings nicht mehr mit Luftdruck, sondern mit Kohlensäure. Das ist zwar für die Frische des Bieres im Faß deutlich besser – es zwängt aber immer mehr Kohlensäure ins Bier. Vor allem wenn das Faß länger angezapft oder der Kohlensäuredruck zu hoch eingestellt ist, kann sich die

Kohlensäure im Bier anreichern. Es wird gasig und ringt dem Genießer manch unangenehmen Rülpser ab.
Andererseits hält die Kohlensäure als Schutzgas jegliche Geschmacksveränderung hintan: Wenn einmal Luft ins Faß kommt, besteht die Gefahr der Oxidation und schließlich der Essigsäure-Bildung im Bier. Vor allem aber wird das Bier in einem der alten Holzfässer rasch schal - hat es zu wenig Kohlensäure, liegt es im Glas „wie ein toter Hund".
Eben das ist in zwei Bierspezialitäten erwünscht: Im ungespundeten Bier, das in Franken beliebt ist (es wird ohne Gegendruck im Lagerkeller gereift und dann mit ganz wenig Gärungskohlensäure ausgeschenkt) und im englischen Ale. Gegen kein Bier gibt es so viele Vorurteile wie gegen dieses - außer bei dessen Anhängern, die generell das Lagerbier ablehnen. Umgekehrt gerät der Besuch eines Kontinentaleuropäers in einem britischen Pub leicht zu einer doppelten Enttäuschung: Bestellt man eines der berühmten obergärigen englischen Biere (sei es nun ein Ale, Bitter, Mild oder Stout), erhält man ein etwa 13 Grad warmes, mittelbraunes Getränk mit wenig Kohlensäure und oft gar keiner Schaumkrone. Der erste Schluck ist für viele auch der letzte: Ale schmeckt für den ungewohnten Gaumen zu warm, zu wenig erfrischend und hat eine Bittere, die beim ersten Versuch fast immer unelegant wirkt.
Nach diesen ersten Erfahrungen geben die meisten auf: Ihnen wird für immer unverständlich bleiben, was den Engländern an ihrem Bier und ihrem Public House liegen mag. Unverständlich auch, daß die Campaign for Real Ale (CAMRA)[127] darauf besteht, daß das Real Ale aus einem Cask - einem Stahl-, Aluminium- oder Holz-Faß mit Spundloch und Zapfloch - gepumpt oder (seltener) direkt gezapft wird.
Die traditionellen Real Ales verlassen den Brauerei-Keller noch unreif. Wird das Faßbier mitsamt der lebenden Hefe an den Wirt geliefert, so liegt es weitgehend an der Kunst des Cellarman, des Kellermeisters, die richtige Reifung im leicht gekühlten Keller des Pubs zu beobachten und dann das Faß zum richtigen Zeitpunkt anzuzapfen[128]: Es wird in England traditionell mit einer Handpumpe, der sogenannten Beer-Engine, hochgepumpt - denn die modernen Zapfmethoden mit Kohlensäure-Druck würden das lebende Bier zu stark mit Kohlensäure anreichern und schäumen lassen.
Englisches Ale ist, wie gesagt, ein gänzlich anderes Bier als wir es gewohnt sind - ein Bier, das einen zweiten und dritten Versuch wert ist, bei dem sich plötzlich eine Fülle von Geschmackstönen und Aromen entfaltet. Die Aromen sind Produkt eines Gärpro-

Typisch für ein britisches Pub ist die Handpumpe, mit der das im Cask nachreifende Bier in das traditionelle Pint-Glas gepumpt wird.

zesses, der bei 15 bis 18 Grad Celsius in offenen Bottichen die Bierwürze zu Ale werden läßt und der im Keller des Pubs zu einem ordentlichen Abschluß kommen muß.

Dabei ist das mit der Hefe auf das Faß gefüllte englische Bier (im Gegensatz zu den Hefe-, Keller- oder Zwicklbieren des deutschen und slawischen Sprachraumes) nicht trüb. Das wird dadurch bewirkt, daß außer dem unfiltrierten Bier auch noch Isinglass (eine aus den Schwimmblasen tropischer Fische gewonnene Substanz) in die Fässer gefüllt wird. Dieses früher auch in Lagerbierbrauereien verwendete Klärungsmittel sorgt dafür, daß die Hefe sich am Boden absetzt und auch im Faß bleibt. Im Keller des Pubs muß das Faß dann entsprechend vorsichtig behandelt werden, damit die einmal abgesetzte Hefe nicht wieder aufgewühlt wird[129].

In den frühen dreißiger Jahren des vorigen Jahrhunders sprachen alle dem künftigen Industriekapitän Anton Dreher die Befähigung ab.

An der traditionellen englischen Bierlandschaft hat sich seit 200 Jahren nur eines verändert: Das India Pale Ale (das ursprünglich hauptsächlich für die Kolonien gebraut wurde) ist gemeinsam mit anderen etwas helleren Ales populär geworden. In der weniger traditionellen englischen Bierlandschaft haben sich Lagerbiere und in der Brauerei ausgereifte Keg-Ales ausgebreitet. Aber die Geschichte, die dahinter steckt, spielt auch zu einem großen Teil in England.

Begonnen hat sie aber in Wien. Dort hatte sich der am 10. Juni 1810 geborene Brauersohn Anton Dreher als Schüler am Piaristengymnasium vor allem dem Sprachstudium gewidmet (was ihm später zugute kommen sollte) und dann in Georg Meichls Simmeringer Brauerei ein Praktikum absolviert[130]. Dabei ist ihm nach und nach aufgefallen, wie veraltert das Brauwesen in Mitteleuropa war - ein Eindruck, den er mit dem Münchner Gabriel Sedlmayer jun. teilte, den er am 2. Juni 1832 bei Meichl traf. Meichl seinerseits sprach dem künftigen Industriekapitän Dreher ebenfalls jegliche Befähigung ab. Schon im nächsten Jahr gingen die beiden jungen Brauer Dreher und Sedlmayer auf gemeinsame Studienreise nach Böhmen, dann (gemeinsam mit Georg Lederer aus Nürnberg) nach England, wo sie ganz von unten anfangen mußten. Die englischen Brauer ließen ihre Kollegen vom Kontinent trotz hervorragender Empfehlungsschreiben und politischer Interventionen nicht als Praktikanten, sondern nur als Brauburschen zu: „Mit seinem Wiener Freund, dem Großbrauer Dreher, spioniert der junge Gabriel vor allem in England dem Forschritt nach. Gelegentlich stibitzt er sogar mit einem hohlen Spazierstock Proben aus fremden Sudkesseln", heißt es dazu ganz offiziell in einer Broschüre des Vereins Münchner Brauereien[131].

Die Erfahrungen in Bayern (wo Dreher bei Gabriel Sedlmayer sen. die Untergärung näher kennenlernte) und vor allem in England brachten die jungen Brauer zu einer Synthese: Sie verwerteten Richardsons Erfindung des Saccharometers. Dieses Instrument war in Deutschland zwar bekannt, es wurde aber von den konservativen Brauern für unnötig gehalten.
Außerdem stellten Dreher und Sedlmayer ihre Mälzereien nach neuesten englischen Erkenntnissen um. Manche Versuche schlugen fehl - 1838 verdarb Dreher Bier im Werte von 5000 Gulden, es mußte zu Essig verwertet werden. Sein starkes englisches Ale war den Wienern zu süß, und viele Mitbewerber verspotteten den „englischen" Brauer - bis seine untergärigen Versuche endlich Früchte trugen: Er hatte zunächst in seinem Privathaus in Kledering einen Eiskeller angelegt und dort Fässer mit untergärigem Bier erstmals wirklich eiskalt (und nicht bloß kühl) eingelagert. Der Name Klein-Schwechater Lagerbier wurde ebenso wie der daraus abgeleitete Wiener Typ zu einem Weltbegriff.
„Lager", das man natürlich bald auch in England und vor allem Schottland (wo die Marke *Independence* neuerdings sogar zu einem Symbol nationaler Eigenständigkeit geworden ist[132]) braute, wurde zu einem im ganzen englischen Sprachraum üblichen Synonym für untergäriges Bier. Daß sich das Lagerbier auch eher als die unreifen obergärigen Biere zur Flaschenfüllung eignete, war ein weiterer Vorteil.
Längst haben sich aber Brauereien und Wirte jenes Vorteiles entsonnen, den nur das Faßbier bieten kann: Es kommt in der Regel viel frischer beim Konsumenten an, weil es nicht auf irgendwelchen, womöglich noch der Sonne ausgesetzten, Lagerplätzen des Großhandels bis zum Verkauf warten muß. Immer mehr Brauereien haben in den achtziger Jahren begonnen, kellertrübes Bier auszuschenken. Heute ist solches Zwickl- oder Kellerbier eine gefragte Spezialität. Die Hefe hat die angenehme Eigenschaft, die Eigenheiten eines Bieres noch deutlicher hervorzuheben: Ist ein Bier herb, wird es unfiltriert besonders bitter wirken, weil die Hefe eine gewisse Eigenbittere beisteuert. So ist es etwa beim *Keller Pils* vom *Bräunlinger Löwenbräu*: Es präsentiert sich hell und schlank, sehr hopfenbetont und mit einer etwas deftigen Bittere im Nachtrunk.
Ist das Bier dagegen an sich vollmundig, wird die Vollmundigkeit durch die Hefe weiter unterstrichen - wie das etwa bei kellertrüben Bockbieren zu beobachten ist. Selbst ein Leichtbier kann unfiltriert seinen Reiz gewinnen, wie Georg Ametsbichler von der gleichnamigen Brauerei in Aschau am Inn beweist: ein hübscher, schlichter Biergarten, ein Sudwerk, das freundlich durch eine

große Fensterwand blitzt und ein naturtrübes Bier, das Labung verspricht. Hell und süffig, fast ein bißchen zu süffig, mit einem eleganten Hopfen-Finish. Ametsbichler erklärt das Geheimnis: Das Bier, das er als Zwickl-Bier ausschenkt, ist sein *Aschauer Leichtes* - da kann auch der Autofahrer ein bißchen mehr trinken.

„Bierologie" im Simplicissimus: Wer sich in der Münchner Trink- und Genußwelt nicht auskennt, wird schnell Opfer des Spottes.

Bierologie

„Sagen Sie mal, was ist für ein Unterschied zwischen Bock nnd Salvator?" — „Daß S' mit 'n Bock bis Mittag an Rausch hob'n und mit 'n Salvator erst auf d' Nacht!" — „Also ist Bock so bedeutend stärker?" — „Na! Aber der wird in der Fruah anzapft und der Salvator Mittag!"

Aus: Simplicissimus 1905

Bock, Doppelbock und Triple-Bock

„Salve Pater Patriae! Bibas, Princeps Optimae!" – so reicht man, weil's halt keinen König mehr gibt, dem Ministerpräsidenten den ersten Humpen.

WAR IM VORIGEN KAPITEL vom Bieranstechen in München die Rede, so bleibt noch der für die Münchner selbst wohl wichtigste Bieranstich zu erwähnen: jener auf dem Nockherberg. Er markiert traditionell die Mitte der Fastenzeit, und wer halbwegs bedeutend ist, muß a) selber dabeisein und b) in der meist von Hannes Burger verfaßten Predigt vorkommen, mit der der Doppelbock-Anstich begleitet wird. Beim Doppelbock handelt es sich natürlich um den *Salvator*, das ursprünglich Sankt-Vater-Bier genannte Starkbier der Paulaner-Mönche. Das ist ein seit 1780 überliefertes rotbraunes Bier mit knapp über 18 Grad Stammwürze. Ein halbes Jahr dauert es, bis er durchgegoren und gereift ist, dann kommt er aus dem Keller heraus und zum Ausschank in der oberhalb des Salvatorkellers gelegenen Nockherberg-Gaststätte. Das Bier ist rotbraun und würzig-süßlich mit einem kräftigen bitteren Nachtrunk.

Erfunden wurde es vom am 15. Februar 1750 geborenen Valentin Stefan Still aus Nittenau im Bayerischen Wald, der nach seiner Brauerlehre bei seinem Vater nach München ins Kloster ging ist.[133] Als Bruder Barnabas werkte er dann bis zu seinem Tod 1795 – und auf ihn geht auch die Sitte zurück, dem Landesherrn den ersten Humpen des starken Bieres mit den Worten „Salve Pater Patriae! Bibas, Princeps Optimae!" zu kredenzen und bei der Gelegenheit auch ein wenig Kritik an der Führung des Landes loszuwerden.

Beim Salvator schaut die Paulaner Brauerei darauf, daß sie auch über das Jahr nicht ausgehen, denn das Bier ist auch Exportartikel und quasi der Inbegriff aller Münchner Starkbiere. Der Brockhaus von 1894 unterschied noch nicht zwischen den verschiedenen Doppelbockbieren – Salvator war damals noch ein Gattungsname für Biere mit 18 Grad Stammwürze. Erst im März 1896 wurde der Name patentrechtlich geschützt, andere Doppelbockbiere müssen sich eine andere, womöglich auf „-ator" endende Bezeichnung suchen. Nur der *Alsator* ist ein Produkt, das sich in die edlen Bierränge förmlich eingeschlichen hat; denn hinter dem Stärke kündenden Namen steht ein alkoholfreies Bier aus dem Elsaß, von der Brauerei Adelshoffen in Schiltigheim bei Straßburg. Um seine Ehre zu retten: Es ist ein angenehm „bieriges“, leicht vollmundiges alkoholfreies Bier - aber unter den „-ator“-Bieren hat es natürlich nichts verloren. Ebensowenig wie der *Salmator*, das 16-grädige Bockbier aus der Wiener Gasthausbrauerei des Brautechnik-Herstellers Salm.

Andersherum sind Brauer aber nicht verpflichtet, 18-grädige Biere mit „-ator“ zu bezeichnen, nicht einmal in München und Umgebung. Das beweist unter anderem die Ayinger Brauerei, die ihren internationalen Erfolg allerdings nicht nur auf Bockbier gründet. Das Bier aus dem Münchner Umland wird vielmehr als „Beer with malt charakter - Export“ angeboten[134]: *„Ayinger Jahrhundertbier*, ein Export-Typ, ist ein malziges Bier und eine wundervolle Abwechslung zum Pilsner. Während Pilsner trocken ist und eine omnipräsente Hopfenbittere aufweist, betont *Jahrhundert* die köstliche erdige Qualität der vermälzten Gerste.“

Nach Amerika wollte der Bräu von Aying nie exportieren - aber dann erlag er dem Charme seines eigenen Wirtshauses und willigte ein.

Man fragt sich, wie das Ayinger Bier nach Amerika kommt - und ich habe die Frage dem Besitzer der Brauerei, Franz Inselkammer, weitergegeben. Der hat mir versichert, daß er ja eigentlich eine wirklich lokale Brauerei betreiben will, die im wesentlichen den Südosten von München beliefert. Das Hotel und die Bühne am Platzl gegenüber vom weltberühmten Hofbräuhaus-Ausschank, die sein Bruder 1953 erworben hat, erscheinen mit einer halben Stunde Fahrzeit von Aying aus bereits recht weit entfernt.

Und dann tauchte eines Tages der amerikanische Bier-Guru Charles Finkel bei Franz Inselkammer auf und erklärte ihm, daß er das Ayinger Bier gerne für sein Import-Geschäft hätte. Der Brauer winkte ab. „Ich hab ihm gesagt: Nein, nach Amerika exportiere ich nicht.“ Aber quasi zum Trost hat er seine 1878 gegründete Brauerei hergezeigt, das Sudhaus aus den fünfziger Jahren und die noch viel älteren Lagerkeller. Die Erinnerungsstücke. Die eigene Mälzerei, in der die dunklen Malze entstehen.

Schließlich sind die beiden Herren in den Braugasthof gegangen, das beste Restaurant weit und breit, und haben dort das eine oder andere Bier getrunken. Finkel überzeugte den Bräu von Aying - seither tragen die Ayinger-Flaschen viersprachige Etiketten.

Kurz vor Weihnachten 1994 sind sechs solcher Flaschen in meiner Post gewesen: der 18,5 Grad und 7,2 Volumenprozent starke *Weihnachtsbock*. Er verzichtet auf das ihm zustehende „-ator“-Attribut. Trotzdem ist er die vielleicht interessanteste Spezialität aus Aying: fast schwarz mit ganz leicht rötlichem Ton, ein sensationeller, fester Schaum und ein ganz ungewöhnlicher Duft. Die

Nase hat zuerst an Grammelschmalz erinnert, ein Eindruck, den ich noch nie bei einem Bier verspürt habe. Der Antrunk war von einer milden Fülle - mit einem einbegleitenden Kaffeeton, der im Nachtrunk dominierend wurde. Von der bei Doppelböcken häufigen Süße ist kaum etwas zu spüren, obwohl bei 18,5 Stammwürzegraden und nur 7,2 Alkoholprozenten rechnerisch erhebliche Restzuckermengen vorhanden sein müssen. Es ist aber auch nichts von der in den letzten Jahren üblich gewordenen kräftigen Hopfung der Bockbiere zu schmecken.

Wohl wahr: Die ersten Beispiele dieses üblicherweise mit knapp über 16 Grad eingebrauten schlankeren, höher vergorenen und kräftiger gehopften Bockbiertyps waren begrüßenswerte Sensationen. *Mahrs* in Bamberg bot eines der schönsten Beispiele, da war der Bock hell wie ein Pils, stärker gehopft und klarerweise viel stärker im Alkohol. Auch der *Gösser Bock* ist in den letzten Jahren in diese moderne Richtung gegangen - kräftig und doch schlankherb. Man konnte ihn beinahe mit dem doch wesentlich leichteren *Spezial* verwechseln. Allerdings sind nunmehr kaum noch urtümliche, deftigere Bockbiere zu finden, die meisten machen einen Kompromiß.

Eine besonders interessante Kombination lieferte zuletzt *Bocky, der Flaschenbock* aus der Beer-Bop-Collection der Brauerei *Sigl* in Obertrum: 16,1 Grad Stammwürze, vergoren zu 7,3 Prozent Alkohol ergaben ein sehr trockenes, leicht hopfiges, aber vor allem wundervoll aromatisches Bockbier. Leider ist dieses Bier meist schon ausverkauft, bevor noch die letzte Flasche (mit einer modernen Variante des traditionellen Aufreiß-Verschlusses) abgefüllt ist.

In Berlin ist mir ein ähnlich bemerkenswertes Bockbier aus Sachsen-Anhalt untergekommen: der *Colbitzer Heide-Bock*, leicht irreführend als „Starkbier hell" deklariert. Es ist dunkel-bernsteinfarben, mit sympathischem malzaromatischem Geruch, einem schlanken Antrunk, hinter dem quasi explosionsartig alle schönen Starkbieraromen von Apfel, Aprikose, Malz und schließlich Hopfen kommen, wobei sich ein samtig-sattes Gefühl der Zunge bemächtigt. Dieses Bier schafft die schwierige Gratwanderung zwischen dem modernen, schlanken Bockbiertypus und der urtümlich-deftigen, eher ins Süßliche spielenden Variante. Von den Berliner Bockbieren zeichnet sich der *Schultheiss Ur-Bock* durch besondere Milde und eine angenehme, kaum süßliche Malzigkeit aus. Das Bier ist dunkelbraun und hat leichte Röstmalzaromen - es ist aber in keiner Weise aufdringlich. Das ist besonders bemerkenswert, weil der Schultheiss-Bock mit 6,5 Alkoholprozenten nicht besonders hoch vergoren sein dürfte. Deutlich heller der kräftige *Berliner Kindl Bock hell* - gleich stark wie das Schultheiss-Produkt, kräftig und gerade noch nicht zu aufdringlich süß. Und das Hopfenaroma meldet sich kurz, aber unaufdringlich: Man würde sich gerade zu diesem Bier ein Fischgericht wünschen, am liebsten gegrillte Meeresfrüchte.

In Österreich war zuletzt vor allem noch der *Ottakringer Weihnachtsbock* ein Vertreter der deftig-kräftigen Linie. Doch die letzte Industriebrauerei Wiens hat sich ebenfalls dem schlankeren Zeitgeschmack angepaßt - seit 1994 heißt der Weihnachtsbock überhaupt *Weihnachsbräu*, ist aber als Bockbier mit etwas über 16 Grad Stammwürze eingebraut. Immerhin wird versprochen, daß die Abkehr vom Namen des Bock nicht zur schrittweisen Zurückstufung auf ein leichteres „Festbier" führen wird.

Das vielleicht interessanteste Imperial Stout fand ich in der Coyote Springs Brewery mitten in der Wüste von Arizona.

Und was bietet die obergärige Welt an Bockbieren? Viel, wenn auch nur selten unter der Bezeichnung Bock. Wie schon im vorigen Kapitel erwähnt, ist die englische Braumethode so bewährt, daß man vor 200 Jahren an der englischen Westküste ein *Imperial Stout* braute, das ins Baltikum verschifft wurde. In der Zarenstadt St. Petersburg wurde das kräftige dunkle Bier gegen das hervorragende Eichenholz jener Region getauscht, womit die englischen Brauer stets genügend Faßholz hatten. Der in Deutschland völlig unbekannte Typus wird heute noch von Bierliebhabern im englischen Sprachraum, aber auch in den baltischen Staaten gesucht. Generell ist er weniger säuerlich als die irischen Dry-Stouts von der Art des *Guinness*, *Beamish* oder *Murphy's* - und dennoch weniger süß als die Sweet Stouts, für die etwa *Younger* in Alloah, nördlich von Edinburgh, mit dem *Sweetheart* ein bemerkenswertes (wenn auch sehr gewöhnungsbedürftiges) Beispiel liefert.

In den USA sind es oft mehr oder weniger professionelle Home-Brewer, die den Stil wiederbelebt haben. Der mit 23 Grad Stammwürze und auf zehn Alkoholprozente vergorene *Full Sail Russian Imperial Stout* ist von tiefem Schwarz, bietet eine kaffeeige Nase und eine kräftige Bittere - und ist dennoch von einer ins Süße gehenden Vollmundigkeit. *Grant's Imperial Stout* aus Yakima, Washington, überrascht mit einem an Wiesenblumen und Lakritze erinnernden Geruch, ist aber dann eher stumpf im Aroma und von einer wenig aussagekräftigen Bitternote. Mit malziger Nase und fruchtiger, die Bittere unterstützender Säure im Trunk stellt sich der „klassische" englische *Courage Imperial Russian Stout* dar, der jahrelang überhaupt der einzige seiner Art war.

Die vielleicht eindrucksvollste Erfahrung des Typs ist der *Sudden Death*, der Imperial Stout, den Clark Nelson von der *Coyote Springs Brewery* in einem Einkaufszentrum in Phoenix, Arizona, braut. Selten hat schon die Nase so viel Kraft und Fruchtigkeit abbekommen - man fühlt sich an Dörrpflaumen und Nüsse erinnert. Die Vollmundigkeit ist gerade richtig balanciert und wird von einer kraftvollen Bittere (die in nicht zu süßen Bieren durchaus auch zur Vollmundigkeit beitragen kann) unterstützt. Der Nachtrunk erinnert an die feinen belgischen oder französischen Bitterschokoladen - er bleibt minutenlang frisch und aromatisch, ohne dabei „hängen" zu bleiben. Dazu muß man sagen, daß ich meine Probeflasche erst mehr als drei Jahre nach der Abfüllung geöffnet habe (die drei anderen Beispiele waren zwischen einem halben und eineinhalb Jahren alt) - gerade die obergärigen Starkbiere reifen ja in der Flasche nach, ein Effekt, um den wir vor allem bei den Trappistenbieren wissen.

Den Triple Bock, das stärkste Bier der Welt, braute ein schwäbischer Braumeister für einen amerikanischen Brauereibesitzer.

Im Zweifel ist ein Barley Wine (wie die obergärigen Starkbiere englischer Art genannt werden) einem untergärigen Malt Liquor (untergäriges Starkbier amerikanischer Art) oder einem untergärigen Bock vorzuziehen. Obergärige Hefen produzieren nämlich mehr und feinere Aromen als untergärige. Man merkt das vor allem im Bereich der sehr starken Biere: So kräftig und wärmend ein *Eggenberger Urbock*, ein *EKU 28* oder ein *Samichlaus* sein mögen - alle diese sehr starken Bockbiere wirken ein wenig stumpf.
Ganz anders jenes Bier, das derzeit unangefochten als das Stärkste der Welt gelten kann: *Samuel Adams Triple Bock*. Der aus dem Schwäbischen abgeworbene Braumeister Walter Scheurle braute für seine amerikanischen Arbeitgeber einen Sud mit sagenhaften 37 Grad Stammwürze ein. Das bedeutet vereinfacht gesagt, daß er eine 37prozentige Zuckerlösung hergestellt hat, indem er aus vorwiegend dunklen Malzen eine außergewöhnlich kräftige Maische gebraut hat - nur die extraktreichste Vorderwürze wurde von den Trebern getrennt und gekocht.
Das größte Problem war aber die Vergärung. Da sich Bierhefe in süßer Flüssigkeit (wie eben der an Malzzucker reichen Bierwürze) durch Zellteilung vermehrt und dabei Alkohol und Kohlensäure produziert, droht sie ständig, sich selber zu vergiften. Das ist bei den Alkoholkonzentrationen in normalen und auch in Bockbieren eigentlich kein Problem - in höheren Konzentrationen wirkt der Alkohol aber bekanntlich als eine Art Desinfektionsmittel. Je mehr Zucker die Bierhefe zu Alkohol vergärt, desto ungemütlicher wird ihr Lebensraum. Irgendwann hört die Gärung von selber auf.
Was im Falle des zunächst mit obergäriger Bierhefe angestellten Triple-Bock bleibt, wenn die Gärkraft der Hefe erschöpft ist, ist ein alkoholreiches, aber immer noch sehr süßes Gebräu. Dieses unreife Bier versetzte Scheurle nun mit einem an wesentlich hö-

Bier für die Welt: Verladung von Bierfässern aus Burton-on-Trent für den Export ins Baltikum um 1900.

STEREOSCOPIC Co

here Alkoholkonzentrationen gewöhnten Champagner-Hefestamm. Bei dieser Sekundärfermentation wurde der Großteil des Malzzuckers tatsächlich vergoren. Das Bier durfte schließlich in alten Whiskyfässern heranreifen und kann nun in homöopathischen Dosen und zu entsprechenden Preisen (0,1 Liter um etwa vier DM) verkostet werden. Freilich: Der so entstandene, an Portwein erinnernde Triple Bock hat wenig mit dem süffigen Bier aus europäischen Pils-Bars und Biergärten zu tun. Aber er zeigt, daß es neben dem leichten Biergenuß durchaus auch eine andere Bierwelt gibt: Dunkle und starke Biere erobern sich Nischen zurück, die sie vor der Pils-Welle in den sechziger und siebziger Jahren fest besetzt gehabt hatten.

Großes Geld und große Marken

Als die Brauindustrie der chemischen Industrie zugeordnet wurde, begann ihre Emanzipation vom landwirtschaftlichen Nebengewerbe.

KOMMT MAN NACH ST. LOUIS, Missouri, eine Großstadt am Westufer des Mississippi, so kann man dem Namen Anheuser-Busch kaum entkommen. Selbst das Stadion heißt nach einem der Gründer des größten Brauereikonzerns der Welt. Und wenn man einmal von dem seltsamen, 192 Meter hohen Stahlbogen absieht, den Eero Saarinen 1965 als Symbol des Gateway to the West errichtet hat, dann hat die 400.000-Einwohner-Stadt nur eine bedeutende Sehenswürdigkeit: den riesigen Brauereikomplex, den Eberhard Anheuser aus Bad Kreuznach und Adolphus Busch aus Bad Schwalbach seit 1860 aufgebaut haben.

Es war die Ära, in der die meisten der heute bedeutenden Bierkonzerne ihren Aufschwung genommen haben, und den Geist dieser Zeit reflektiert vielleicht am besten das Vorwort eines Brauerei-Lehrbuches des österreichischen Brauwissenschaftlers Josef Bersch[135]: „Den sogenannten gährungs-chemischen Gewerben kommt in der Reihe der chemischen Industrien eine erster Stelle zu, indem es ihre Aufgabe ist, die organische Substanz, welche ihnen in den Produkten des Ackerbaues geliefert wird, in neue Formen zu bringen, in denen sie einen viel höheren Werth besitzt, als in der ursprünglichen Gestalt."

Wie anders also sah man in der zweiten Hälfte des 19. Jahrhunderts das Verhältnis von Landwirtschaft und Brauerei! Im Jahr 1800 hatte Funke[136] noch von der „wohlthätigen Erfindung" des Ackerbaus geschwärmt und ihn als „ehrenvolles Geschäft" beschrieben. Bersch dagegen hat 79 Jahre später schon die klare Arbeitsteilung im Sinn: Der Bauer ist Rohstofflieferant, die Gärungsgewerbe geben seinem Produkt erst Bedeutung. Bersch ordnet die Brauerei der Industrie zu. Und zwar, horribile dictu, der chemischen!

Dabei hatte Bersch keineswegs die Entwicklung der amerikanischen Brauindustrie vor Augen, sondern jene Österreichs, das mitsamt den österreichischen Kronländern Böhmen und Mähren noch für lange Zeit vorbildlich sein sollte. Wer je im Schweizerhaus in Wien war, wird das dort servierte *Budweiser* nie mehr vergessen. Nirgendwo schmeckt es so gut wie hier - nicht einmal in Ceské Budejovice, der alten südböhmischen Stadt Budweis, in deren ehemaligen Fleischbänken das wohl zweitbeste Budweiser-Lokal der Welt eingerichtet ist. Das Geheimnis des Wiener Praterlokals ist einfach: Hier wird - ausschließlich an schönen Sommertagen - das Bier in unvergleichlichen Mengen ausgeschenkt. Das ermöglicht eine Zapftechnik des Vorauszapfens, wie sie sonst eben nicht möglich ist. Und das Bier aus Budweis, aus

Zweimal Budweiser: In Tschechien und weiten Teilen Europas steht die Marke aus Budweis für Budweiser - im Rest der Welt ist Budweiser ein amerikanisches Bier.

der Brauerei *Budvar*, das ist dann eben nicht nur harmonisch in seiner Vollmundigkeit und Bittere, es ist auch mild im Kohlensäuregehalt und hat einen sagenhaften Schaum.

Bestellt man irgendwo sonst auf der Welt ein *Budweiser* (sprich: „Baddweisr“ oder „Badd“), so bekommt man mit großer Wahrscheinlichkeit ein ganz anderes Bier. Jenes Budweiser aus Amerika, eben von Anheuser-Busch. Daß es den Markennamen Budweiser gleich zweimal gibt, einmal in der Brauerei von St. Louis und ihren Tochterunternehmen und einmal in der mit knapp 500.000 Hektolitern verhältnismäßig kleinen, aber traditionsreichen Brauerei von Budweis, hat schon manchen Rechtsstreit ausgelöst. Das ist leicht verständlich: Die Marke Budweiser ist nach Berechnungen der US-Zeitschrift „Financial World“[137] 9,72 Milliarden Dollar wert - sie ist damit die sechstwertvollste Marke der Welt. Unter den ersten zwanzig der Liste gibt es übrigens weder eine Automarke noch eine Fluglinie.

Woher stammt nun die wertvolle Marke? Ihr Erfolg muß zurückverfolgt werden in das St. Louis der Mitte des vorigen Jahrhunderts. Es war, wie gesagt, der Gateway zum Westen. Von hier starteten viele der großen Siedlertrecks in die damals noch unbesiedelten Landstriche - hier wurde gleichzeitig der Schiffsverkehr auf dem Mississippi abgewickelt. Adolphus Busch, geboren am 10. Juli 1839 als vorletztes von 22 Kindern des Besitzers des Schützenhofs in Bad Schwalbach unweit von Mainz, landete hier, von New Orleans kommend, im Jahr 1857. Drei seiner Brüder waren schon hier - und Adolphus wußte von seiner Lehrzeit in Köln her, daß man an einem großen Fluß Geld machen kann, wenn man die richtigen Leute kennt und ein Gespür dafür hat, was ein gutes Geschäft werden könnte.

Es war keine Umgebung, an die man sich als Deutscher erst mühsam hätte gewöhnen müssen: St. Louis war eine beinahe ebenso „deutsche" Stadt wie das weiter nördlich gelegene Milwaukee. Und zum Deutschsein gehört nicht zuletzt das Biertrinken. Allein zwischen 1854 und 1858 war die Zahl der Brauereien in St. Louis von 24 auf 40 gestiegen - und die meisten waren fest in deutscher Hand. Vor allem die größte: die Lemp-Brewery des 1798 in Eschwege in Hessen geborenen Lebensmittelhändlers Adam Lemp, der 1838 quasi nebenbei zu brauen begonnen hatte. Seine Bier- und Essigproduktion war eigentlich nur dazu gedacht, den „Tante-Emma-Laden" auch mit diesen Produkten zu versorgen. Lemps Brauerei war längst nicht die erste der von Franzosen gegründeten Stadt - mindestens seit 1809 beweisen Inserate, daß hier auf kommerzieller Basis gebraut wurde[138].

Aber Lemp war eben der erste deutsche Brauer der Stadt, pflegte seine Kundschaft und mußte schon 1840 ein neues, größeres Brauhaus errichten, die „Western Brauerei"[139]. Diese stand im Stadtzentrum, unweit des heutigen Gateway Arch, und es war Lemp's Hall angeschlossen - ein Etablissement, das man sich wohl als einen Verschnitt eines der aus Western-Filmen bekannten amerikanischen Saloons und einer deutschen Bierhalle (natürlich mit angeschlossenem Biergarten) vorstellen muß. Lemp muß viel von den Neuentwicklungen in der deutschen Brauwirtschaft mitbekommen haben. Wenn er schon nicht der erste Lager-Brauer Amerikas war (als dieser gilt John Wagner in Philadelphia, 1842), so war er doch der erste westlich des Mississippi. Und hier fokussierte sich die Entwicklung, hierher kamen die Einwanderer, speziell die Deutschen nach der Emigrationswelle von 1848.

35.000 Deutsche hatten sich bis 1860 in der Stadt am großen Fluß niedergelassen, noch mehr zogen durch, westwärts. Die „englischen" Ales starben in St. Louis daher sehr schnell aus - 1860 brauten nur mehr zwei der örtlichen Brauereien obergärig.

BUDWEISER GIRL

Für die gesamten USA zeigt sich die stürmische Entwicklung der Brauindustrie in signifikanter Abhändigkeit von der Bevölkerungszahl: 1850 wurden für 23,191.876 Einwohner der USA 5,17 Millionen Bushels Gerste (à 21,8 kg) in 431 Braustätten verbraut. Ein Jahrzehnt später hatten die USA bereits 31,443.321 Einwohner, 1269 Brauereien mit einem Gerstenverbrauch von 15,83 Millionen Bushels. Bier wurde in jenem Jahrzehnt zu einem immer lohnenderen Geschäft: Während sich der Wareneinsatz verdreifacht hatte, war der Wert des verkauften Bieres auf das Vierfache

St Louis war im 19. Jahrhundert eine deutsch geprägte Stadt – wie Adam Lemp mit seiner „Western Brauerei" bewiesen hat.

gestiegen. Der US-Biermarkt von 1860 setzte etwa 21,3 Millionen Dollar um.

Aber nicht alle schafften die notwendige Bierqualität, nicht alle hatten – wie Lemp – die großen unterirdischen Höhlensysteme im Süden von St. Louis als Lagerkeller eingerichtet. Und so gingen manche Brauereiunternehmen mit Lagerbier von zweifelhafter Qualität auch rasch wieder ein – wie die 1852 gegründete und 1859 in Konkurs gegangene „Bavarian Brewery" von George Schneider. Einer ihrer größten Gläubiger war der am 24. September 1805 geborene Seifenfabrikant Eberhard Anheuser, der die Brauerei 1860 gemeinsam mit William D'Oench als E. Anheuser & Company übernahm.

Das neue Bier-Geschäft lief so recht und schlecht. Anheuser hatte sich nun mit Rohstofflieferanten herumzuschlagen, einer davon stellte sogar seiner 1844 noch in Europa geborenen Tochter Elisa nach. Sie war ein hübscher Lockenkopf und hatte sich schon recht amerikanisiert: Das Mädchen nannte sich Lilly, und sie fand Gefallen an dem jungen Adolphus Busch; ihre Schwester Anna erhörte das Werben seines älteren Bruders Ulrich. Die beiden Landesproduktenhändler arrangierten mit dem Schwiegervater eine Doppelhochzeit – und diese verlief wie in einem schlechten Film: Adolphus ließ die Hochzeitsgesellschaft 20 Minuten warten – unterwegs zur lutheranischen Heiliggeistkirche hatte er noch rasch ein Geschäft abschließen müssen. Biographen der Busch-Familie[140] haben dies als böses Omen für die späteren familieninternen Konflikte genommen. Vergleicht man aber die Wirren in der Busch-Dynastie mit denen anderer superreicher Familien, so sind sie um nichts aufregender.

Die Familiengeschichten sind auch nicht halb so interessant wie der Aufstieg von Anheuser und seinem Schwiegersohn Adolphus in den folgenden Jahren. Die Hochzeitsfeier am 7. März 1861 fand quasi am Vorabend des Bürgerkriegs statt, in dem die Herren Anheuser und Busch drei Monate lang auf Seite der Nordstaaten dienten - übrigens in einer zu 80 Prozent aus deutschen Immigranten gebildeten Einheit der Missouri Volunteers. Dann ging es zurück ans reguläre Geschäft - und das florierte während des Krieges besonders: Adolphus nutzte seine bewährten Talente im Handel am großen Strom (der ja nun ein Wasserweg in den sezessionistischen Süden war).

Der Seifenfabrikant Eberhard Anheuser stieg ins Biergeschäft ein - und begründete so das weltgrößte Brau-Imperium.

1865 stieg der 26jährige bei seinem Schwiegervater ins Bier-Business ein - daß er die Beteiligung von D'Oench erwarb, gilt als das beste Geschäft, das je in der Brauereigeschichte gemacht wurde. Adolphus Busch verstand zwar noch nicht allzuviel vom Bierbrauen, wohl aber vom Verkauf. Er schickte Agenten in die von der Anheuserschen Brauerei belieferten Lokale, ließ sie Freibier bezahlen und Wirten Exklusiv-Verträge aufschwatzen - eine Praxis, die im heutigen Amerika verpönt und in Europa durch EU-Recht zumindest eingeschränkt ist. Er baute die Brauerei mit der angeschlossenen Mälzerei aus, investierte in die Marken und schließlich in die Technologie. Der Ausstoß wuchs allein zwischen 1865 und 1870 um 300 Prozent, das Unternehmen hatte 600 Beschäftigte. Die Kapazität lag nun bei 25.000 Barrels pro Jahr - in den gesamten USA wurden im selben Jahr etwas über sechs Millionen Barrels gebraut.

Noch war Lemp's Western Brauerei das größte Industrieunternehmen der prosperierenden Stadt St. Louis - aber Busch holte nun rasant auf. Die Technik des Pasteurisierens wurde von ihm bei einer Europareise entdeckt und in die USA gebracht. So gab es das Bier aus St. Louis 1872 in Texas, 1876 in Colorado. Mit knapp 45.000 Barrels war Anheuser-Busch erst an der 32. Stelle der Brauereistatistik (sie wurde von George Ehret in New York mit 138.449 Barrels angeführt), aber es war der einzige Konzern mit einem nationalen Anspruch. „In einem Land lokaler Biere und lokaler Brauereien träumte der junge Busch von einem nationalen Biermarkt und einem nationalen Bier, das jedermanns Geschmack treffen würde", heißt es unverhüllt in der offiziellen Brauereigeschichte[141]. Und Adolphus Busch verstand es, sein Bier

ANHEUSE
CAR

Adolphus Busch, der zielstrebige Unternehmer, erkannte rasch, wie wichtig für ihn ein nationaler Biermarkt werden würde. Seine gekühlten Bier-Waggons lieferten das frische, im industriellen Maßstab hergestellte Bier von St. Louis in die gesamten Vereinigten Staaten – und er löste damit eine kulturhistorische Umwälzung aus.

Was ein traditionsbewußter Brauer ist, der läßt sich die Pferdegespanne etwas kosten - und Adolphus Busch ließ sich da nie lumpen.

auch national zu vermarkten. Wo er hinkam, verteilte er beschriftete Taschenmesser (natürlich mit Flaschenöffner) wie andere Leute Visitenkarten.

So etwas macht Eindruck - und genau darauf kam es dem nach und nach zum Firmenchef aufgestiegenen Adolphus Busch an: Seine Brauerei wurde so attraktiv wie nur möglich herausgeputzt. Der seit 1872 in der Werbung genutzte Adler wurde zum Markenzeichen und 1877 als solches eingetragen. Die prächtigen Clydesdale-Pferde, die heute noch stolz als eine Hauptattraktion der Brauereibesichtigung hergezeigt werden, hatten damals die Funktion, Bierwägen durch die Straßen zu ziehen - und Busch ließ sich sowohl das Zaumzeug als auch die strahlend rot-grünen Lieferwägen einiges kosten.

Er war ein Show-Man. Wenn er selbst verreiste, nutzte er einen eigenen Eisenbahnzug. Einmal ließ er ihn im Rekordtempo zur Westküste dampfen (wo er von Weihnachten bis Mai eine schloßähnliche Villa in Pasadena bewohnte). Bei anderen Gelegenheiten ließ er zwischendurch halten, um überraschten Eisenbahnern die Hand zu schütteln und ihnen so sein Bier nahezubringen. Kam er auf dem brauereieigenen Gleis zurück nach St. Louis, wurde mit einer Kanone Salut geschossen. Und natürlich wurde die erste elektrische Beleuchtung an der Adresse One Busch Place, am Sitz der Brauerei und dem Domizil der Familie installiert.

Die Liebe zur Technik diente der Promotion ebenso wie der Entwicklung der Brauerei. Schon 1878 wurde die St. Louis Refrigerator Car Company gegründet - ein noch heute bestehendes Tochterunternehmen, das doppelwandige Eisenbahnwagen betrieb, in denen Stangeneis für die konstante Kühlung sorgte. Im ganzen Land wurden Eishäuser errichtet, die für den Nachschub an Kühlung auf den tagelangen Reisen des Bieres sorgten.

Die Bedeutung dieser Innovation gilt sogar als kulturgeschichtlicher Wendepunkt[142]: „Dieser Transport erwies sich als der erste Schritt auf dem Wege einer großen Veränderung und führte zu einem Wechsel in den gesamten Gewohnheiten der Bevölkerung, indem er weitreichende kommerzielle Verknüpfungen ins Leben rief, zahllose kleine Geschäfte zugrunde richtete und an ihrer Stelle große industrielle Unternehmungen entstehen ließ, die Millionen an Kapital investierten. Insofern muß dem Umstand dieser Biereinfuhr, so unbedeutend er an sich erscheinen mag, die Bedeutung einer neuen Epoche der Kulturgeschichte zuerkannt werden, die die Vergangenheit in unmittelbaren Zusammenhang mit der Jetztzeit bringt."

Natürlich mußte das Produkt den Konsumentenwünschen entsprechen. Und die Konsumenten wünschten untergäriges Lagerbier nach dem damals bereits hervorragenden Stand der Technik. Bei seinen Besuchen in Europa lernte Adolphus Busch gemeinsam mit seinem Freund, dem Weinimporteur Carl Conrad, die modernen Biere aus Pilsen und Wien kennen. Möglicherweise fiel ihm (oder Conrad, das ist bei den vielen sich darum rankenden Legenden nicht mit letzter Sicherheit zu sagen) auch der Name Budweiser in Europa ein.

Das erste amerikanische „Budweiser" wurde jedenfalls seit 1876 als Eigenmarke für die Wein- und Champagnerhandlung gebraut und Conrad warb für „das weltberühmte Conrad's Budweiser Beer". Das Marketing war bemerkenswert - die ersten Bud-Flaschen waren mit Champagnerkorken und Folie verschlossen. Ein Spitzen-Bier, das seinen Weg in die Top-Restaurants von New York und Denver fand. Dazu gehörte natürlich auch, daß das Bier für jene Zeit ungewöhnlich blank war. Der Bierfilter war damals noch nicht allgemein eingeführt, aber man bediente sich in den Brauereien eines anderen bewährten Mittels zur Klärung: Buchenholz-Späne, in das Lagerfaß gelegt, ziehen die Hefe an, ohne den Biergeschmack zu verändern. Dieses altmodische Verfahren wird heute noch für das Bud angewendet.

Muß amerikanisches Budweiser so schmecken, wie es schmeckt? Ja, wahrscheinlich - denn das macht seinen Erfolg aus.

1882 ging Conrad pleite - Adolphus Busch war mit 94.000 Dollar der größte Gläubiger. Aber dieser finanzielle Verlust wurde dadurch wettgemacht, daß der Markenname „Budweiser" an die Brauerei zurückfiel. Conrad wurde bei der Brauerei angestellt und die Erfolgsstory von Budweiser in den USA konnte weitergehen.

Sie ist - trotz Prohibition, trotz zweier Weltkriege - von Jahr zu Jahr größer geworden. Dahinter steckt ein Management, das eine Markenwelt geschaffen hat, die ihresgleichen sucht. Der hohe Wert der Marke Budweiser liegt ja nicht nur in der weiten Verbreitung des Produktes, sondern in dem Erlebnis, das dem Trinker des „King of Beers" vermittelt wird: „Proud to be your Bud" heißt einer der Slogans - wobei „Bud" im Amerikanischen auch für den „besten Kumpel" steht. Jedes Jahr werden 1500 neue Artikel als Werbematerial von Anheuser-Busch verwendet, Sportveranstaltungen vom Autorennen über Football bis zum europäischen Soccer und schließlich Wasserschifahren werden von Bud gesponsert.

Und die Produktqualität? Muß Budweiser so schmecken, wie es schmeckt?

Wahrscheinlich. Amerikanische Bierproduktion verläuft üblicherweise ganz anders als in Deutschland. Es wird anstelle der in Europa üblichen zweizeiligen Sommergerste meist sechszeilige Wintergerste verwendet - diese liefert mehr Enzyme, aber auch mehr Eiweiß. Macht nichts: In die Maische kommt in den USA ja nicht nur Malz, meist werden auch große Mengen Mais und – im Falle des Budweiser – Reis beigegeben. „Reis aus Texas, Louisiana, Missouri, Arkansas und Kalifornien verstärkt Leichtigkeit und Spritzigkeit der Budweiser und Michelob-Markenbiere“, steht auf einer Tafel am 1891 errichteten und nun nach 100 Jahren auf allerneuesten Stand gebrachten Sudhaus in St. Louis.

Was die Amerikaner „crisp“ (frei übersetzt „knackig“ oder „spritzig“) nennen, wirkt sich im Budweiser als schlanke, kohlensäure-

Qualität ist ein sehr gut verkaufbarer Begriff: Stolz präsentierte Anheuser-Busch zu Beginn des Jahrhunderts das Gutachten einer Verkostung in Prag.

reiche und wenig herbe Charakteristik aus. Daß Anheuser-Busch der bedeutendste Käufer von Aromahopfen ist, würde man angesichts der milden Hopfung nicht vermuten.
Die Großbrauereien stehen mit ihren Spitzenmarken unter einem zweifachen Druck: Zum einen dürfen ihre Massenbiere nicht allzu ausgeprägte Charaktere entwickeln. Denn da Geschmäcker und Ohrfeigen bekanntlich verschieden sind, würde ein Bier mit ausgeprägtem Geschmack nicht nur Liebhaber finden, sondern auch von einigen anderen Biertrinkern gerade wegen seiner Eigenständigkeit abgelehnt werden. Dies aber paßt nicht in die modernen Food-Marketing-Konzepte - die setzen im Zweifel lieber auf etwas weniger Individualität und etwas mehr Werbeanstrengung.

Qualität ist ein sehr dehnbarer Begriff. Für die Einkäufer großer Handelsketten ist Qualität gleich Haltbarkeit - für manche Brauer inzwischen auch.

Die zweite, der Geschmacksvielfalt ebenso entgegenwirkende Entwicklung auf dem Biermarkt heißt „Qualität". Darunter versteht die Brauwirtschaft allerdings etwas anderes als der bierkundige Konsument: Qualität bedeutet, technisch einwandfreie Biere ohne Trübungen oder geschmackliche Eigenheiten auszuliefern - und zwar mit einem in möglichst ferner Zukunft liegenden Ablaufdatum. Dies ist eine Forderung der großen Handelsketten, die (nicht nur in den USA, sondern natürlich auch in Europa) Biere nur dann listen, wenn ihr „Best-before-date" erst in ferner Zukunft liegt. Dazu kommt, daß sich die Händler nur ungern mit der korrekten Bierpflege abgeben, ihre Zwischenlager befinden sich oft genug unter freiem Himmel, wo die Biere Temperaturschwankungen und dem Sonnenlicht ausgesetzt sind.
Anheuser-Buschs *Budweiser*, das in den USA einen Marktanteil von 25 Prozent hält (vor Millers *Lite* mit neun sowie dem 1982 eingeführten *Bud Light* und *Coors Light* mit je sieben Prozent) soll aber überall gleich schmecken - auch wenn es aus hunderte Meilen entfernten Braustätten kommt. Dies ist technisch nur zu erreichen, wenn die an sich schon geschmacksarmen, weil mild gehopften und sehr hoch vergorenen Biere einer rigorosen Filtration und Pasteurisierung unterzogen werden. Sie kommen als eine Art Dauerkonserve beim Konsumenten an - durch die Pasteurisierung künstlich gealtert, aber dadurch auch gegen unfachmännische Lagerung und andere Geschmacksbeeinträchtigungen weitgehend unempfindlich.
Das gilt, wie gesagt, nicht allein für die Biere von Anheuser-Busch, sondern für immer mehr Großbrauereien. Die vielleicht auffallendsten Beispiele sind das *Corona Extra* und das *Sol* aus Mexiko: Bekanntlich werden diese beiden Biere in glasklaren Flaschen abgefüllt, bei deren Anblick jedem gestandenen Brautechniker die Haare zu Berge stehen müßten: „In weißen und hell-

grünen Glasflaschen unterliegt das Bier am meisten den Einwirkungen des Lichts; sie sind daher für die Verwendung zu Bierflaschen absolut ungeeignet und sollten darum von Brauereien überhaupt nicht benutzt werden", lehrt bereits Delbrücks Brauereilexikon von 1910. Kommt Bier nämlich mit UV-Licht in Kontakt, werden gewisse Eiweißkomponenten verändert - das Bier bekommt einen „Lichtgeschmack". Weder beim Corona noch beim Sol ist so ein Geschmack feststellbar, selbst wenn die Flasche unter ungünstigsten Bedingungen im Freien gestanden ist.

Ein eigener Hefestamm - Heineken A - bildet bis heute das technische Rückgrat der Erfolge von Europas bedeutendster Brauerei-Gruppe.

Dies hängt sehr stark damit zusammen, daß beide Biere schon von Haus aus kaum einen ausgeprägten Geschmack aufweisen können. Daß sie mit einer Limette im Flaschenhals serviert werden, ist ja nicht zuletzt deswegen zum Modetrend geworden, weil das Bier sonst völlig fade schmecken würde.

Obwohl die bedeutendste Biermarke der Welt mit Budweiser aus den USA kommt, obwohl die größte Brauerei-Dichte der Welt in Deutschland (und hier wieder speziell in Franken) zu finden ist - der größte Bier-Exporteur der Welt sind die Niederlande mit 7,5 Millionen Hektolitern noch vor Deutschland (6,2 Mio.)[143].

Die Marke, die das möglich gemacht hat, ist jene des Gerard Adriaan Heineken, der im Jahr 1863 die schon damals große, erstmals 1592 erwähnte Brauerei „De Hoiberg" („Zum Heuberg") in Amsterdam erworben hat[144]. Schon zehn Jahre später wurde der erste Tochterbetrieb in Rotterdam errichtet, der nach nur einem Jahr Bauzeit in Betrieb gehen konnte. G. A. Heineken war einer der ersten in den Niederlanden, die die Untergärung einführten - eines der ältesten erhaltenen Brauereiplakate um 1869 zeigt Werbung für ein „Beijersch Bier", was damals synonym für Lagerbier war.

Mit Wilhelm Feltmann holte er sich einen deutschen Braumeister, richtete ein Brauereilabor ein und ließ Rohmaterial und Hefen genau studieren. Der „Heineken A-Stamm" wurde von einem Schüler Pasteurs, Dr. Elion, 1886 isoliert. Er wird heute noch weitervermehrt und ist das Rückgrat der Pilsner-Linie von Heineken, die erstmals 1889 auf der Pariser Weltausstellung eine Goldmedaille gewann.

Als der Gründer des Brau-Imperiums 1893 starb, war ein Ausstoß von 200.000 Hektoliter erreicht. Das war im internationalen Vergleich noch nicht so bedeutend. Die Dehersche Brauerei in Schwechat bei Wien erzeugte im selben Jahr 610.000 Hektoliter, und allein in Wien gab es drei weitere Braustätten, die mehr ausstoßen konnten. Aber Heineken hatte das Glück, auf einem kleinteiliger strukturierten Markt agieren zu können - und sein Unternehmen hatte das klare Ziel, nationaler und internationaler

Anbieter zu werden. Bereits 1875 hatte es die ersten Bierexporte nach Frankreich gegeben[145], 1886 waren es bereits 20.000 Hektoliter. Insgesamt ging bereits damals ein Drittel der Produktion in den Export!
So wie Anheuser-Busch mit einer aggressiven Preispolitik einen Markt nach dem anderen erobern konnte, setzte sich Heineken gegen die wachsenden Marken Amstel, Van Vollenhoven (beide gehören inzwischen zu Heineken) sowie deutsche Importe mit niedrigem Preis bei gleichbleibender Qualität durch. Zwischen den Weltkriegen erwarb Heineken sechs Mitbewerber, deren Braustätten in Heineken-Depots umgewandelt wurden. Am Ende des Zweiten Weltkriegs gab es in den Niederlanden noch 83 Brauereien, 60 im Jahr 1950, nur 38 1960. Vier weitere Brauereien hatte Heineken in dieser Zeit übernommen. Nachdem es schon während des Krieges erste Kooperationen mit Amstel gegeben hatte, zerschlugen sich die Fusionspläne zunächst 1947. 1946 hatte Heineken einen Inlands-Marktanteil von 24,7 Prozent, Amstel 17,2 Prozent. Heineken wuchs stark, Amstel leicht und die heute noch unabhängige Grolsch-Gruppe folgte auf dem Fuß.
In den späten sechziger Jahren erlebten die Niederlande einen Bier-Krieg: Allied Breweries aus England stiegen 1967 bei Oranjeboom ein, Stella Artois (Interbrew, Belgien) engagierte sich im Juni 1968 bei der Dommelsche Bierbrouwerij, dann schlug Allied Breweries im August 1968 noch einmal bei De Drie Hoefijzers zu und überholte mit 20 Prozent Marktanteil Amstel. Wäre nun auch der längst fällige Übernahmekandidat Amstel an die Engländer gefallen, wären diese mit rund 38 Prozent Marktanteil gleichauf mit Heineken gelegen. Doch Heineken handelte rasch: Nur sechs Tage nach dieser Übernahme, am 26. August 1968, gab Heineken die Übernahme von Amstel bekannt.
Die Amstel-Marke hat sich inzwischen als ideale Ergänzung für Heineken auch auf den Auslandsmärkten erwiesen: So wird das in Komarom gebraute Amstel-Bier als Edelmarke auf dem ungarischen Markt empfunden (während Heineken dort als rares Importbier gehandelt wird), in südlichen Ländern kann Amstel auch bei Touristen ein gewisses Gefühl der Bodenständigkeit erwecken. Um aber nicht allzu sehr ins Billig-Segment abzurutschen, hat Amstel zuletzt ein *Amstel 1870 Pilsener* auf den Markt gebracht, das mit seiner eher dunkelgelben Farbe, dem feinen Schaum und der prononcierten, feinen Hopfung tatsächlich einem Pilsener aus der Gründungszeit der Brauerei entsprechen könnte.
Auch sonst hat Heineken – ebenso wie Anheuser-Busch – in den letzten Jahren begonnen, die Produktpalette wieder zu erweitern:

Ausländische Marken umfassen *Tiger* (Singapur), *Dreher* (Italien) sowie *Ancre, 33 Export, Pelforth* und *Mützig* (Frankreich).

Die jüngste Ergänzung zum Heineken Pils in der grünen Flasche mit dem grünen Etikett ist das *Lingen's Blond*: In der braunen Flasche findet sich ein bemerkenswertes helles Bier, das einen angenehmen Körper, eine ausgewogene Bittere und einen leicht süßlichen, an Mais erinnernden Nachtrunk hat. Das Überraschende daran ist, daß es sich um ein nur zwei Prozent starkes Leichtbier handelt; ein Produkt, das vielleicht mehr Aufmerksamkeit wert wäre als das ubiquitäre Heineken Pils. Ein Blick in die Statistik zeigt klar, daß von den 56 Millionen Hektolitern, die der Konzern weltweit braut, gerade 15, 2 Millionen *Heineken* und weitere 6,3 Millionen *Amstel*-Bier sind. Das ist zwar immer noch mehr als doppelt so viel Bier, wie beispielsweise in einem Land wie Österreich getrunken wird - aber es läßt andererseits Nischen offen.

Auch die Giganten entdecken die Nischen, seit sich kleine, feine Brauhäuser der traditionellen Braukunst besonnen haben.

Allerdings muß man wohl davon ausgehen, daß der Biergigant nicht ganz von selber die feinen, deutlich vom Massengeschmack abgesetzten Biere wie etwa das *Kylian* entdeckt und (wieder) eingeführt hat. Auf die Sprünge hat ihm wohl das geholfen, was als „amerikanische Bierrevolution" vor gut zehn Jahren begonnen hat und den kleinen europäischen Brauhäusern gerade rechtzeitig vor dem drohenden Zusperren ein junges, nach Besonderheiten dürstendes Publikum und damit ungeahnte Absatzchancen für Spezialitäten verschafft.

Vom Hornberger Schießen und Brauen

Wenn den Hornbergern das Pulver ausgeht, dann rufen sie „Piff" und „Paff" - und erreichen damit auch ihr Ziel.

NACH DEM AUSFLUG in die Welt der Großbrauer schauen wir noch einmal in eine kleine Mittelstandsbrauerei. Mitten im Schwarzwald steht so ein Bilderbuch-Brauhaus, gerade so, wie man es sich in dieser romantischen Gegend vorstellen würde. Einige Bauteile des Brauhauses geben noch einen kleinen Eindruck davon, wie es hier wohl um die Jahrhundertwende ausgesehen haben muß. Und wandert man durch das Gutachtal auf das Städtchen Hornberg zu, dann kann es schon sein, daß einen der Braumeister entdeckt und auf ein Gläschen frischen Bieres einlädt.

Obwohl die Hornberger Brauerei Michael Ketterer durch ihr sehr anständiges *Edel Export* - ein recht vollmundiges und ausgewogen gehopftes Bier - bekannt ist, wird zur Erfrischung wohl am ehesten die *Ur-Weisse* dienen. Hat man noch das Glück, in den Besucherraum gebeten zu werden, dann kommt man so recht in bierige Stimmung und vergißt beinahe, nach der Geschichte von Hornberg zu fragen. Sie sei kurz skizziert, weil jeder schon mal davon gehört hat, ohne den eigentlichen historischen Kern zu kennen.

Wenn man sagt, etwas geht aus „wie das Hornberger Schießen", so meint man damit, daß eine große Anstrengung ohne Erfolg geblieben ist. Dahinter steckt eine historische Begebenheit, die seit 1955 von den Hornbergern alljährlich auf einer Freilichtbühne dargestellt wird: Es geht um einen Besuch des Landesherrn, der mit allen Ehren empfangen werden sollte - was Salutschüsse beinhaltet. Nun waren die Hornberger aber so aufgeregt, daß sie jede Staubwolke am Horizont als Anzeichen für das Nahen des hohen Gastes sahen - und so viel zu spät bemerkten, daß sie ihren Salut für eine Viehherde oder eine Postkutsche abgefeuert hatten. Als der Fürst von Schwaben nun wirklich kam, war das Pulver verschossen und die Hornberger mußten sich darauf verlegen, den Gast mit „Piff"- und „Paff"-Rufen zu begrüßen.

Wie gesagt: Diese historische Begebenheit wird im Sommer als Touristenspektakel inszeniert - und das ist nicht zuletzt Verdienst des verstorbenen Albert Ketterer, dem die Brauerei in den sechziger Jahren gehörte und der neben dem Geschäft noch Zeit fand, sich als Lokalhistoriker zu betätigen. Sein interessantestes Werk befaßt sich allerdings mit der eigenen Familiengeschichte. Bei einem Glas jenes Bieres, das sein Sohn braut (auch er übrigens Laiendarsteller im Spiel vom Hornberger Schießen) habe ich in dem handschriftlichen Manuskript geblättert. Es ist nicht ganz einfach zu entziffern, und die Sprache ist ein wenig antiquiert. Aber es gibt einen recht schönen Überblick darüber, wie die ländliche Brauerszene um die Jahrhundertwende ausgesehen haben mag.

„In jener Zeit war der der Meister, welcher sein Handwerk meisterhaft verstand und sich im Konkurrenzkampf behaupten konnte.“

Und das erzählt Albert Ketterer[146]: „Natürlich war es vor der Jahrhundertwende viel einfacher, ein Geschäft zu gründen als heute, weil damals noch das handwerkliche Können an erster Stelle stand, um mit ganz primitiven Mitteln ohne große Einrichtungen eine Ware herzustellen. Auch war in jener Zeit keine solche Schulbildung wie heute im Zeitalter der Technik erforderlich, um sich als Meister behaupten zu können, denn sonst wäre ein Michael Ketterer nie Brauereibesitzer geworden. In jener Zeit war der der Meister, welcher sein Handwerk meisterhaft verstand und sich im dortigen Konkurrenzkampf, welcher durch die vielen Kleinbetriebe auch nicht gering war, behaupten konnte. Dort spielte nicht die finanzielle Macht in unserer Branche eine solche Rolle wie heute, weil es ja hauptsächlich Klein- und Mittelbetriebe gab, sondern allein die Qualität der erzeugten Ware, verbunden mit dem persönlichen Fleiß und der Fähigkeit, dem Kunden und nicht zuletzt dem Verbraucher gegenüber populär zu sein.

Als in dem kleinen Schwarzwaldflecken Yach bei Elzach das Fräulein Ketterer in einem einstöckigen Gütlerhäuslein einen rothaarigen Jungen zur Welt brachte, war es keineswegs vorgezeichnet, daß aus diesem einst ein Brauereibesitzer werden sollte. Das Büblein wurde bei den Gütlern aufgezogen, wurde aber in früher Jugend schon als Hirtenbub zu einem größeren Hof verdungen, weil die Mittel zur Beschaffung der Kleidung und des Lebensunterhaltes fehlten. Aber es gab um jene Zeit wirklich beschämend arme Menschen, welche sich ob ihrer Armut geschämt haben, von den besser gestellten Leuten ein Stück Brot zu heischen, und haben lieber gehungert.

So verbrachte der rothaarige Michael Ketterer seine Jugendzeit als Hüterjunge bei den Bauern. Ich glaube bestimmt, daß anläßlich eines Kuhhandels, denn früher hatten ja alle Brauereien Kühe, um den Treber zu verwerten, mein Großvater auch mitverhandelt hat und dann als Brauerlehrling in die Schloßbrauerei Hornberg verdungen wurde.

Früher war es doch so, daß jede Brauerei die ledigen Brauer in Kost und Wohnung hatte, und es wurden um jene Zeit noch keine großen Ansprüche ans Leben gestellt, zumal ja mein Großvater aus ärmlichsten Verhältnissen stammte. Die Hauptsache war, daß man Arbeit und Brot hatte. Nachdem mein Großvater ausgelernt hatte und einige Zeit in der Schloßbrauerei geblieben war, ging er als Geselle auf Wanderschaft, um sich in anderen Brauereien weiter zu bilden. Es gab um jene Zeit eigens eingerichtete Bierbrauerherbergen, wo die fahrenden Bierbrauer um billiges Geld übernachten konnten. Um jene Zeit gab es ja bald in jeder Gemeinde Brauereien und die reisenden Brauer sprachen mit folgendem Brauerspruch zu:

Grüß Gott, Kollegen,
Gott gebe Glück und Segen
einen Gruß von meinem letzten Meister und Kollegen
ein fremder Brauer spricht um Arbeit zu.

Natürlich konnte und wollte man nicht in jedem Betrieb eingestellt werden, aber etwas zu trinken und zu essen oder auch etwas Geld gab es immer. In wieviel Brauereien und wo Großvater überall gearbeitet hat, weiß ich nicht. Es gab ja keine eigentliche Kündigungszeit. Die ledigen Brauer schliefen alle in der Brauerei und wurden morgens vom Oberburschen geweckt, soweit sie weiterarbeiten wollten. Jedenfalls hat mein Großvater auf einer Wanderherberge einen Kollegen Feierling kennengelernt und anschließend zusammen gearbeitet. Nach Aufgabe dieser Stelle war mein Großvater etwa Mitte der zwanziger Jahre und hat dann als Junggeselle in Denzlingen eine kleine Brauerei mit Gastwirtschaft gepachtet. Sein Kollege Feierling zog weiter nach Freiburg, wo er auch eine kleinere Brauerei pachtete, aus welcher die heutige Brauerei Feierling hervorging, welche heute zu den größeren Mittelbrauereien zählt."
So weit die Lehr- und Wanderjahre des ersten Michael Ketterer. Was der Enkel erzählt, ist in einem Punkt heute überholt: Die Brauerei Feierling gehört nicht mehr zu den Mittelbrauereien, sondern ist auf die Größe einer Hausbrauerei geschrumpft. Sie zu besuchen, lohnt trotzdem: Nicht nur der Lage am Freiburger Augustinerplatz wegen, nicht nur des mit Kastanienbäumen bepflanzten Biergartens und der angeschlossenen Kleinkunstbühne wegen, sondern vor allem wegen des Bieres: Das *Inselhopf* kann als schönes Beispiel für Hausbier gelten – auffallend hellgelb, schon in der Nase, aber natürlich auch im Trunk deutlich hopfenaromatisch und mit 12,4 Grad Stammwürze nicht zu schlank.

„Alles Wasser zum Biermachen mußte in der Tragbutte aus dem Gewerbekanal in die Brauerei getragen werden.“

Aber ehe wir uns anderen Brauereien zuwenden, hören wir uns noch die Geschichte von Ketterers Brauerei zu Ende an, wie sie Albert Ketterer erzählt hat: „Mein Großvater hatte aus dieser Kleinstbrauerei kein richtiges Fortkommen, weshalb er nach einiger Zeit das Pachtverhältnis löste und wieder auf die Schloßbrauerei als Vorderbursche ging. Die Schloßbrauerei war zwischenzeitlich für die damaligen Verhältnisse schon zu einer ansehnlichen Brauerei herangewachsen, sie hat um die Jahrhunderwende bereits Bier bis nach Freiburg gebracht. Mein Großvater kam auch ab und zu vom Schloß nach Hornberg und hat auf diesem Wege ein Fräulein Luise Müller, welche in der Schloßstraße wohnte, kennengelernt, die später seine Frau wurde!

Nach seiner Verheiratung erwarb mein Großvater das kleine Gasthaus zum Felsen in Hornberg mit einer dazugehörigen kleineren Hausbrauerei und Mälzerei. Es muß die kleinste und heruntergewirtschaftetste Brauerei in Hornberg gewesen sein. Um jene Zeit waren es noch neun Brauereien, wovon die Schloßbrauerei und das Brauhaus Gutach die namhaftesten waren.

Schon war der frühere Hirtenbub Michael Ketterer Brauereibesitzer, aber mit Schulden genug, weil seine Frau ja auch aus keiner wohlhabenden Familie stammte. Es war dies das Jahr 1877.

Nun begann für die Großeltern auch der Existenzkampf, zumal auf dem gleichen Geschäft vorher zwei Eigentümer kaputt gingen. Viele alte Hornberger haben den Großeltern das gleiche Schicksal prophezeit, aber alle sollten eines Besseren belehrt werden. Mit viel Fleiß und Energie gingen diese beiden jungen Geschäftsleute an die Arbeit, und hauptsächlich der Großmutter blieb nichts erspart, da bei der Brauerei auch eine kleine Landwirtschaft mit 2 bis 3 Kühen war. So war Großmutter Hausfrau, Wirtin und Stallmagd in einer Person. Es waren zwischenzeitlich auch Kinder da, die versorgt werden mußten. Aber nicht nur das, sie hatte auch für das notwendige Geld zu sorgen. Mein Vater Emil Ketterer, der älteste Sohn, sagte mir später oft, daß Großvater vom Rechnen und Schreiben nicht viel wissen wollte, aber zur Unterschrift eines Wechsels hätte es immer genügt. Daß dieser Wechsel eingelöst wurde, war Sache der Großmutter, denn sie nahm ja auch das Geld in der Wirtschaft ein. Es wurde ja das ganze erzeugte Bier in der Hauswirtschaft oder im Krug über die Straße verkauft.

Um jene Zeit wurde ein Liter Bier noch mit dem halben Pfennig gerechnet. Wie sparsam Großmutter war, beweist, daß sie mit dem üblichen großen Kinderwagen mit Holzrädern jede Woche einmal nach Hausach ging, um dort Brot einzukaufen, weil der Laib dort 3 Pfennig billiger als in Hornberg war.

Aber auch Großvater blieb nichts erspart: War doch in der alten Brauerei kein elektrisches Licht, viel weniger Kraft und auch keine Wasserleitung. Alles Wasser zum Biermachen mußte in der Tragbutte aus dem Gewerbekanal in die Brauerei getragen werden. Die Maische wurde von Hand umgeschöpft und das Bier auf das Kühlschiff, welches aus Holz war, getragen.
Aber die Arbeit wurde durch das Ansteigen des Umsatzes belohnt. Der Stammtisch der Gastwirtschaft, zu welchem sich zwischenzeitlich auch der Pfarrer, der Lehrer, der Bürgermeister und der Apotheker gesellten, vergößerte sich. Nicht nur Essen und Küche, die Person spielte eine Rolle, es gehörte auch Glück zum Geschäft. Die Leute sagten: Wenn der Michel zum Stubenfenster rausschaut, verdient er mehr, wie wenn die anderen arbeiten.
Wie ich vom Vater noch berichtet bekam, war der Schwanen auf dem Fohrenbühl der erste Achskunde von Großvater. Natürlich konnte dort das Bier nicht mit dem Stoßkarren hingebracht werden, da der Schwanen etwa 5 km von Hornberg entfernt ist und die Straße eine Steigung von 19 Prozent hat. Großvater vergab dies im Lohn, schrieb aber dem Fuhrmann den Preis vor, wußte er doch als früherer Hirtenbub und Knecht, was ein Pferd auf den Fohrenbühl ziehen kann und wie lange man dazu benötigt. Durch die Gastwirtschaft und die kleine Landwirtschaft kamen ab und zu auch Viehhändler ins Geschäft.
So vergingen Wochen und Monate, und Großvater mußte immer mehr Lohnfuhren vergeben. Eines schönen Tages ging Großvater auf den Markt nach Haslach und brachte zum Schrecken und Verdruß von Großmutter ein Pferd mit. Was da zwischen den Eheleuten Ketterer los war, hat mir mein Vater, welcher nun auch schon etwas älter war, erzählt. Großmutter hatte den ganzen Tag, sobald sie ihren Ehemann sah, nur gescholten. Sie warf ihm vor, er würde genau so den Größenwahn kriegen wie seine Vorgänger, und das Geschäft würde eingehen. Als Großmutter sich nicht beschwichtigen ließ und die Schimpferei kein Ende nahm, verkaufte Großvater das Pferd nach einigen Tagen wieder. Aber durch die laufende Erweiterung der Kundschaft war ein Jahr später Großvater gezwungen, was nun auch Großmutter einsah, gleich zwei Pferde zu kaufen, um die nun schon feste Achskundschaft pünktlich beliefern zu können. Der dazu benötigte Bierwagen stand wochentags auf der Straße. Es gab zur damaligen Zeit ja noch keine Autos.
Am Samstag abend wurde der Pritschenwagen behelfs zweier Dielen über die Eingangstreppe zur Wirtschaft in den Hausgang geschoben.
In dieser Zeit kam nun auch mein Vater Emil Ketterer in die el-

Brauereigründer Michael Ketterer: „Wenn der Michel zum Stubenfenster rausschaut, verdient er mehr, wie wenn die anderen arbeiten."

Wenn das Natureis nicht reichte, dann mußte man das Eis über die Schwarzwaldbahn aus der Schweiz herankarren lassen.

terliche Lehre. Der erste Lehrbub von Großvater war der alte Josef Tipler. Später arbeitete dieser in der Steingutfabrik und hat in der Nachbarschaft in Frombach gewohnt.

Wie Vater oft erzählte, bestand seine Hauptbeschäftigung im Wassertragen vom Gewerbekanal in die Brauerei - bis endlich von der Gemeinde eine Wasserleitung verlegt wurde. Aber es sollte auch im Geschäft nicht alles so glatt gehen, denn eines Tages brannte die hölzerne Darre aus, und es war Glück, daß nicht das ganze zusammenhängende Gebäude eingeäschert wurde. Hinter der alten Brauerei wurde nun ein Eisgalgen erstellt, damit man das Eis im Winter nicht alles von dem Weiher holen mußte. Man kannte um jene Zeit nur Lagerbier, das heißt, das Bier wurde in der kalten Jahreszeit, der natürlichen Kühlung wegen, hergestellt und mußte den ganzen Sommer ausreichen. Die Lagerfässer wurden zu diesem Zweck in Eis eingepackt. Später dienten Stirn- oder Obereiskeller zur Kühlung. Es war dies schon ein weiterer Fortschritt, so daß man auch im Sommer Bier machen konnte.

Da nun von den Kleinstbrauereien einige eingingen, wuchs der Absatz des großelterlichen Betriebes, und die Lagerkeller wurden zu klein. Großvater war nun schon finanziell gesichert und kaufte ein Grundstück im Frombachtal, wo die heutige Brauerei steht. Es war dies um die Jahrhundertwende.

Dort wurde nun ein gewölbter Lagerkeller mit Eiskeller gebaut. Das Bier aber wurde immer noch im alten Geschäft in der Hauptstraße gebraut und mit dem Fuhrfaß zum Lagerkeller geführt. Das Gelände am Frombach war für eine Brauerei geeignet, da der Bach das nötige gute Wasser lieferte.

Etwas oberhalb des Weges wurde auch ein Eisweiher angelegt, welcher im Winter das für den Brauer notwendige Eis lieferte. Da der Eiskeller beim Lagerkeller bald nicht mehr ausreichte, wurde unterhalb des Weihers am Weg ein freistehendes Eishaus mit Strohdach erstellt, welches mit Sägemehl isoliert war, so daß das Eis gut hielt. Aber es gab auch dort schon milde Winter, so daß man Eis vom Fohrenbühl holen mußte. Wie Vater erzählte, mußten sie sogar schon Eis von der Schweiz mit der Bahn kommen lassen. Es war dies natürlich eine sehr kostspielige Sache. Aber zum Fortbestand des Geschäftes war dies dringend erforderlich, zumal sowohl die Schloßbrauerei als auch das Brauhaus Gutach nach 1900 schon eine Kühlmaschine hatte. In dem großelterlichen Geschäft war dies unmöglich, da ja das Sudhaus vom Lagerkeller getrennt war.

In der Zwischenzeit hatte Emil Ketterer ausgelernt. Anschließend besuchte er die Brauerschule in Worms a. R., wo er seine Braumeisterprüfung ablegte. Anschließend mußte Vater nach Hause,

da 1909 mit dem Bau einer neuen Brauerei mit Stallgebäude begonnen wurde, und zwar auf dem gewölbten Keller aufbauend.
Ein treues Gefolgschaftmitglied - schon unter Großvater - war der Oberbursche Metzger, welcher Großvater im Geschäft sehr unterstützte und auch in das neuerbaute Geschäft mit übersiedelte. Aber mein Vater hatte viel Mühe, daß er sich nach seiner Rückkehr aus der Fremde gegen Metzger durchsetzte. Vater durfte nämlich im Anfang nicht mal nach einem Thermometer im Gärkeller schauen, da war Metzger in seinem Amt als Oberbursche schon gekränkt.
Aber mit der Vergrößerung des Betriebes war auch eine größere Kundschaft notwendig. Was nützt schon das größte Unternehmen ohne Absatz? Großvater war nun schon älter und konnte nicht mehr radfahren, was um jene Zeit ja das schnellste Gefährt außer der Bahn war, so daß Vater Kundschaft werben mußte. Gewöhnlich wurde hiezu der Sonntag verwendet, und einige Freunde wurden mitgenommen.

„So war es durch das überschwengliche Leben auch nicht verwunderlich, daß eine Brauerei nach der anderen einging."

Man darf sich heute keiner Täuschung hingeben, daß auch schon um jene Zeit kein Konkurrenzkampf war. Vater hatte oft gesagt, wie er unter der Großbrauerei von Hornberg leiden mußte. Gerade bei Veranstaltungen galt Vater noch als der Kleine und hat sich die Gelage nicht leisten können, mit welchen diese aufwartete, zumal Vater seit seiner Geburt etwas magenleidend war. Aber es nahm dieses Leben der Konkurrenz kein gutes Ende, weil alle über die Verhältnisse gelebt haben. Die alten Leute von Hornberg erzählen heute noch, daß oft eine Fahne zu einem gewissen Fenster vom Schloß herausgehangen wurde, als Zeichen, daß eine gewisse Person von Hornberg in Frauengestalt erwünscht wurde. Die Leute konnten darauf warten, bis diese bald darauf bergaufwärts stieg. So war es durch das überschwengliche Leben auch nicht verwunderlich, daß eine Brauerei um die andere einging. Mit Ausnahme der Brauerei Krone, welche eine Hausbrauerei blieb, waren wir nun noch die einzige Brauerei in Hornberg, Gutach und Niederwasser."
So weit also die Geschichte einer typischen Mittelstandsbrauerei, die sich bis heute erhalten hat. Man sieht also: Nicht alles geht in Hornberg aus wie das Hornberger Schießen.

Wie das Bier zur Flasche kam

Der spätere Nobelpreisträger Gustav Stresemann hat mit seiner Dissertation die wichtigste Arbeit zur Bierflaschen-Geschichte geschrieben.

FÜR DEN HEUTIGEN BIERTRINKER ist es fast unvorstellbar: Noch bis zu Beginn des vorigen Jahrhunderts war Flaschenbier beinahe unbekannt.

Wer Bier trinken wollte, der mußte sich schon in eine Gaststätte bemühen, wo das Bier unter den wachsamen Augen des Wirtes reifte und ausgeschenkt wurde. Das war nicht viel anders als das Bier in den Pubs von England: Kaum gekühlt und für unsere Begriffe zumindest recht seltsam im Geschmack.

An Haltbarkeit war nicht zu denken, allenfalls konnte man sich in einer Kanne einen Schlummertrunk für denselben Abend mit heimnehmen.

Zwar hatten schon die ältesten Kulturvölker gebraut und das Bier in Tongefäßen verschlossen – aber diese Krüge hatten mit der heutigen Bierflasche kaum etwas gemeinsam.

Selbst die im 16. Jahrhundert auftauchenden ersten Glasgefäße für Bier waren noch eher verschließbare Krüge als Flaschen im modernen Sinne[147]: Glas war und blieb teuer, bis eine moderne Glasindustrie massenweise Flaschen herstellen konnte. Nur dunkles, nicht zu dünnwandiges Glas kann Bier „portionsweise" lichtgeschützt und kühl verpacken und damit für jede Gelegenheit bereithalten.

Mit der Flasche wandelte sich aber nicht nur die Art des Biergenusses, sondern auch der Biergeschmack selbst. Der spätere Staatsmann und Nobelpreisträger Gustav Stresemann hat im Jahr 1900 in seiner Dissertation der „Entwicklung des Berliner Flaschenbiergeschäftes"[148] nachgespürt. Auch vor der allgemeinen Verbreitung von Flaschenbier werden es wohl Spezialitäten gewesen sein, die in die Flasche kamen. Wer sich Flaschenbier leisten konnte, trank es mit Genuß. In der Vossischen Zeitung finden sich im Jahrgang 1820 Hinweise auf „Porter Bier à Flasche 6 Groschen. Bei mehreren Flaschen billiger". Eine andere Anzeige bot „Stettiner Bier in großen und kleinen Gebinden, in Quart und Flaschen" an.

Hauptproblem der Bierflaschen war, daß sie dicht sein mußten, vor allem wenn das Bier in der Flasche noch nachreifen sollte oder wenn es von vornherein mit hohem Kohlensäuregehalt abgefüllt wurde. Um diesem Druck standhalten zu können, mußten Bierflaschen ähnlich wie Champagnerflaschen mit Pfropfen oder Korken verschlossen und mit einem Bindfaden oder Drahtkorb gesichert werden. Brüsseler Brauer greifen dazu noch heute auf echte Champagnerflaschen und ihre traditionellen Korkenverschlüsse zurück. Daß gerade in Brüssel Champagnerflaschen mit Bier gefüllt werden, hat seine Ursache in der historischen Entwicklung Belgiens: Seine Eigenstaatlichkeit hatte das Königreich auf dem Höhepunkt der industriellen Revolution, im Jahr 1831, erlangt - konstitutionelle Monarchie und wirtschaftlicher Aufschwung ließen rasch eine wohlhabende bürgerliche Schicht entstehen, die Unmengen von Champagner trank.

Es waren die Brauer der Region, die die Wiederverwertung von Flaschen erfanden. Die dickwandigen Champagnerflaschen hatten den Vorteil, daß sie hohem Druck standhalten können - die einfachen Lambic-Biere galten nunmehr als der „Brüsseler Champagner".

„Hellfarbige oder ganz weiße Flaschen sind verwerflich, weil Lichtstrahlen den Inhalt derselben, namentlich aber Bier beeinträchtigen."

Immerhin: Das Bier hatte damit in die Flasche gefunden. Daß zu jener Zeit noch nicht unbedingt die heute üblichen Glasflaschen gebräuchlich waren, beweist ein Blick in Meyers Conversations Lexikon von 1887: „Irdene Flaschen werden zum Aufbewahren von Bier, Mineralwässern, Laugen etc. benutzt."

Man wußte nämlich aus Erfahrung, daß Bier eines besonderen Lichtschutzes bedarf, weil sich die darin enthaltenen Eiweiße sonst zersetzen können. Laboraufzeichnungen von E. Kogsbölle aus Kopenhagen besagen bereits 1860, „daß Bier in wasserhellen Flaschen einige Zeit dem Sonnenlicht ausgesetzt, einen eigentümlichen unangenehmen Geruch annahm". Und das Lehrbuch von Müller fordert 1876: „Die Farbe der zum Bierabfüllen zu verwendenden Flaschen soll stets dunkel, entweder dunkelbraun (welche Farbe vor allen anderen den Vorzug verdient) oder dunkelgrün sein. Hellfarbige oder ganz weiße Flaschen sind aus dem Grunde verwerflich, weil der Einfluß der Lichtstrahlen in Flaschen von weißem Glase den Inhalt derselben, namentlich aber Bier beeinträchtigt oder gar bei Sonnenlicht gänzlich deterioriert oder doch unschmackhaft macht." Daß manche In-Biere dennoch in Weißglasflaschen gefüllt werden und darin kaum Schaden nehmen, liegt an ihrer Armut an Geschmacks- und Eiweißstoffen: Hier kann das Licht nicht mehr viel anrichten.

Auch hatten die Brauer ihre liebe Not damit, die Flaschen zu reinigen. Peinlichste Sauberkeit ist nämlich (neben der Vermeidung von Lufteinschlüssen beim Abfüllen) die Voraussetzung, daß das Bier in der Flasche seine Qualität behält und nicht sauer wird. Im Lehrbuch von Müller heißt es: „Nicht allzusehr beschmutzte Flaschen lassen sich am besten mit Blei- oder Eisenschrot reinigen, wobei dieser letztere, seiner unschädlichen Eigenschaften wegen, den Vorzug verdient.“ Erst nach und nach wurden Flaschenspülmaschinen eingesetzt – die einfachsten bestanden aus einem Becken mit ein paar Bürsten, an denen die Flaschen von Hand gerieben wurden. Natürlich waren diese Maschinen noch sehr langsam – aber da lag ja auch nicht der eigent-

liche Engpaß. Obwohl die amerikanischen Flaschenwaschmaschinen bereits vor hundert Jahren Stundenleistungen bis zu 25.000 Flaschen erzielten, konnte eine Großbrauerei wie Schlitz in Milwaukee gerade nur 70.000 Flaschen pro Tag abfüllen. Das schaffen heutige Maschinen pro Stunde - aber da müssen auch nicht die Flaschen Stück für Stück an den Füller gehalten und dann verschlossen werden.
Überhaupt blieb das Problem des dichten Verschlusses: Im deutschen Sprachraum entwickelte man zunächst Gummipfropfen,

Erst die Flasche ermöglichte den Bierkonsum an jedem beliebigen Ort - die großen Brauer nutzten den Vorteil und begannen zu exportieren.

die in ein Innengewinde im Flaschenhals geschraubt wurden, oder die noch heute gelegentlich verwendeten Bügelverschlüsse mit Porzellanpfropfen und Gummidichtung.

Gustav Stresemann, selber Sohn eines Bierverlegers, unterstellt den Schankwirten allerlei Unterschleife - sie würden Bier von zweifelhafter Herkunft ausschenken oder Tropf- und Neigenbier verkaufen. In Lüben wurde sogar ein Wirt erwischt, der selber Bierflaschen mit Bier zweifelhafter Herkunft befüllt und verkauft hatte - im Dezember 1903 wurde er zu 150 Mark Strafe verurteilt.

Ein Wirt, der Flaschen mit Bier von zweifelhafter Herkunft befüllt hatte, wurde im Dezember 1903 zu 150 Mark Strafe verurteilt.

Demgegenüber lobt Stresemann das Flaschenbier vom Verleger, das wegen seiner klar erkennbaren Etiketten keine Verfälschungen zulasse. Etikettensammlern ist das bewußt: Weil viele Brauereien das Bier faßweise an Verleger abgaben, finden sich oft aus demselben Jahr und für dasselbe Produkt ganz verschiedene Etiketten. Allerdings haben die Brauereien auch selber getrachtet, ihre Flaschen zu kennzeichnen - entweder durch das Aufkleben von Etiketten oder auch durch die Anbringung von sandgestrahlten Aufschriften, Lackierungen und sogar von Prägungen im Glas.

Diese Form der Kenntlichmachung von Herkunft und Inhalt der Flasche ist weitgehend abgekommen - aber es gibt sie immer noch für ganz exklusive Produkte. So hat die Salzburger Stiegl-Brauerei 1992 zu ihrer 500-Jahr-Feier eine eigene Flasche mit langem Hals und Namensprägung kreiert - sie war so erfolgreich, daß sie in leicht veränderter Form (die die zusätzliche Anbringung eines Etiketts erlaubt) weiter im Verkehr ist. Kapsreiter und Wieselburger haben ihre Bügelverschlußflaschen mit Herkunftsprägung versehen.

Auch das in der Schweiz bis in die sechziger Jahre übliche Einbrand-Etikett ist noch nicht völlig verschwunden. Die belgische Corsendonk-Brauerei lackiert den Namen ihres Top-Produktes auf die Flasche, ähnlich hält es die schwedische 100.000-Hektoliter-Brauerei Banco bei ihrem *Tre Skilling Banco.* Besonders das letzte Beispiel ist witzig, weil „Tre Skilling Banco“ einen seltenen Fehldruck einer Briefmarke von 1875 bezeichnet - ein Etikett mit Fehldruck wollte man unter diesem Namen nicht riskieren und gab dem goldgelben, rundlich-milden Bier ein „papierfreies“ Etikett.

Eine mit Lack hübsch aufgemachte Flasche ist vielfach ein wichtiges Marketing-Instrument der Brauereien - viele füllen ihr Pils-Bier für In-Lokale in gefärbte Vichy-Flaschen ab. So macht es die *Schussenrieder Brauerei* mit schwarzen Flaschen, *Jahns-Bräu* in Ludwigstadt bietet *Hot Lips* in einer leuchtend-gelb lackierten

und *Let's Gulp* in einer neon-grün lackierten Flasche an – die Gebinde leuchten sogar im „schwarzen" UV-Licht der Disco-Tempel! Die Marketingleute erfinden dazu dann so nette Worte wie „Superoberhammerknaller" und texten flott: „Meine roten Lippen (rote Halsfolie) brennen und versprechen die ewige Sünde. Nimm mich, denn ich kann es kaum erwarten, bis sich unsere Lippen berühren." Na, ja – über Geschmack läßt sich offenbar auch unter Bierbrauern streiten.
Doch zurück zur Geschichte: Stresemann gibt uns auch einen in-

Original-Brauerei-Füllung in den USA: Anheuser-Busch propagierte die Brandzeichen auf dem Kork und die Original-Etiketten.

„Anruf genügt" hieß es im Jahr 1900 - und schon sollte das Flaschenbier alle sozialen Probleme gelöst haben und den Hausherren sogar Dienstboten ersparen.

teressanten Einblick in das Berliner Alltagsleben um 1900, als Biergroßhändler der Kundschaft das Bier kastenweise in den Haushalt brachten. „Man ist nicht an das Bier des in der Nachbarschaft wohnenden Gastwirts gebunden, sondern kann es dort bestellen, wo es einem beliebt. Die Entfernung kommt nicht in Betracht, da eine schriftliche oder telephonische Bestellung genügt, um innerhalb kurzer Zeit das Bier im Hause zu haben. Hauptsächlich fällt ins Gewicht, daß durch die Zustellung das Lästige des Bierholens an sich vermieden wird. Den Frauen oder erwachsenen Töchtern war das Selbsteinholen des Bieres oft unbequem oder direkt peinlich, namentlich wenn kein Kolonialwarengeschäft in der Nähe war und das Bier infolgedessen aus einer benachbarten Gaststätte oder Restauration geholt werden mußte. Es ist nicht übertrieben, wenn man behauptet, daß durch die Zusendung des Bieres in Verbindung mit der ebenfalls üblich gewordenen Zustellung anderer Genußmittel manche Familien mit bescheidenem Einkommen einen Dienstboten ersparen."

Nun: Dienstboten sind abgekommen, Bügelverschlußflaschen nicht. Diese Bügelverschlüsse haben noch heute ein derartig bodenständiges und doch edles Image, daß etwa die *Flensburger* Brauerei stets stolz darauf hinweist, als einzige Brauerei nie von dieser Verschlußart abgegangen zu sein. Andere Brauereien haben die beim Öffnen so edel ploppenden Flaschen dann für hochpreisige Premium-Produkte wiederentdeckt - so das *Schwaben-Bräu* in Stuttgart, Josef Sailer in Marktoberdorf (*Rauchenfels Steinbier*), die *Hofmark*-Brauerei in Cham oder Karl Schwarz in Zwettl (*Zwettler Privat Füllung*).

In der in Mährisch Ostrau erschienenen Brautechnischen Rundschau Nr. 2 aus dem Jahr 1890 liest man über die damals neuartigen Bügelverschlüsse: „Die Art des Verschlusses ist den Verkäufern sehr angenehm, weil sie Arbeit erspart und wohlfeiler ist als der Gebrauch von Korkpfropfen. Auch der Konsument findet es bequemer, den Draht zu heben, als den Pfropfenzieher zur Hilfe nehmen zu müssen."

Diese Flaschen waren die ersten Massenprodukte der modernen Verpackungsindustrie - und sie waren so praktisch, daß die Brauereien vielfach drohen mußten, ihre Zweckentfremdung gerichtlich verfolgen zu lassen. „Im Publikum sind leider rücksichtslose Elemente sehr zahlreich, welche die anvertrauten Flaschen zu den widerlichsten Zwecken benutzen", klagte die Deutsche Gastwirtzeitung im Jahr 1890.

Tatsächlich waren die Bierflaschen mit dem Patentverschluß in den Haushalten bald für alle möglichen Zwecke in Verwendung – ob zur Aufbewahrung von Spiritus oder von Milch, die damals ja noch mit der Kanne nach Hause geholt wurde. Die Stadt Nürnberg warnte im Sommer 1910 vor „verkehrter Sparsamkeit" im Umgang mit Bierflaschen: „Alljährlich finden lebensgefährliche, ja tödliche Vergiftungen dadurch statt, daß Bier- oder für andere Getränke bestimmte Flaschen mit Säuren, Laugen, Lysol, Salmiakgeist, Sublimat u. a. gefüllt und dann in Unkenntnis des bestimmungswidrigen Inhalts ausgetrunken werden."

Man drohte den Bierflaschen-Dieben sogar mit dem Strafgesetz - den Paragraphen 246 und 259. Die Lübener Brauer machten bekannt, daß sie „unnachsichtlich" jeden verklagen würden, der ihre Flaschen mißbrauche. Vergeblich.

Erst die Einführung des Flaschenpfandes und die allgemeine Einführung der erstmals 1892 in den USA verwendeten Kronenkorken ließ den Schwund an Bierflaschen wieder sinken.

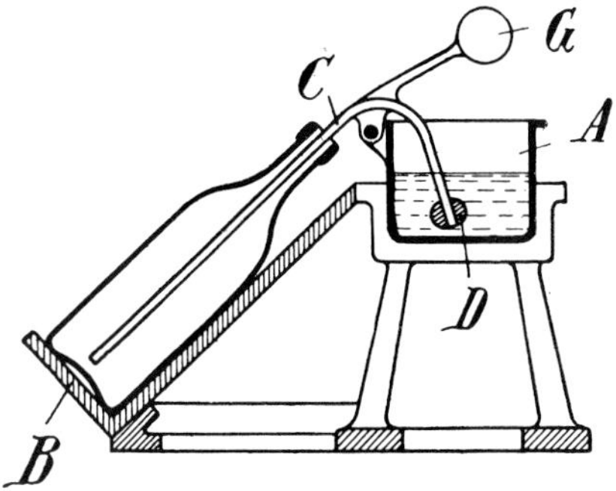

Einfachste Flaschenfüller für Handfüllung fanden bereits in den sechziger Jahren des vorigen Jahrhunderts Verbreitung - heute füllt eine Großbrauerei 100.000 Flaschen pro Stunde.

Die damals übliche Bügelverschluß-Flasche hatte erhebliche Nachteile, die auch in modernen Brauereien nur mit großem Aufwand wettgemacht werden können: Die Flasche ist schwer zu reinigen, der Kautschuk-Ring ist manchmal nicht dicht - ein andermal bringt er Fremdgeschmack ins Bier. Die Deutsche Gastwirtzeitung vermutete 1890, daß sich der Patentverschluß nicht halten werde und der gute alte Korken wieder in sein Recht gesetzt würde.

Die eigentliche Innovation ließ aber noch zwei Jahre auf sich warten. Im Jahr 1892 meldete ein irischstämmiger Maschinist aus Baltimore, William Painter, den „Crown Cork" zum Patent an[149]. Zu diesem Zeitpunkt waren bereits mehr als 1500 verschiedene Flaschenverschlüsse in den USA patentiert - aber keines war so erfolgreich wie die Erfindung Painters. Der Tüftler (er meldete insgesamt 85 Erfindungen an, von denen keine andere dauerhaften Erfolg hatte) schuf damit die zweiterfolgreichste Innovation des gesamten Verpackungsbereiches - nur die 1810 patentierte Erfindung der Konservendose gilt als noch bedeutender. Painter jedenfalls wurde reich - und der Kronenkorken ein Welterfolg.

Überall - nur nicht in Deutschland. In Max Delbrücks Brauerei-Lexikon von 1910 wird die Skepsis unter dem Stichwort „Flaschenverschlüsse" erläutert: „Wird häufig beim normalen Flaschenkorken schon die Notwendigkeit eines Korkenziehers als unbequem empfunden, so ist dies bei Kapselverschlüssen noch mehr der Fall." Allerdings, so heißt es einige Absätze weiter: „Ein unbestrittener Vorzug der Kork- und Kapselverschlüsse besteht darin, daß sie nur einmal benutzt werden können. Die Flaschen werden nicht in so großer Zahl von der Kundschaft zurückbehalten. Dies ist bei Drahtbügelverschlüssen nicht in gleichem Maße der Fall."

Painter kratzten die deutschen Einwände wenig. Schon ein Jahr später hatte er sein eigenes Unternehmen und pries den Kronenkorken in der Fachzeitschrift American Brewer als „the most perfect system of bottle stoppering ever invented". Zudem wurde darauf verwiesen, daß hier ein billiger Verschluß geschaffen wurde, der aber wegen seiner Kronenform keineswegs billig aussah. Und, was den marketingbewußten amerikanischen Brauern besonders gefallen haben muß: Der Kronenkorken konnte auch mit Werbung bedruckt werden.

Innovative Brauereien wie Ottakringer in Wien oder Neuzeller in Mecklenburg haben auf eigene Flaschenformen gesetzt.

Eine zeitgenössische Beschreibung des Produktes der *Crown Cork and Seal Co.* in Baltimore lautet folgendermaßen: „Derselbe besteht aus einer dünnen Korkplatte, welche über den Rand der Flaschen reicht und von einer Metallkapsel am Flaschenhals gedichtet wird. Die Dichtung erfolgt mit einem einzigen Druck der Kronenkorkenmaschine." Mit einer Druckdichtigkeit von zehn Atmosphären war der neue Kronenkorken von Anfang an auch jenen Alka-Kapseln überlegen, die etwa in Österreich bis Ende der siebziger Jahre üblich waren: Bei jener Verschlußart wurde eine Aluminiumkapsel zum Festhalten des Korkplättchens verwendet. Das leichte Aufreißen dieser Verschlüsse - hundertemale von Karl Merkatz in der Fernsehserie „Ein echter Wiener geht nicht unter" demonstriert - machte ihre Beliebtheit aus. Die technischen Nachteile überwogen aber - das Bier drohte schon nach wenigen Tagen in einer mit Alka-Kapseln verschlossenen Flasche schal zu werden.

Wie gesagt: Der heute nicht mehr wegzudenkende Kronenkorken setzte sich in Deutschland (anders als in Österreich) nur zögernd durch. „Es ist erstaunlich, daß dieser Verschluß, der in der Füllerei ausgezeichnet, da vollautomatisch, verarbeitet werden kann, sich wohl in anderen Ländern hat einführen können, in Deutschland aber bis heute nicht in der Lage war, Verschlußarten wie den Drahtbügelverschluß, dessen Reinigungsmöglichkeit problematisch ist, zu verdrängen" - so die Brauwelt[150] am 8. August 1961.

Der Kronenkorken hatte seinerseits auch Rückwirkungen auf die Flaschenindustrie - die Glasindustrie mußte eine Standardflasche für die Standardkrone schaffen. Die Formen der Flaschen variierten dennoch mehrfach. Einige Brauereien haben sogar exklusive Flaschenformen - wie für das erst nach 65-jähriger Marktpräsenz 1961 als Flaschenbier auf den Markt gekommene Anheuser-Busch-Produkt *Michelob*, das ganz ähnlich präsentierte *Zipfer Pils*, das *Neuzeller Klosterbier* oder die gesamte Palette der *Ottakringer* Biere. Auch Standard-Flaschen wurden wieder verdrängt - etwa die heute noch stolz von der *Veltlins*-Brauerei genutzte Type, die anderswo der Euro-Flasche gewichen ist.

Andererseits ist die lange Zeit europaweit übliche Euro-Flasche nach der Wende 1989 von der in den achtziger Jahren in Nordrhein-Westfalen aufgekommenen und rasch bundesweit verbreiteten NRW- oder Brauerbund-Flasche weitgehend verdrängt worden.

Mit dem alten Gebinde - das in anderen Ländern weiterhin Dienst tut - waren viel zu viele negative Erinnerungen verbunden. Zum Beispiel daran, daß zu Zeiten der DDR selbst die Bierflaschen knapp waren, wie man aus einer Notiz in der (Ost-)Berli-

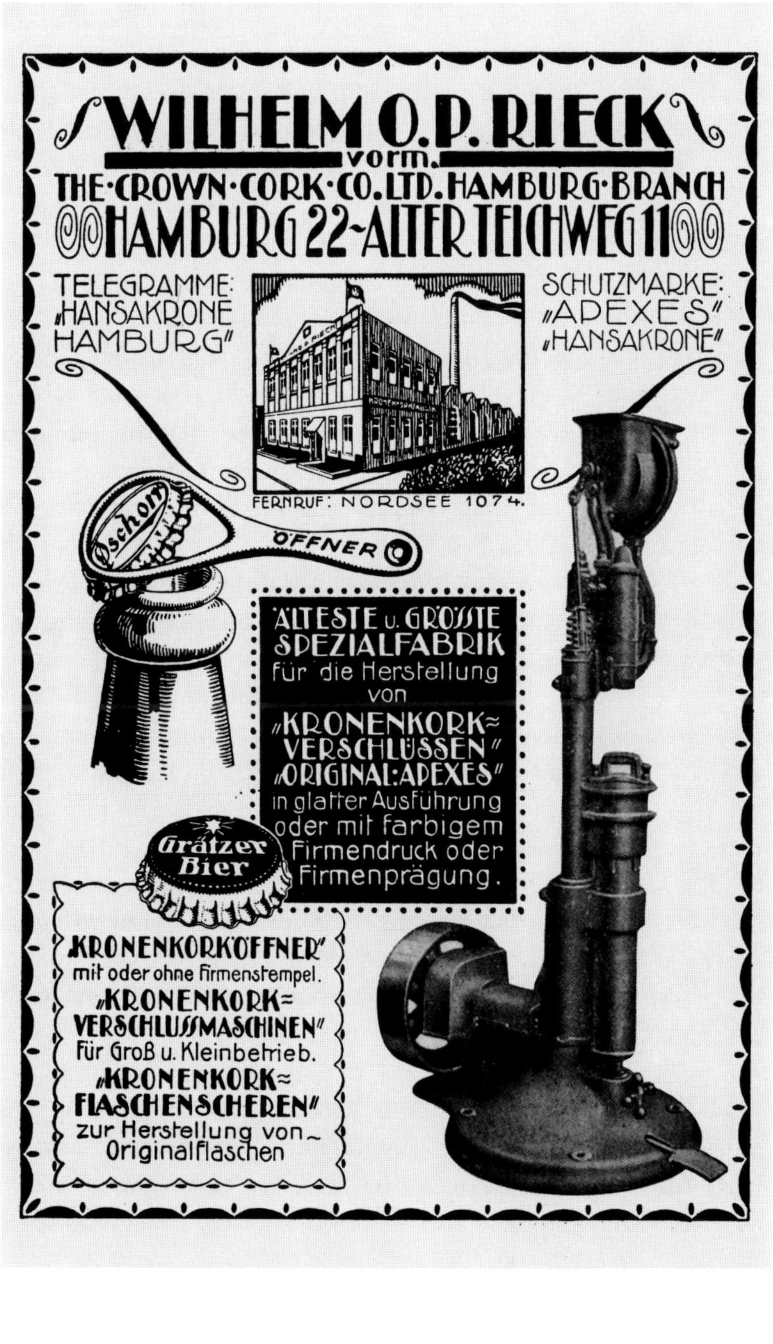

Der Kronenkorken in einer frühen Werbung auf dem deutschen Markt: Kein Land wartete so lange mit der Einführung wie Deutschland.

ner Zeitung vom 28. August 1989 erfahren konnte: „Die Produktion wird erschwert, wenn nicht genug Leergut zur Verfügung steht. Berlins Getränkehersteller appellieren an ihre trinkfreudigen Kunden, schon beim ersten Schluck an solcherart (Flaschen-)Probleme zu denken. Damit der nächste Schluck nicht ausbleibt", hieß es damals in beinahe drohendem Ton.

Am 24. Jänner 1935 wurden die ersten Bierdosen auf den Markt gebracht - der edle Charakter des Bieres hat dadurch gelitten.

Ein Kapitel über Flaschenbier wäre natürlich unvollständig, wenn die von echten Bierfreunden erwarteten Seitenhiebe auf Dosenbier fehlten. Also bitte: Bier ist keine Dauerkonserve, daher hat es in Büchsen nichts verloren. Es ist auch erst eine relativ neue Mode, Bier in Dosen zu füllen. Als Pionier der Büchsenfüllerei gilt die Brauerei G. Krueger in Newark, wo am 24. Jänner 1935 die ersten Büchsen mit Bier gefüllt wurden[151]. Die Dose mit untergärigem Bier wurde damals auf einem Testmarkt in Richmond, Virginia, für 10 Cents angeboten, zwei Dosen mit Ale um 25 Cents. Wenn es so etwas wie ausgleichende Gerechtigkeit gibt: Die Brauerei Krueger wurde 1960 stillgelegt.

Der Dosenbier-Unsinn wurde aber weiter betrieben. *Pabst* in Milwaukee folgte mit der Einführung von „Tins" am 8. Juli 1935. Die Folge war, daß die Glasindustrie mit Einwegflaschen (die ersten waren die „Stubbys" der Owen's Illinois Glass Co.) Marktanteile zu sichern und die Umwelt zu belasten begann. Innerhalb von nur fünf Jahren eroberte die Bierdose in den USA etwa 40 Prozent des „packaged market" - 1940 wird in den USA auch erstmals mehr Bier in Flaschen und Dosen als vom Faß verkauft. Und selbst im Bierkultur-bewußten Deutschland klettert der Dosenanteil immer weiter: In Mecklenburg-Vorpommern erreichte er Mitte 1994 bereits 51,3 Prozent, und selbst in Bayern ist der Anteil der Halbliterdose zwischen 1993 und 1994 von 5,5 auf 7,5 Prozent gestiegen. Der Anspruch, ein edles Getränk zu sein, geht für das Bier mit diesen „Innovationen" aber immer mehr verloren.

Doch es gibt keinen Trend, der nicht auch einen Gegentrend in sich trägt. In den USA ist es schon so weit, daß das Pendel zurückschlägt - und auch die mittelständischen Privatbrauereien Deutschlands haben es immer leichter, die Umweltfreundlichkeit ihrer dezentral produzierten und in Mehrweggebinde abgefüllten Spezialitäten zu erklären.

Der Trend zur Spezialität

„What made Milwaukee famous?" fragt die Werbung - und die Antwort ist viel eher „Bier" als „Harley Davidson".

WER KENNT DENN SCHON MILWAUKEE, Wisconsin? Die 630.000-Einwohner-Stadt am Lake Michigan ist in Europa bestenfalls eingefleischten Brauerei-Statistikern geläufig - denn in der Ausstoß-Statistik darf sie als Sitz der gigantischen Brauereien von Miller und Pabst den Anspruch einer Welthauptstadt des Bieres für sich erheben. „What made Milwaukee famous", was Milwaukee zumindest in den US-amerikanischen Werbeslogans zu einem Begriff gemacht hat, ist das Bier - aber auch das ist für uns Europäer nicht bemerkenswert. Man weiß doch, daß die meisten Biere einen einheitlich faden Geschmack haben und daß der US-Markt von drei Giganten beherrscht wird, die den Amerikanern mit riesigem Werbeaufwand einreden, daß das alles gut für sie ist.

Wenn ein Europäer all das weiß und dennoch nach Milwaukee fährt, um das dortige Brauwesen zu studieren, kann es immer noch sein, daß er nie in der East Chambers Street ankommt. Das ist eine Vorstadtstraße mit abgewohnt wirkenden Einfamilienhäusern. Nummer 818A wirkt besonders verschlossen - und wer es nicht genau weiß, wird die darin untergebrachte Brauerei nie finden. Wer aber anläutet, dem macht der Braumeister persönlich auf: Man wird in eine Art Garage geführt, die vor ein paar Jahren mit ganz einfachen Mitteln in eine Bierküche umgewandelt wurde - und seither einige der interessantesten Biere der ganzen Vereinigten Staaten liefert.

„Wir haben im Dezember 1987 als Amateur-Hausbrauerei begonnen, die ab und zu Biere zu Wettbewerben geschickt hat - und wir waren selber überrascht, daß wir gleich mehrfach gewonnen haben", erzählt der Braumeister Mark May. Die verbeult wirkenden Anlagen seiner *Lakefront-Brewery* legen es nicht nahe, aber die Kostproben überzeugen: Die Entscheidung, nach den ersten Verkostungs-Erfolgen weiterzumachen, hat sich gelohnt. Zunächst wurde nur in der Freizeit an Wochenenden gebraut und an zwei, dann drei Gaststätten in der Nachbarschaft geliefert. Eineinhalb Jahre hat es gedauert, bis der erste hauptberufliche Mitarbeiter eingestellt werden konnte.

„Es ist der Traum jedes Home-Brewers, was hier in Erfüllung gegangen ist“, sagt May und berichtet stolz, daß die Lakefront Brewery heute 75 Gaststätten - darunter das im deutschen Stil geführte „Gasthaus zur Krone“ - in Wisconsin beliefert und ihr Flaschenbier in 30 Liquor-Stores erhältlich ist. Die Sache mit der eigenen Brauerei rechnet sich längst, und May muß immer öfter Anfragen interessierter Gastronomen abschlägig beurteilen: „Wir haben die Grenzen unserer Kapazität erreicht - aber in Lokalen überall im Land fragen die Leute nach dem Lakefront-Bier. Dabei

Großbrauerei in ihren Anfängen: Millers Top-Marke High Life noch mit dem Pferdewagen unterwegs.

geben wir nicht einen Dollar für Werbung aus.“ Das Erfolgsgeheimnis des Lakefront-Bieres liegt also weder in einer besonders ausgereiften Brauereianlage noch in einer ausgefeilten Werbestrategie. Mays Erfolg liegt einzig darin, daß sich die Qualität seiner Biere herumgesprochen hat. Dabei muß man Qualität anders verstehen als in Deutschland, wo das Reinheitsgebot als vereinheitlichende Latte angelegt wird. Viele der kleinen Brauereien Amerikas verdanken ihren Aufstieg vielmehr der Tatsache, daß sie sich jeder Vereinheitlichung widersetzen. So gehört ein zu Halloween gebrautes *Pumpkin-Beer* (in dessen Maische Reinheitsgebot-widrig Kürbisse verarbeitet werden) ebenso in die Lakefront-Produktpalette wie ein Weichsel-Bier oder das *Spice-Beer.* In diesem neun Prozent starken Bräu findet sich neben Ingwer, Nelken, Orangenschale, Zimt und Muskat auch Honig, der das weihnachtliche, stark duftende Bier zu einem zwischen Bier und Met stehenden Zwitter werden läßt.

Es mag nicht jedermanns Geschmack sein - aber es folgt einer alten englischen Tradition, und es steht in enormem Gegensatz zu den Allerweltsbieren, die den amerikanischen Markt überschwem-

men. Die Lakefront-Brewery, nicht weit von der Braustätte des Bier-Giganten *Miller* entfernt, ist nur eine von mehr als 300 Kleinbrauereien, die seit 1977 in den USA gegründet worden sind. Waren noch im Jahr 1980 bloß 40 Brauereiunternehmen in den Vereinigten Staaten in Betrieb, so sind es nun wieder über 350 - eine Zahl, die seit den frühen fünfziger Jahren nicht mehr erreicht worden war.
Der Boom reißt nicht ab - immer mehr Amerikaner wollen sich nicht mit Einheitsbier zufrieden geben. Dieser Nachfrageschub

Kleinbrauerei in ihren Anfängen: Redhooks Ale eroberte den Markt aus einem stillgelegten Bus-Depot heraus.

hat den amerikanischen Biermarkt in den letzten Jahren durcheinandergewirbelt. Man traut den kleinen, feinen Brauern in den USA ein Marktpotential bis zu fünf Prozent zu. Das würde einen Ausstoß von etwa 12 bis 13 Millionen Hektolitern bedeuten - eine Menge, die selbst für den größten Bierkonzern der Welt, *Anheuser-Busch* (US-Ausstoß: 86,8 Millionen Barrel, rund 100 Millionen Hektoliter), spürbar wäre.
Vorläufig aber wird die Aufbruchstimmung der sogenannten „Micro-Breweries" auch von den Großbrauereien noch mit Wohlgefallen betrachtet. Philip Katz, als Geschäftsführer des „Beer Institute" der führende Bier-Lobbyist in Washington D.C.: „Uns ist die neue Welle der Klein- und Kleinstbrauereien mehr als willkommen - denn alle reden jetzt wieder über Bier, alle Zeitungen sind voll von Geschichten über Bier. Und Brewpubs und Micro-Breweries sind der beste Aufhänger dafür." Katz, dessen Vereinigung in gewisser Weise ein amerikanisches Gegenstück zum Deutschen Brauerbund darstellt, ist sich der Tatsache bewußt, daß die von ihm hauptsächlich vertretenen Großbrauereien derzeit kein allzu interessantes Gesprächsthema abgeben: Ei-

nige Innovationen, wie das mit großen Vorschußlorbeeren bedachte glasklare *Miller Clear* haben sich zu Flops entwickelt, alkoholfreies Bier kommt über ein Prozent des Marktes kaum hinaus und der amerikanische Durchschnitts-Konsument greift immer noch eher zu geschmacksärmeren Bieren wie dem *Bud Light* oder dem neuen Typus des *Ice Beer*, das der kanadische Konzern Molson auf dem US-Markt lanciert hat.

Paul Shipman, der Gründer der *Redhook Ale Brewery* in Seattle, spricht von einer Symbiose, in der große und kleine Brauereien derzeit leben: „Die Großbrauereien argumentieren, daß eine höhere Biersteuer die Klein- und Kleinstbrauereien in ihrer Existenz bedrohen würden. Und wir bestätigen ihnen das natürlich freudig. Die zweite Wechselwirkung zwischen den Großunternehmen und den Micro-Breweries besteht darin, daß die Preise in einem mehr oder weniger fixen Verhältnis zueinander stehen." Diese Relation wird klar, wenn man in einem Supermarkt oder einer Bar die Preise für die Biere der nationalen Anbieter und jene für die Micro-Biere vergleicht. Die bekannten, mit hohem Aufwand national beworbenen Marken kosten nur die Hälfte von dem, was für die Spezialitäten verlangt wird, deren Namen nur Bierkennern geläufig sind.

Ein Beer-Buff kauft in den Souvenir-Shops ein T-Shirt - er zahlt also noch dafür, daß er für die Marke Werbung machen darf.

Einige der Micro-Breweries wälzen beträchtliche Ausbaupläne. Paul Shipmans Redhook Ale Brewery, die 1992 bereits die Nummer 20 unter den amerikanischen Brauereien war, hat ihre Anlage mit einem Steinecker-Sudwerk aus Freising auf neuesten technischen Stand gebracht: In der alten Trolleybus-Garage am Stadtrand von Seattle steht nun ein 46.000-Hektoliter-Musterbetrieb, der in neueren Stadtführern bereits als Sehenswürdigkeit angeführt ist. Jedermann ist willkommen, die Braustätte anzusehen, in der derzeit knapp 0,03 Prozent des amerikanischen Bieres gebraut werden. Jeder Besucher macht Mundpropaganda, weiß Shipman - fast jeder kauft auch ein T-Shirt „und zahlt dafür, daß er als Werbeträger für uns herumläuft. Wir werden dieses Konzept natürlich auch bei unserer nächsten Braustätte fortführen". Nach dem in Seattle erfolgreichen Konzept wird Mitte der neunziger Jahre eine neue 230.000-Hektoliter-Brauerei (wieder mit einem Sudhaus aus Deutschland) mit Biergarten und Besucherzentrum errichtet. Der Standort ist ein Vergnügungspark in Woodinville, etwas außerhalb von Seattle. Und als Geldgeber hat sich (zunächst über eine Minderheitsbeteiligung) Anheuser-Busch eingestellt. Redhook Ales werden künftig nicht nur in den Staaten Washington, Oregon und im Norden Kaliforniens angeboten werden, sondern überall in den USA.

Redhook Ales sind nur ein Beispiel für den Ausbau kleiner

Brauhäuser – in der Region Pacific-Northwest geben sich nur wenige so bescheiden wie Michael Hale, der 1983 unter den ersten 30 Hobby-Brauern war, die ihr daheim gemachtes Bier zu verkaufen begonnen haben: „Ich will nicht die Welt erobern. Dafür kann ich mir leisten, auch heute noch ohne Krawatte aufzutreten. Mein Ziel ist es, klein zu bleiben, aber dafür die geschmacklich besten Biere zu machen", philosophiert Hale. Immerhin ist seine Kleinbrauerei die 34-größte in den USA und hat im Vorjahr unter anderem den alteingesessenen Betrieb von *Sprecher* in Milwaukee (der 1933 als erster eine Brau-Lizenz nach der Prohibition ergattert hatte) an Ausstoß überholt.

Hales Ales haben sich ihren Markt in einigen Studentenlokalen geschaffen und sind ausschließlich im Faß erhältlich – Flaschenbier würde nie so frisch beim Konsumenten ankommen, meint Hale.

Frische – das ist auch eines der Schlüsselworte für den Erfolg der neuen Biere. *Blitz-Weinhard*, eine kleine, feine Tochter des Heileman-Konzerns (der der fünftgrößte amerikanische Bier-Anbieter ist), bewirbt ihre Biere als bewußten Kontrast zum Einheitsgeschmack, dessen sie „Schludwiller" bezichtigt. Der unappetitliche Name „Schludwiller" ergibt sich aus einer verballhornenden Zusammensetzung aus den bekannten Biermarken *Schlitz*, *Bud* und *Miller*.

Dieser „Schludwiller"-Geschmack hat sich in den fünfziger Jahren durchzusetzen begonnen, erinnert sich Charlie Papazian, der Präsident der 1978 gegründeten „Association of Brewers", die die Kleinbrauer vertritt. „In den fünfziger Jahren wollte jeder das gleiche Brot, den gleichen Käse und das gleiche Bier dazu. Diese Vereinheitlichungstendenz hat natürlich die großen Markenartikler begünstigt. Wobei beim Bier noch verstärkend dazugekommen ist, daß die Amerikaner noch aus der Kriegszeit den leichteren Geschmack der mit weniger Malz und mehr billigerem, unvermälztem Getreide gebrauten Biere gewohnt waren."

In den siebziger Jahren schlug das Pendel langsam, aber unaufhaltsam in die Gegenrichtung aus: Ein zunächst schmales Marktsegment von engagierten Bierliebhabern freundete sich mit ausländischen Bieren an, *Löwenbräu* und *Heineken*, *Tuborg* und *Guinness* zeigten geschmackliche Gegenpole zum „leichten Pilsner amerikanischer Art" auf. Wer noch mehr Geschmack wollte, mußte sich sein Bier selber brauen. Das ist in einem Land, in dem eineinhalb Jahrzehnte Prohibition geherrscht hatte, gar nicht so ungewöhnlich: Gewisse Erfahrungen im heimlich-heimischen Brauen waren vom Vater auf den Sohn weitergegeben worden. Man schätzt, daß etwa jeder hundertste amerikanische

„Ich will nicht die Welt erobern. Dafür kann ich mir leisten, auch heute noch ohne Krawatte aufzutreten", sagt Michael Hale.

Haushalt gelegentlich selber Bier braut. In den spezialisierteren Bier-Bars trifft man immer wieder auf stolze Home-Brewers, die mit verschwörerischer Miene ein Fläschchen Selbstgebrautes hervorzaubern und auserwählten Bierkennern zur Verkostung anbieten.

Die Heimbrauer-Bewegung hat jedenfalls schon während der Prohibition einen eigenen Geschäftszweig hervorgebracht, der seit etwa 20 Jahren einen zweiten Boom erlebt: Läden, in denen man ein Dutzend verschiedener Malzsorten, dazu Hopfenextrakte, Hefekulturen und allerlei Gerätschaften zum Bierbrauen in Haushaltsmengen kaufen kann. In Deutschland scheitert ja mancher Möchtegern-Brauer schon daran, daß Hopfen und Malz nur lastwagenweise geordert werden können. In Amerika dagegen wissen die Brauereien, was sie den Hobby-Brauern verdanken: Sie sind die treuesten Kunden, die immer wieder das Bier aus kommerziellen Brauereien kaufen, um es mit dem eigenen, daheim gebrauten Produkt zu vergleichen.

Jahrzehntelang lehrte der Vater den Sohn, wie man im Falle einer Prohibition selber Bier braut - so entstand das Home-Brewing-Movement.

Die in irgendwelchen heimischen Küchen gebrauten Biere sind dabei oft von beachtlicher Qualität. Und die Menschen stehen dahinter, wie man es in Europa kaum finden könnte. Charles Finkel zum Beispiel: Sein Geschäft nennt sich „Merchant du Vin" - und tatsächlich hat der Inhaber zunächst als Weinhändler begonnen, bei einem Gut mit dem klingenden Namen „Château St. Michelle". Das wirkt alles sehr französisch, und das soll es natürlich auch. Aber der Mann, von dem hier die Rede ist, ist kein Franzose. Er ist Amerikaner, seine Heimatstadt ist Seattle, Washington, im Nordwesten der USA. Charles Finkel betreibt seinen Weinhandel nur mehr nebenbei - denn die Region Pacific Northwest ist nicht zuletzt durch seine Mithilfe zu einer der bierigsten Gegenden Amerikas geworden.

Wer heute zum „Merchant du Vin" kommt, sucht vor allem gutes europäisches Bier (es gibt sogar gelegentlich den *Eggenberger Urbock* aus Österreich) und immer öfter auch gutes amerikanisches Bier. Finkel ist einer derjenigen, die sich dem brauindustriellen Trend entgegengestemmt haben - erst mit Bierimporten und inzwischen mit einer kleinen, aber sehr angesehenen Brauerei. Sie heißt nach dem Hauptplatz von Seattle *Pike Place Brewery* und hat sich mit einem *Oyster-Stout*, das hervorragend zu den im Pazifik vorkommenden Austern und Schalentieren paßt, und einem dunkelbernsteinfarbenen, sehr trockenen, aber nicht zu bitteren *Pike Place Pale Ale* einen Namen gemacht.

Das Geheimnis des Oyster-Stout ist, daß tatsächlich ein wenig von der in den Austern vorkommenden Flüssigkeit in das Brauwasser kommt - ein minimaler Hauch von Salzigkeit und Fischaromen findet sich dann in dem bitteren, trockenen und schwarzen Bier. Das Austern-Bier hat eine reiche, aus England stammende Tradition. Der englische Bierforscher Michael Jackson vermutet in seinem eben erschienenen „Beer Companion“[152], daß Austern, Krebse und Seetang früher als „Finings“, also zum Ausfällen der Hefe aus dem frischen Bier verwendet wurden. Der leicht fischige Geschmack wurde wohl zunächst in Kauf genommen, dann aber bewußt als geschmackliche Bereicherung eingesetzt.

Nur wer es je probiert hat, kann es verstehen: Zu Austern paßt ein trockenes Stout sehr viel besser als der meist empfohlene Weißwein.

In Charles Finkels Weinhandlung, die eigentlich keine ist, war ich einmal mit einer Gruppe deutscher Brauer zu Gast. Finkel bot eine seltene Auswahl von belgischen und deutschen, schottischen und amerikanischen Bieren an. Wer die Vielfalt auch nur annähernd kennt, denkt da lange nach, womit er beginnen soll, um feine Aromen auszukosten und langsam zu immer höherem Biergenuß zu kommen.

Ein freundlicher Herr sah mich unschlüssig an der Bar stehen

Nur wer an Milchschokolade denkt, ist von der Idee eines Schokoladenbiers entsetzt - tatsächlich harmonieren Hopfen und Kakao ausgezeichnet.

und empfahl mir, ein Chocolate Stout zu versuchen. Ich mußte zugeben, daß mir dieser Biertypus bis dahin noch nie untergekommen war - und er findet sich auch in keinem der Lehrbücher. Das wäre auch schwerlich möglich, erklärte der freundliche Herr, der sich als Lance Patterson vorstellte: Er habe dieses Bier vor einigen Monaten höchstpersönlich erfunden.

„Conrad, keine Vorurteile. Erst kosten, dann schimpfen", hämmerte es in meinem Kopf, und ich erwiderte das Lächeln, nahm das angebotene Kostglas und schnupperte an der schwarzen, mild schäumenden Probe. Tatsächlich kam ein leiser Hauch von Kakao in die Nase. Man kennt das, daß Biere im Nachtrunk an Kakao oder Schokolade erinnern; das ist vor allem für einige der belgischen Trappistenbiere und für einige Spezialitäten aus der Gegend von Brügge charakteristisch. Aber *gerochen* hatte ich den Kakao noch nie im Bier.

Beim Verkosten kam dann ein überwiegend bitteres, aber keineswegs unedles Aroma, eingebettet in einen kräftigen (und wohl recht alkoholreichen) Trunk, zum Tragen. Für ein Schokolade-Bier war das Ganze überraschend wenig süß, sondern sehr angenehm zu trinken. Lance Patterson blickte mich erwartungsvoll an, und als ich sein Lächeln erwiderte, erzählte er mir von der Idee „Chocolate Malt" (wie dunkles Karamelmalz in den USA genannt wird) und richtige Schokolade gemeinsam einzumaischen und daraus ein paar Flaschen dieses einzigartigen Bieres zu brauen. Er hat übrigens teuerste belgische Zartbitterschokolade, die bitterste, die er bekommen konnte, genommen.

Gebraut wurde in der heimischen Küche der Familie Patterson, denn Lance ist keineswegs ein Brauer. Sein Geld verdient er als Repräsentant eines bayerischen Hochtechnik-Konzerns, und Bierbrauen ist für ihn ein Hobby, das er möglichst perfektionieren will. Wer als Home-Brewer auf sich hält, versucht sich an exotischen Rezepten wie Scotch Ale, an finnischem Sahti oder bayerischem Weißbier. Alle diese Biere haben aber gemeinsam, daß sie mit obergäriger Hefe vergoren werden - und das trifft auch auf die allermeisten Biere aus den Pub- und Micro-Breweries zu.

Dafür gibt es gute geschmackliche Gründe. Obergärige Hefen produzieren ja in der Regel sehr viel aroma-intensivere Biere als die für Pilsner Biere üblichen untergärigen Hefestämme. Vor allem aber haben die obergärigen Hefen unbestreitbare technologische Vorzüge: Sie brauchen eine weniger aufwendige Kühltechnik, da sie bei höheren Temperaturen vergären; sie vergären die Bierwürze schneller als die untergärigen Hefen - und die so angegorenen Biere bedürfen in der Regel auch einer viel kürzeren Lagerzeit, um trinkfertig auszureifen.

Damit entstehen urtümliche Biere, die bei sehr viel geringerer Kapitalbindung und Lagerkapazität gebraut werden können als übliche Lagerbiere. Daß es für kleine und kleinste Brauer für die ersten 60.000 Barrels einen ermäßigten Biersteuer-Satz (sieben statt 18 US-$ je Barrel) gibt, macht den Boom der Micro-Breweries verständlich.

Dennoch hat die *Full-Sail-Brewery* in Hood River, Oregon, im Sommer 1993 technologisches Neuland betreten und ein sehr hopfig-bitteres Pilsner auf den Markt gebracht. Es entspricht zwar noch lange nicht dem, was man etwa vom Pilsener aus *Jever* gewohnt ist - aber es dokumentiert den Willen, die national verbreiteten Biere mit einem Konkurrenzprodukt desselben Typs, nur geschmacklich ausgeprägter, herauszufordern.

„In den siebziger Jahren haben engagierte Bierbrauer herausgefunden, daß man auch in Amerika Malz zur Bierherstellung nehmen kann."

Das kostet Geld, vor allem für die erweiterte Lager-Kapazität, in der das Pilsner genügend lange reifen kann.

Jerome Chivara, der Marketing-Chef der Full-Sail-Brewery (derzeit Nummer 23 im US-Markt), hat dabei einen eigenen Weg gefunden, die Mitarbeiter zu Höchstleistungen anzuspornen: „Ich habe jedem auf die Geschäftskarte als Berufsbezeichnung ‚Quality Manager' drucken lassen. Denn er managt die Qualität des Betriebes, egal ob als Flaschenfüller, Brauer oder Buchhalter. Auch ein Schankbursche ist nicht einfach ein Schankbursche, sondern ein Quality Manager der Gastlichkeit." So wird auch jeder Mitarbeiter zunächst einige Wochen als Hilfsarbeiter im Produktionsbereich eingesetzt. Das erhöht die Identifikation mit dem Produkt und liefert Verkaufsargumente, wenn der Mitarbeiter später hinter der Bar des Brauereiausschanks dem Publikum Rede und Antwort stehen muß.

Mit seinem Konzept hofft Chivara, die Brauerei unter vollen Segeln zu einem Ausstoß von 225.000 Hektolitern zu führen. In diesem Ziel, das kurz nach der Jahrtausendwende erreicht werden soll, sind bereits 50 Prozent untergäriges Bier, also Pilsner, vorgesehen.

Manche Kleinbrauereien haben von vornherein mit einem untergärigen Schwerpunkt begonnen: *Cave Creek* aus der gleichnamigen Wildwest-Stadt in Arizona zum Beispiel; oder *Gordon Biersch* in San Francisco; oder die *Privatbrauerei Hübsch* in der kalifornischen Universitätsstadt Davis.

So ziemlich alles an dieser Brauerei ist deutsch: Der Name der Brauerei - sie heißt nach Elisabeth Hübsch, der Großmutter eines der Besitzer, die aus Dortmund in die USA ausgewandert ist. Der Name des Brauerei-Ausschanks: „Sudwerk". Der Braumeister - Karl Eden - und die Rohstoffe, die er verwendet: Ausschließlich deutscher Hopfen und Malz aus zweizeiliger Sommergerste (in den USA ist die sechszeilige Gerste in Kombination mit unvermälztem Mais üblich) kommen in seine nach dem Reinheitsgebot gebrauten Sude.

Vor deutschem Selbstbewußtsein strotzt auch der Slogan der Privatbrauerei Hübsch: „The answer to imported beer." Obwohl die amerikanischen Bierimporte immer noch um fünf Prozent pro Jahr zunehmen, ist der Premium-Anspruch importierten Bieres weitgehend von den Micro-Bieren aufgesogen worden. Bei den Konsumenten stehen diese Spezialitäten derzeit höher im Kurs als Weltmarken wie Löwenbräu.

Karl Eden führt das auf das Qualitätsdenken der Brauer zurück und spottet über die Geringschätzung des Reinheitsgebotes durch die amerikanischen Großbrauereien: „Nachdem jahrelang hauptsächlich Rohfrucht, also unvermälztes Getreide, zur Bierherstellung genommen wurde, haben in den siebziger Jahren Fritz Maytag und andere engagierte Bierbrauer herausgefunden, daß man durchaus auch in Amerika Malz zur Bierherstellung nehmen kann."

Ein All-Malt-Brew, also ein Bier nach dem Reinheitsgebot, womöglich mit deutscher Braukunst hergestellt, kann durchaus mit dem mithalten, was man in Deutschland zu trinken gewohnt ist. Dabei hat der deutsche Braumeister Eden noch den Vorteil, sein Faßbier unfiltriert (also als Zwickl-Bier) verkaufen zu können: Das gibt dem Bier einen kernigen Geschmack. Und weil das unfiltrierte Bier eben nur in der Gastronomie zu bekommen ist, lockt es die amerikanischen Konsumenten weg vom Fernseher daheim und hinein in die Kneipen. Auch Eden sieht für sein Sudwerk, eine der am schnellsten wachsenden Kleinbrauereien, eine strahlende Zukunft: Pläne für einen Ausbau auf 50.000 Hektoliter Jahresausstoß liegen bereits in der Schublade.

Aber mit diesem Ausbau sind natürlich auch gewisse Gefahren verbunden: Je größer das Vertriebsgebiet wird, je weiter das Bier reisen muß, desto größer wird die Gefahr, daß es verdirbt. Unpasteurisierte Flaschenbiere sind nur wenige Wochen haltbar - und auch das nur, wenn sie nicht zu warm werden. Derzeit würde der Konsument noch akzeptieren, wenn das individuellere, unpasteurisierte und daher verderbliche Bier trotz seines hohen Preises gelegentlich einen gewissen Alterungsgeschmack aufweist: Auch ein Fehlgeschmack wird ja von weniger informierten Biertrinkern gelegentlich als schätzenswerte individuelle Note gedeutet - so etwas soll ja sogar bei zu sauer geratenen bayerischen Weißbieren vorkommen.

Sobald aber mehr Micros auf den Markt drängen und die Konsumenten mehr und mehr über die Geschmacksqualitäten und

Geschmacksfehler Bescheid wissen, wird der Wettbewerb härter werden. Künftig werden vor allem von den größer gewordenen Brauereien Kompromisse hinsichtlich der Stabilisierung und Standardisierung ihrer Produkte verlangt. Andererseits haben sich schon jetzt manche der Großbrauereien auf Eventualitäten eingestellt und begonnen, traditionelle Marken zu pflegen.
Miller, die Nummer 2 auf dem US-Markt, hat beispielsweise die 1867 gegründete *Leinenkugel*-Brauerei in Chippewa Falls, Wisconsin, erworben. Hatte man früher vor allem deshalb Mitbewerber aufgekauft, um deren Brauerei stillzulegen und deren Marktanteile möglichst komplett abzuschöpfen, so verfolgen die Großbrauereien inzwischen eine ganz andere Strategie: Das *Jakob Leinenkugel's Original Premium Beer*, ein mild gehopftes, süffiges und leicht malzaromatisches Lagerbier, erweckt in seiner Präsentation durchaus den Eindruck, ein Micro-Bier zu sein - nur ist es deutlich billiger. Die nationalen Anbieter haben mit solchen Bieren die Chance, das von den Micros geschaffene Marktsegment zumindest teilweise zu besetzen. Weitere strategische Übernahmen erfolgreicher Brauereien würden durchaus den amerikanischen Gepflogenheiten entsprechen: Einige der auf Expansion setzenden Micro-Brewer könnten schon in den nächsten Jahren ein Übernahme-Angebot der Brauriesen erhalten, das sie - wie Redhook Ale - nicht ausschlagen können.

Das schärfste Bier der Welt kommt aus Arizona: In Crazy Ed's Bräu schwimmt ein Chili-Pfefferoni - „Limetten sind etwas für Schwächlinge".

Noch allerdings sind es die kleinen, innovativen Brauunternehmen, die den Markt in Bewegung halten. Wie schnell sich dabei Erfolge einstellen können, zeigt das Beispiel von Edward Chilleen. Er ist ein langhaariger Gastwirt mit sonnengegerbter Haut, der in der Gastronomieszene den Spitznamen „Crazy Ed" hat. Er schreibt diesen Spitznamen nicht nur auf seine Lokale, sondern neuerdings auch auf seine Bier-Etiketten. Crazy Ed hat auf seinen Urlaubsreisen in Österreich und Bayern europäisches Bier schätzen gelernt und in Lauf an der Pegnitz 1989 das Sudhaus der Brauerei Georg Arnold erworben.
In der nördlich von Phoenix, Arizona, gelegenen Kleinstadt Cave Creek hat er die Brauerei als *Black Mountain Brewery* hinter einer Wildwest-Kulisse wiederaufgebaut und zu experimentieren begonnen. Zunächst sollte das Bier bloß eine lokale Spezialität werden - etwa als *Grand Canyon Beer* für die Touristen. Aber das war dem verrückten Ed nicht genug. Eine der verrücktesten Ideen des Crazy Ed war es, die Idee von *Corona Extra* zu pervertieren: Bekanntlich trinkt man dieses mexikanische Szene-Bier mit einer in den Flaschenhals gestopften Limettenspalte.
„Limetten sind für weinerliche Schwächlinge", lautete das Motto, unter dem Ed Chilleen beim Abfüllen Chili-Pfefferoni in die

Flaschen steckte. Der Alkohol extrahiert nach einiger Zeit die Schärfe aus der Schote - das Getränk ist dementsprechend „hot". Und heiß sind auch die Verkaufszahlen: Das verrückte, scharfe Bier wird inzwischen in zwei Lizenzbrauereien gebraut und weltweit exportiert. 1993 sind 65.000 Kisten (zu je 24 Flaschen mit 0,33 Litern) von *Crazy Ed's Chili Beer* allein nach Japan verschifft worden.

Inzwischen hat der exotische Drink, der einem beim ersten Versuch Tränenströme in die Augen treibt, auch den europäischen Markt erreicht: Innerhalb von kaum vier Jahren ist der verrückte Ed zu einem der größten Bier-Exporteure der USA aufgestiegen.

Man reist nicht nach Cave Creek, Arizona. Und auch nicht nach Milwaukee, Wisconsin. Es sei denn, man liebt Bier wirklich.

Wer kennt schon Cave Creek, Arizona? Es ist zugegebenermaßen ein Kaff, das die Reise ebensowenig wert ist wie Milwaukee. Aber das Chili-Bier hat das Zeug dazu, sich eine Nische in ausgeflippten Bars rund um die Welt zu erobern und den Ort zu einem Mythos zu machen: Wenn der Biermarkt verrückt spielt, können sich dort Verrückte wie Crazy Ed durchsetzen.

Lob der Vielfalt

Für einen Dollar gibt es in Rußland Bier in West-Qualität. Aber niemand traut sich, einen russischen Bierstil wiederzubeleben.

MICRO-BREWERIES SIND keine rein amerikanische Entwicklung. Man findet sie sogar in Rußland, zum Beispiel in Stari Oskol, 500 Kilometer südlich von Moskau.
In dieser Industriehölle, am Rande der mit sieben mal drei Kilometern größten Erzgrube, die je in die Erde gegraben wurde, habe ich eine Micro-Brewery entdeckt. Draußen, gleich am nächsten Eck, ist eine Schlange angestanden, die um ein paar Kopeken aus einem Faß den russischen Kwass gekauft hat. Das ist ein erfrischendes bierartiges Getränk von zweifelhafter hygienischer Qualität - ein bißchen erinnert es an jene urtümliche Bierform, die wir bei Sumerern und südamerikanischen Indianern kennengelernt haben: Brote werden eingeweicht und vergoren. Allerdings handelt es sich in diesem Fall nicht um alkoholische Gärung, sondern um milchsaure: Damit ist der Kwass kein Bier im eigentlichen Sinne - aber er ist ein verwandtes Getränk mit uralter Tradition.
Die Gasthausbrauerei mit dem für Zentralrußland etwas ungewöhnlichen Namen „Tiroler Stuben" dagegen war für unsere Begriffe erstaunlich leer. Am Bier kann es nicht gelegen sein - es war ein anständiges, wenn auch sehr prononciert gehopftes Lagerbier, wie man es in vielen Gasthausbrauereien findet. Am Essen kann es auch nicht gelegen sein: Das Erzaufbereitungskombinat hat eine eigene Wurstfabrik, wo ein pensionierter Kärntner Fleischer Weißwürste macht, wie sie in München kaum besser gelingen könnten. Für uns verwöhnte Westler kann es schon gar nicht am Preis gelegen sein: Für einen Dollar bekommt man in Stari Oskol einen halben Liter Bier - aber der Dollar ist in London, Berlin oder New York eben etwas leichter zu haben als irgendwo 500 Kilometer südlich von Moskau.
Dennoch wird sich die Sache irgendwie rechnen, auch wenn in der russischen Mangelwirtschaft die seltsamsten Bier-Erlebnisse vorprogrammiert sind: Weil die Kleinbrauereien keine Flaschen bekommen, müssen die Kunden mit Plastiktüten aufkreuzen, in die sie sich ihre Biere füllen lassen. Als Besucher hatte ich das

Privileg, doch ein Flaschenbier zu bekommen - die kombinats-eigene Ölmühle hatte einige 0,7-Liter-Plastikflaschen abgezweigt, mit einem deftig gehopften Bier gefüllt und sogar mit fotokopierten Etiketten des Bierherstellers versehen lassen.

Übrigens war die Brautechnik aus Wien vertraut: Die Anlage hatte die Firma Salm geliefert, deren Hi-Tech-Sudwerke das Herz der meisten Wiener Gasthaus-Brauereien sind - und die sich gleichermaßen in St. Petersburg und New York bewähren. Allerdings schmecken diese Biere dann auch überall ähnlich.

Warum nur wollen die meisten deutschen Gasthausbrauereien das gleiche Bier brauen, das auch Großbrauereien herstellen?

Der größte Fehler der Salm-Sudwerke ist damit einmal ganz klar ausgesprochen: Sie sind viel zu perfekt. Auf einer derartigen Anlage lassen sich computergesteuert die kompliziertesten Maischverfahren ausführen. Wer einige Wochen angelernt wurde, kann Bier brauen, als ob es aus einer Großbrauerei käme. Einzig, daß Gasthaus-Biere üblicherweise unfiltriert sind, macht einen Unterschied. Aber es wurde ja schon mehrfach auf die Zwickl-Biere aus größeren Brauereien hingewiesen: Wenn die Gasthausbrauerei in ihrer Qualität mit dem Pilsbier einer Großbrauerei mithalten kann, dann ist das sicher ehrenvoll. Der eigentliche Zweck des Selberbrauens wird aber auf diese Weise klar verfehlt.

Kaum ein Bier aus diesen hochtechnisierten Gasthaus-Brauereien hebt sich in seinem Stil von dem ab, was eine Großbrauerei an unfiltriertem Bier bieten könnte. Man fragt sich, warum ein Gastronom deutlich mehr als eine Million DM investieren sollte, um auf seinem teuren brautechnischen Spielzeug genau dem nachzueifern, was seine Gäste in Dutzenden anderen Lokalen von Großbrauereien vorgesetzt bekommen.

Immerhin gibt es Ausnahmen. Der Förster Albert Hoffmann ist ein Beispiel dafür. Da er in seinem bisherigen Beruf in den Niederlanden wenig Zukunftschancen sah, begann er Mitte der achtziger Jahre, das Bierbrauen im Selbststudium zu erlernen. Mit den ersten selbstgebrauten Bieren verdiente er sich das Geld für ein Flugticket nach Amerika, wo er den Erfolg der neuen Gasthausbrauereien studierte. Wieder daheim in Amsterdam suchte er mit seinem Bruder Caspar und dem Heimbrauer Derek Walsh nach einem geeigneten Brauereistandort (er wurde in einem halbverfallenen ehemaligen Klostergebäude gefunden) und nach einem Geldgeber, der ihr Gasthausbrauereiprojekt vorfinanzierte. Seit 1992 brauen sie nun im nach dem Kaiser und Bierliebhaber Maximilian I. benannten Lokal *Maximiliaan* ihre Bierspezialitäten. Da gibt es das *Waags Wit*, ein Weißbier belgischer Art, das allerdings für den Typ etwas zu hopfig und zu wenig sauer ist. Das fruchtige, nicht zu vollmundige und immerhin 7,5 Prozent starke *Caspar Max Tripel* orientiert sich am von den Trappistenmön-

chen in Westmalle geprägten Stil. Das *Bethanienbier* könnte problemlos als Kölsch durchgehen, das trockene, schokoladeartig-bittere *X-Porter* wäre auch für eine englische Brauerei ein Aushängeschild.
Maximiliaan ist nicht die einzige erfolgreiche Gasthausbrauerei in den Niederlanden. Auch in Groningen hat ein junger Mann - Nico C. Derks - im Hinterzimmer eines Biergeschäftes mit dem ausrangierten Material eines Fotolabors eine Kleinstbrauerei eingerichtet. Selbstbewußt gab er ihr den hochtrabenden Namen *Stadsbrouwerij Sint Martinus* - auch wenn sie mit knapp 400 Hektoliter im Jahr für ein städtisches Brauhaus viel zu klein ist. Dafür hat Derks für sein Hauptprodukt im Groninger Stadtarchiv ein Braurezept aus dem Jahr 1340 ausgegraben: Sein *Clynbier* ist damit eine ziemlich originalgetreue Wiederbelebung eines einst für Hochzeiten gebrauten „Dickenbieres" - und der Name läßt schon anklingen, daß es sich um einen sehr kräftigen Typus handelt, der 8,8 Alkoholprozente aufweist. Das *Clynbier* ist bernsteinfarben und hat einen säuerlich-weinigen Charakter, wenn es jung getrunken wird. Bei ausreichender Nachreifung wird es etwas runder, ausgeglichener und läßt die Bittere stärker hervortreten. Die obergärige Hefe fördert die Aromen der verschiedenen Getreidesorten - 70 Prozent vermälzte Gerste, dazu vermälzter und unvermälzter Weizen sowie unvermälzter Hafer - deutlich zutage.

Wer bedenkt noch, daß zum Pils ausschließlich Saazer Aromahopfen verwendet werden sollte? Wer erinnert sich noch an Jopenbier oder Grätzer Bier?

Auch die Amsterdamer Brauerei *T'Ij* („zum Ei") hat mit ihren Spezialitäten *Zatte* („das Trunkene"), *Natte* („das Nasse") und *Struis* („Vogel Strauß") bodenständige, an den Trappistenbieren orientierte Stile wiederbelebt. In Diksmuide in Flandern hat eine Gruppe versponnener Bier-Fans die örtliche Brauerei vor dem Zusperren gerettet und führt sie nun als *De Dolle Brouwers* weiter - auch hier sind die Biere besonders stark und relativ süßlich.
Alle diese Brauereien stehen in klarem Gegensatz zum Mainstream. Pils kann man schließlich an jeder Ecke kaufen - und man stünde damit im ständigen Preisvergleich mit den Großbrauereien. Spezialitäten dürfen dagegen ruhig ein wenig teurer sein. Sie sind ja weder gedacht, gegen den Durst getrunken zu werden, noch sind sie für den ungeübten Biertrinker geeignet.
Um solche Biere zu schätzen, muß man schon ein wenig Experte sein. Und man muß die Bereitschaft haben, dazuzulernen. Immer mehr Biertrinker bringen diese Bereitschaft auf. Sie treffen in aller Welt auf aufgeschlossene Bierbrauer, die ihnen neuartige Spezialitäten (oft wiederbelebte Biere früherer Jahrhunderte) einschenken. Selbst in Österreich hat sich die Klosterbrauerei *Schlägl* getraut, ein aromatisches Roggenbier (das *Gold Roggen*) zur Spe-

zialität zu machen. Selbst in der auf untergäriges Bier eingeschworenen Schweiz hat es Martin Wartmann verstanden, mit seinem *Frauenfelder Weizen* das Weißbier-Monopol der Importeure zu brechen und so nebenbei mit dem aromatisch-herben *Ittinger Klosterbräu* ein untergäriges, bernsteinfarbiges Bier mit handgepflücktem Klosterhopfen zur nationalen Marke zu machen.

Nur in Deutschland tut sich auffallend wenig. Wohl wahr: Nirgendwo gibt es so viele Brauereien (1280) und Biermarken (etwa 5000) wie hier[153]. Die Vielfalt schlägt sich in den Produkten aber auffallend wenig nieder. Die meisten Brauereien beschränken sich darauf, ein mehr oder weniger typisches Pils zu brauen.

Kaum eine deutsche Brauerei hält sich dabei aber an den eisernen, noch 1937 vom damals führenden Experten Olberg formulierten Grundsatz[154]: „Als wesentlicher Faktor gilt die Verwendung von nur Saazer Hopfen." Man behilft sich mit billigeren, weniger aromatischen Hopfensorten, macht die Pils-Biere milder und gefälliger und verzichtet vielfach auf den schlanken, herben, an die frische Pflanze erinnernden Geruch und Geschmack (er könnte sich nämlich nachteilig verändern, wenn das Bier zu lange im Regal steht).

Andere von Olberg mit genauem Rezept genannte Biere sind überhaupt ausgestorben: Das obergärige Braunbier war in der Zwischenkriegszeit „ein in der Provinz Sachsen und Schlesien übliches Bier"; das untergärige Champagner-Weißbier aus Gerstenmalz; das mit wilden Hefen vergorene Jopenbier, eine berühmte Spezialität aus Danzig; das stark bittere und erfrischende Grätzer Bier; das dunkle Münchner und das starke, lange gekochte Kulmbacher.

„Unsere wohlschmeckendsten, schwersten und edelsten hellen Charakterbiere sind die Original Dortmunder", heißt es bei Olberg. Aber selbst das einst so gerühmte Dortmunder Versandbier findet man kaum noch in Dortmund (wo hauptsächlich Pils-Biere gebraut werden) - dem daraus abgeleiteten, etwas leichteren Exportbier-Typus haftet dagegen ein Billig-Image an. Vielfach ist Export einfach ein Synonym für Helles - nur selten entschließt sich eine Brauerei wie *Berliner Bürgerbräu* dazu, das Export als Edelbier (in diesem Fall unter dem schönen Namen *Rotkehlchen* mit einem ebenso schönen Glas) zu verkaufen.

Längst vergessen ist aber, daß es in Dortmund lange vor dem Exportbier ein mindestens ebenso berühmtes Bier, das jahrzehntelang haltbare Adambier, gegeben hat. Mit einer Stammwürze von etwa 26,4 Grad war es nach einer Analyse von 1897 eines der stärksten Biere seiner Zeit[155], zu der es noch 23-grädiges Bremer

Doppelt Lager und 8,3-grädiges Hamburger Weißbier gegeben hat. Wer heute ein Adambier-Rezept sucht, muß sich an den amerikanischen Heimbrau-Experten Fred Eckhard halten, der eines ausgegraben hat[156] und dazu auch die Geschichte erzählt, daß der Preußenkönig Friedrich Wilhelm IV. einmal einen ganzen Krug des Bieres getrunken haben soll, was ihm einen 24 Stunden dauernden Rausch eingetragen hätte.

Wer in der deutschen Biergeschichte weiterforscht, müßte auch auf den Kuckuck (das Bier aus Wittenberg), Garley (Gardelegen), Angst (Gera), Scheps (Breslau), Schluntz (Erfurt) und Würze (Zerbst) stoßen. Allerdings: Die meisten dieser Rezepte werden nicht dem Reinheitsgebot entsprechen. Das galt ja noch längst nicht im ganzen Deutschen Reich - man konnte daher ruhig zur Leipziger Gose auch etwas unvermälztes Getreide nehmen. Oder ein Kirschbier machen, von dem Heinrich Knaust 1614 schreibt[157], daß man es „fast an allen Orten macht, denn es hat erstlich eine gute Farbe, darnach einen guten Geschmack, ist einem warmen Magen nicht ungesund, sonderlich im Sommer getrunken". Knaust erwähnt auch, daß man die Kirschen ganz zerstoßen sollte, bevor man sie ins Bier tut, dann „dringet es besser durch von wen der Kernen und bringet den Harn gewaltiger".

Zu experimentieren gäbe es also genug. Falls sich vorurteilsfreie Bierliebhaber zu den historischen Bieren bekennen, so könnte vielleicht manches gutes, alte deutsche Bier der Vergessenheit entrissen werden. Manch anderes wird allerdings mit Recht wieder verworfen werden - wie etwa die Molkenbiere, die vor etwa einem halben Jahrhundert besonders typisch für Deutschland waren[158]. Aber da war Krieg und Nachkriegszeit - und viele Brauereien haben trotz aller Widrigkeiten überlebt.

Es liegt an den Bierfreunden, die Vielfalt zu erhalten und womöglich zu vergrößern. Und wann sind „Hopfen und Malz verloren"? Die in unserem Sprachgebrauch allgemein gewordene Redewendung stammt ganz gegenständlich aus der Erfahrung des Brauwesens früherer Tage, wo nicht jeder Sud gelang. Wo das Bier im Keller versauerte, da waren Hopfen und Malz eben verloren. All denen, die sich experimentierfreudig oder auch nur traditionsbewußt um neue Bierstile und um die Pflege althergebrachter Brauweisen annehmen, ist zu wünschen, daß bei ihnen Hopfen und Malz nicht verloren sein mögen!

Schönen Dank zum guten Schluß

*D*IESES BUCH IST DAS ERGEBNIS von über sechs Jahren Recherchearbeit in Archiven und Bibliotheken, Antiquariaten und Brauereien. Ich habe tausende Biere mit annähernd ähnlich vielen Gesprächspartnern verkostet. Daß mir meine liebe Ehefrau Viktoria die wichtigste Unterstützung und eine stets kundige Bierverkosterin gewesen ist, muß zuallererst erwähnt werden. Es ist unmöglich, alle anderen aufzulisten, die mir gute Ratschläge, zutreffende Hinweise und immer wieder lesenswerte Literatur gegeben haben. Die Liste der Bierfreunde, die mit ihren Diskussionsbeiträgen meine Arbeit angeregt haben, würde von Kommissären der EU bis zu einfachen Brauburschen reichen, von Kellnern bis zu hochadeligen Brauereibesitzern; sie müßte Generaldirektoren umfassen, Burschenschafter, Minister und natürlich viele, viele Brautechniker. Ich versuche in alphabetischer Reihenfolge einige besonders wichtige Impulsgeber zu nennen.

Da war **R. G. Anderson** vom Carlsberg-Tetley-Labor in Burton-on-Trent, der mir mit der Übersendung seiner Forschungsergebnisse zur Wissenschaftsgeschichte neue Perspektiven eröffnet hat.
Jener **Michael Jackson,** der nicht für seinen Gesang, wohl aber als „Beer Hunter“ bekannt geworden ist, hat mir viele Hinweise zur Biervielfalt und Ideen für Verkostungen geliefert.
Michael Ketterer von der gleichnamigen Brauerei in Hornberg verdanke ich die Aufzeichnungen seines Vaters über die Familiengeschichte.
Wertvolle Lektüre hat mir der bekannte Biersouvenir-Sammler **Anton Nowotny** ins Haus geliefert – hunderte Seiten aus der „Brauer- und Hopfenzeitung“ haben mir die Arbeitsverhältnisse im ausgehenden 19. Jahrhundert plastisch erscheinen lassen.
Ein wohlinformierter und stets hilfreicher Freund war mir der Unternehmensberater **Rüdiger Ruoss**, der den Deutschen das amerikanische Brauwesen näher gebracht hat.
Dem Doyen der Brauereigeschichts-Forschung, **Hans G. Schultze-Berndt**, verdanke ich, daß ich mich an der VLB in Berlin

heimisch fühlen kann - und in ihm stets einen kompetenten Ratgeber finde.
Ein Leser meines ersten Buches „Hurra! Bier!" hat sich vor vier Jahren bei mir gemeldet und mir seither immer wieder bierhistorische Publikationen zukommen lassen: **Heinrich Storchmaier**, dem ich auch noch Dank für die Hilfe beim Zustandekommen von „Noch ein Bier" schulde.

Wenn ich einige namentlich genannt habe, so bitte ich alle anderen, die ebenfalls wertvolle Anregungen gegeben haben, meine Nachlässigkeit zu verzeihen - und sich vielleicht mit einem neuen Hinweis bei mir in Erinnerung zu rufen. Denn vielleicht schreibe ich wieder ein Buch - aber das hängt von all denen ab, die über Erfolg und Mißerfolg dieses Buches entscheiden: **Meinen treuen Lesern**, denen ich last but not least meinen besonderen Dank sagen möchte.

Anmerkungen

1 Hier zitiert nach: Baron, Stanley: „Brewed in America", Boston 1962, S. 7.
2 „Continuing the Great Tradition of Beer", Publikation des Beer Institute, Washington 1989.
3 ausgewertet von Lars Einarsson am Kalmar County Museum, Kalmar.
4 „Der vollkommene Bierbrauer", Frankfurt und Leipzig, „zu haben bei Carl Wendlern, 1784", Reprint Leipzig 1990, S. 17.
5 „Gemeinnützige Anstalten und Vorschläge", in: „Churfürstliches Intelligenzblatt", VII. Stück, München, Sonnabend, den 16. Februar 1805, S. 100 ff.
6 *market*-Umfrage M42 „Der Biermarkt in Österreich", Linz, Oktober 1994.
7 vgl. Kindermann, Tobias: „Eine alte bäuerliche Tradition paßt sich der neuen Zeit an", in: „Fränkischer Tag", 21. Juli 1993.
8 zitiert bei: Grässe, J.: „Bierstudien", Dresden 1872, S. 152 ff.
9 Funke, C. Ph.: „Naturgeschichte und Technologie für Lehrer in Schulen und Liebhaber dieser Wissenschaften von C. Ph. Funke", vierter Band, zur allgemeinen Schul-Encyclopädie gehörig, neue verbesserte Auflage, Wien und Prag bei Franz Haas 1800, S. 589 ff.
10 Kapellenberg, Ch.: „Zur Geschichte der Bierbrauerei in Württemberg", in: „Allgemeine Brauer- und Hopfenzeitung", Jg. 1890.
11 Dieser und die folgenden Sprüche sowie manche Erklärungen sind dem Buch Leonard Hermann: „Das Bier im Volksmund", Berlin um 1930, entnommen oder nachempfunden.
12 „Der wohlerfahrene Brau-Meister", Reprint der Freisinger Künstlerpresse, Freising 1986.
13 Lense, Karl: „Katechismus der Brauerei-Praxis. Ein Frage- und Antwortbuch für die erste grundlegende Ausbildung im Braugewerbe", 5. Auflage, München 1936, S. 50 ff.
14 ein oberösterreichischer Brau-Arbeiter, zitiert bei: Wacha, Claudia: „Die Brauerei als Arbeits- und Lebensraum. Eine Kulturstudie aus dem oberösterreichischen Raum, Schwerpunkt Innviertel", Diss., 2 Bde., Wien 1985.
15 Ein frühes Modell ist im Keller des Schlosses Weitra zu sehen.
16 Betriebszählung vom 16. 6. 1933.
17 Folio der Neuen Zürcher Zeitung, August 1994, S. 8.
18 Goslich, W. und Fehrmann, K.: „Brauerei-Maschinenkunde, 2. Band: Die Arbeitsmaschinen", Berlin 1920, S. 142 f.
19 Krauß, Irene: „Heute back' ich, morgen brau ich", Ulm 1994, S. 44 ff.
20 Wagner, Christoph: „Alles was Gott erlaubt hat", Wien 1994, S. 131 f.

21 vgl. Hürlimann, Martin: „Die Biergeschichte der Schweiz", in: „Jahrbuch der Gesellschaft für die Geschichte und Bibliographie des Brauwesens", Berlin 1992, S. 31.
22 Poll, Ildefons: „Beiträge zur Geschichte des Klosterbrauwesens" in: „Jahrbuch der Gesellschaft für die Geschichte und Bibliographie des Brauwesens", Berlin 1928, S. 11.
23 zum Beispiel durch eine Urkunde vom 6. August 754, in Wartmanns Urkundenbuch von St. Gallen (1863) als Urkunde 18 aufgeführt.
24 Werneck, H. L.: „Die Bedeutung des Hochstiftes Freising für die Verbreitung des Hopfenbaues und Brauwesens in der alten bayrischen Ostmark (Österreich)", in: „Allgemeine Brauer- und Hopfenzeitung" Jhg. 1933, Nr. 66 und 84.
25 Riedesel Freiin zu Eisenbach, Mechthild: „Fortis ab invicta cruce sit benedicta - Das Klosterbrauwesen in St. Gallen", Seminararbeit am Institut für Geschichte der Universität Wien, SS 1991. Gekürzt in: „Jahrbuch der Gesellschaft für die Geschichte und Bibliographie des Brauwesens", Berlin 1992, S. 101 ff.
26 Verband der Brauereien: „Medienkoffer", Wien 1993.
27 Gesellschaft für Öffentlichkeitsarbeit der Deutschen Brauwirtschaft e. V.: „Bier & Gesundheit", Bonn 1994.
28 Sändig, Johs (Hg.): „Brauerei-Taschenbuch", Leipzig 1937, S. 445.
29 undokumentierter Vortrag beim Münchner BCI-Symposion „Menschen und Bier" im September 1993.
30 Anheuser-Busch Companies Fact Book 93/94.
31 Borde, K. (Hg.): „Hopfen", Berlin (DDR), 1989, S. 11 f.
32 Forster, Adrian, undokumentierter Vortrag beim Bund österreichischer Braumeister, Dornbirn 1994.
33 referiert in: Ehrenfels-Meiringen, Erich v.: „Gambrinus - ein fröhliches Bierbuch aus zwei Jahrtausenden", S. 286 ff.
34 referiert in: „Der bayrische Bierbrauer", Jg. 1938.
35 im Besitz von Generaldirektor Vladimir Persina, Brauerei Pilsen.
36 Presseaussendung der Gesellschaft für Öffentlichkeitsarbeit der Deutschen Brauwirtschaft, Bonn, September 1994.
37 Hayduck, Friedrich: „Alkohol in Zahlen", Berlin-Charlottenburg, um 1925.
38 Sullivan, W. C.: „Alcoholism - A Chapter in Social Pathology", London 1906, S. 10 f.
39 Untersuchung der Blutalkoholkurven nach dem Genuß von Neumarkter Schankbier (Öko-Leicht) im Vergleich zu handelsüblichem fränkischem Vollbier, Neumarkt 1986.
40 Jahresbericht der Gewerbeaufsicht Württemberg, 1905.
41 „Brewery Age", September 1935, S. 16.
42 Rush, Benjamin: „Account of the manners of the german inhabitants of Pennsylvania", zitiert in: „Die Brauindustrie in den Vereinigten Staaten", Veröffentlichung der Gesellschaft für Geschichte und Bibliographie des Brauwesens e. V., Berlin 1932, S. 28 f.
43 Schmöders, Günter: „Von der Kolonialzeit bis zur Gegenwart" in: „Die Brauindustrie in den Vereinigten Staaten", Veröffentlichung der Gesellschaft für Geschichte und Bibliographie des Brauwesens e. V., Berlin 1932, S. 50.
44 Hernon, Peter und Ganey, Terry: „Under the Influence - The Unauthorized Story of the Anheuser-Busch Dynasty", New York 1992, S. 150 ff.

45 AP-Meldung 7. April 1933.
46 Reimann, Norbert: „Braukunst und Bier in der Reichsstadt Dortmund", in: „250 Jahre Privatbrauerei Dortmunder Kronen", Dortmund 1979, S. 7 ff.
47 „Rumpelstilzchen" in: Brüder Grimm, „Kinder- und Hausmärchen", Vollständige Ausgabe in zwei Bänden, München 1984, S. 232.
48 „Läuschen und Flöhchen" in: Brüder Grimm, „Kinder- und Hausmärchen", Vollständige Ausgabe in zwei Bänden, München 1984, S. 140 f.
49 Bartos-Höppner, Barbara und Dietsch-Capelle, Erika: „Die Waldmaus macht einen Weihnachtsbesuch", Oberursel 1988.
50 Wimschneider, Anna: „Ich bin halt eine vom alten Schlag", München 1991, S. 92 ff.
51 Seidl, Conrad: „Unser Bier 1994/95", Wien 1994, S. 46.
52 Huntemann, Hans: „Das deutsche Braugewerbe vom Ausgang des Mittelalters bis zum Beginn der Industrialisierung", Nürnberg 1971, S. 13 ff.
53 Knittler, Herbert: „Waldviertler Städte in der frühen Neuzeit" in: „Zwischen Herren und Ackersleuten - bürgerliches Leben im Waldviertel 1500-1700", Horn 1990, S. 29 ff.
54 Katzinger, Willibald: „Das Bierland Oberösterreich", in: „Bierwelt - Katalog zur Ausstellung im Stadtmuseum Nordico", Linz 1992, S. 167 ff.
55 Dortmunder Urkundenbuch I, Nr. 236. Die Originalurkunde wurde 1945 vernichtet.
56 Hackl-Stehr, Karin: „Unser Bier. Das Brauwesen in Bayern vom 14. bis 16. Jahrhundert, insbesondere die Entstehung und Entwicklung des Reinheitsgebotes (1516)", Berlin 1987, S. 59 f.
57 Treffer, Gerd: „Hopfen & Malz" in: „Charivari" Nr. 10/Oktober 1991, S. 28 ff.
58 Anderson, Will: „Beer - USA", New York 1986, S. 32.
59 Die beiden nachfolgenden Geschichten aus Eisleben erzählt nach: „Der bayrische Bierbrauer", 11/1938.
60 wiedergegeben von Schultze-Berndt, Hans Günter: „Die VLB - gestern, heute und morgen" in: „VLB 1883-1983", Berlin 1983, S. 20.
61 „Ein Brauer gründete Friedrichshagen" in: „Berliner Bürgerbräu Zeitung", Mai 1994.
62 zitiert nach: „Die Brauindustrie in den Vereinigten Staaten", Veröffentlichung der Gesellschaft für Geschichte und Bibliographie des Brauwesens e. V., Berlin 1932, S. 8 f.
63 Persons, Warren M.: „Beer and National Defense", in: „Beer and Brewing in America, 1941 Edition - issued in the public interest by The United Brewers Industrial Foundation", New York 1941.
64 Erklärung von Generalmajor E. S. Adams, Generaladjutant der US Army, 13. Dezember 1940.
65 vgl. z. B.: „Täglich Alles" vom 18. Dezember 1994.
66 Woodbury, Clarence: Artikel im „American Magazine", März 1941.
67 deutsche Übersetzung nach: „Die Brauindustrie in den Vereinigten Staaten", Veröffentlichung der Gesellschaft für Geschichte und Bibliographie des Brauwesens e. V., Berlin 1932, S. 26.
68 Seidl, Conrad: „Hurra! Bier!", Wien 1990, S. 202.

69 Kapellenberg, Ch: „Zur Geschichte der Bierbrauerei in Württemberg", in: „Allgemeine Brauer- und Hopfenzeitung", Jg. 1890.
70 Schürmann, A. W.: „Das Bier". Beispielbücherei der deutschen Wirtschaft, Berlin 1936, S. 56 ff.
71 etwa bei Hackwood, Frederick W.: „Inns, Ales and Drinking Customs of Old England", London 1909, Reprint London 1987, S. 100 f.
72 zitiert nach Hackl-Stehr, Karin: „Unser Bier. Das Brauwesen in Bayern vom 14. bis 16. Jahrhundert, insbesondere die Entstehung und Entwicklung des Reinheitsgebotes (1516)", Berlin 1987, S. 173.
73 referiert in: Ehrenfels-Meiringen, Erich v.: „Gambrinus - ein fröhliches Bierbuch aus zwei Jahrtausenden", Duisburg 1953, S. 286 f.
74 zitiert in: Seidl, Conrad: „Noch ein Bier", Wien 1993, S. 158 f.
75 *market*-Umfrage M42 „Der Biermarkt in Österreich", Linz, Oktober 1994.
76 „Geheimnisvolle Schneider Weisse" in: „DER STANDARD" 3. Oktober 1992.
77 Presseaussendung vom Oktober 1994.
78 Das folgende Zitat stammt aus Wolfgang Kunzes in der ehemaligen DDR als Standardwerk geltendem Buch „Technologie, Brauer und Mälzer", 6. Auflage, Leipzig 1989, S. 293 f.
79 Beschrieben in der „Prähistorischen Zeitschrift", Bd. 22, 1931, S. 180.
80 Webb, Tim: „Good Beer Guide to Belgium and Holland", St. Albans 1992, S. 135 ff.
81 zitiert in: Lintner, Carl J.: „Grundriß der Bierbrauerei", Berlin 1904, S. 151 f.
82 Mathar, Franz und Spiegel, Rudolf: „Kölsche Bier- und Brauhäuser", Köln 1989, S. 145.
83 Olberg, A. J.: „Der vollkommene Brau- und Malzmeister", Wien und Leipzig 1937, S. 85 ff.
84 „Miller History", Milwaukee 1991, S. 5.
85 Dreverhoff, Paul: „Brauereiwesen II - Brauerei", Leipzig 1914, S. 62 f.
86 in deutscher Sprache wiedergegeben in: „Korte Geschiedenis der Heineken's Bierbrouwerij Maatschappij N. V., Amsterdam 1948, S. 160 ff.
87 Promintzer, Josef: „Dreihundert Jahre Brauhaus Schwechat", Schwechat 1932, S. 48 ff.
88 z. B. in Höllhuber, Dietrich und Kaul, Wolfgang: „Die Biere Deutschlands", Nürnberg 1988, S. 55.
89 vgl. „Der Bräu und die Kunst" in: „Falstaff" 3/1994.
90 Wagner, Christoph: „Wiener Bier - 150 Jahre Ottakringer Brauerei", Wien 1987, S. 36 ff.
91 ausführliche Darstellung der Sammlung unter Leitung von Nick Redman bei Protz, Roger: „Man with a musket who defends ale's long history", in: „What's Brewing", Januar 1995, S. 7.
92 zitiert in: „Aus dem klassischen Bierlande Bayern" in: „Wochenschrift für Brauerei", 20. November 1915.
93 Seifert, Johann Albrecht Joseph: „Das Bamberger Bier", Bamberg 1918, S. 5.
94 Handwerksordnung bewilligt vom k. k. Landgerichte Kufstein am 18. Aug. 1818, Stadtarchiv Kufstein.
95 Jakob, Gottfried: „Der Brauerlehrling" Bd. 1, 2. Auflage, Berlin 1938, S. 30 f.

96 Schlüter, Hermann: „Brau-Industrie und Brauarbeiter-Bewegung in Amerika", Cincinnati 1910, S. 8.
97 Schulze-Besse, H.: „Aus der Geschichte des Berliner Brauwesens und seiner Braumeister", Berlin 1927, S. 140 ff.
98 Schmidt, Herbert: „Rückblicke durch fünfzig Brauerjahre" in: „Jahrbuch der Gesellschaft für die Geschichte und Bibliographie des Brauwesens", Berlin 1993, S. 67 ff.
99 Bild-Zeitung, Berliner Ausgabe vom 28. 3. 1990, S. 4.
100 Diese Schilderung folgt weitgehend dem Aufsatz „Highlights in the History of International Brewing Science" von R. G. Anderson in Ferment 6/June 1993.
101 Laut „Brauerei-Lexikon" von Max Delbrück, Berlin 1910.
102 Friedell, Egon: „Kulturgeschichte der Neuzeit", München 1927, S. 49.
103 Informationsschrift „Samuel Adams - The Boston Beer Company", vermutlich verfaßt von James Koch, ca. 1990.
104 Anderson, R. G.: „The Pattern of Brewing Research. A Personal View of the History of Brewing Chemistry in the British Isles", in: „Journal of the Institute of Brewing", March/April 1992, Vol. 98, S. 85 ff.
105 siehe: „Zeitungs-Katalog der Annoncen-Expedition M. Dukes Nachf.", Wien 1913, S. 229 f.
106 „Bayrische Hochschule für Landwirtschaft und Brauerei Weihenstephan bei Freising, Oberbayern", Freising-München, 1925, S. 3 ff.
107 „Churpfalzbaierisches Intelligenzblatt" von Sonnabend, den 12. Jänner 1805, S. 22 ff.
108 Schultze-Berndt, Hans Günter: „Die VLB - gestern, heute und morgen" in: „VLB 1883 - 1983", Berlin 1983.
109 Mathäser, Willibald: „Flüssiges Brot - eine Plauderei über Andechs mit seinem Klosterbier und über den Gerstensaft in aller Welt", München 1974, S. 22.
110 über Pöpperls Bier und seine Einordnung vgl.: Seidl, Conrad: „Bock und Malz" in: „Österreich für Feinschmecker - Das kulinarische Jahrbuch 1995", Wien 1994, S. 127 ff.
111 veröffentlicht am 12. 6. 1993.
112 Dazu gibt es einen kompakten Führer von Andrea Porath: „Trinkkultur aus fünf Jahrhunderten", Bad Schussenried 1994.
113 „Alephenalia Beer News", Seattle 1993, S. 8.
114 Ritchie, Berry: „An Uncommon Brewer - The Story of Whitbread 1742-1992", London 1992, S. 61.
115 zur richtigen Glaswahl vgl.: „ÖGZ-Stammtisch", November 1993.
116 zur Marke Fürstenberg vgl: DER STANDARD - BIERWIRTSCHAFT, 18. 10. 1994.
117 Merk, Gerhard: „Das Münchner Bier", Freising 1991.
118 zitiert nach: Sillner, Leo: „Das Buch vom Bier", München 1962, S. 129.
119 Faßbuch als Exponat im Bindereimuseum der Brau AG Kaltenhausen.
120 Thausing, Julius E.: „Die Theorie und Praxis der Malzbereitung und Bierfabrikation", 2. Aufl. Leipzig 1882, S. 726 ff.
121 Erklärung hier nach: Krüger-Lorenzen, Kurt: „Deutsche Redensarten - und was dahinter steckt", Wiesbaden o. J., S. 211.
122 „Harzproduktion und Brauindustrie" in „Handbuch der österreichischen Brau- und Malzindustrie", Wien 1929, S. 13 f.
123 Mautner Markhof, Manfred: „Die österreichische Brauindustrie vor

dem Jahre 1938 und ihre heutige Lage" in: „Fortschritte der Bodenkultur", Wien 1948, S. 230.

124 Potel-Jehl, Jean Dany: „Schutzenberger - 250 Ans Au Service De La Bière", Straßburg 1990, S. 20.

125 „Twenty Five Years of Brewing", New York 1891, S. 96 ff.

126 Kröger, Karl: „Neuzeitliche Brauereitechnik", Wiesbaden 1953, S. 164 f.

127 nähere Informationen im jährlich erscheinenden „Good Beer Guide", Alma Books, St. Albans.

128 vgl. Royston Chambers, C.: „The Beer Cellar: It's Equipment and Arrangement" in: „Licensed Houses and their Management", Vol. 1, fifth edition, Alesbury & London 1955, S. 71 ff.

129 Busch, Jim: „Cask Conditioned Ales" in: „Zymurgy Special" Vol. 16, No. 4, Boulder 1993, S. 46 ff.

130 Mentschl, Josef: „Anton Dreher (1810-1863)" in: „Österreichische Industrielle und Bankiers", Wien 1965, S. 101 ff.

131 „Unser Münchner Oktoberfestbier", undatierte Broschüre, München um 1992, S. 30.

132 „Snapshot", published by Scottish National Party, Edinburgh, Nov. 1994.

133 Seidl, Conrad: „Noch ein Bier", Wien 1993, S. 139 ff.

134 „Alephenalia Beer News", Seattle 1993, S. 8.

135 Bersch, Josef: „Die Hefe und ihre Gährungs-Erscheinungen", Berlin 1879.

136 Funke, C. Ph.: „Naturgeschichte und Technologie für Lehrer in Schulen und Liebhaber dieser Wissenschaften von C. Ph. Funke", vierter Band, zur allgemeinen Schul-Encyclopädie gehörig, neue verbesserte Auflage, Wien und Prag bei Franz Haas 1800, S. 590.

137 hier zitiert nach: „Regal", September 1994. Grundlage der Berechnung ist der Gewinn in Relation zu Marktanteil, Investitionen, Kontinuität, Zukunft der Branche und gesellschaftlichen Trends.

138 Missouri Gazette, 19. Oktober 1809.

139 zur Geschichte der Lemp-Brauerei vgl. Walker, Stephen: „Lemp - The Haunting House", St. Louis 1988.

140 Hernon, Peter und Ganey, Terry: „Under the Influence - The Unauthorized Story of the Anheuser-Busch Dynasty", New York 1992, S. 27 ff.

141 Anheuser-Busch Companies Fact Book 93/94, S. 29.

142 H. Deiler zitiert in: „Die Brauindustrie in den Vereinigten Staaten", Veröffentlichung der Gesellschaft für Geschichte und Bibliographie des Brauwesens e. V., Berlin 1932, S. 37.

143 BCI-News, September 1993, S. 28.

144 zur Geschichte und Positionierung von Heineken vgl.: „Heineken History", Amsterdam 1992.

145 „Korte Geschiedenis der Heineken's Bierbrouwerij Maatschappij N. V., Amsterdam 1948, S. 129 f.

146 Ketterer, Albert: „Vom Hirtenjungen zum Brauereibesitzer", undatiertes und ungedrucktes Manuskript im Besitz der Familie Ketterer, Hornberg um 1965.

147 Knobel, Paul: „Geschichte der Bierflasche", Bauerei Hürlimann AG, Zürich 1988.

148 Stresemann, Gustav: „Die Entwicklung des Berliner Flaschenbiergeschäfts", Inaugural-Dissertation zur Erlangung der Doktorwürde der

hohen Philosophischen Fakultät der Universität Leipzig, Leipzig und Berlin 1900.

149 Nurnberg, John: „Crowns: The Complete Story“, 2. Auflage, Philadelphia 1955.

150 100 Jahre Brauwelt - Jubiläumsausgabe 8. 8. 1961.

151 Anderson, Will: „Beer - USA“, New York 1986, S. 55.

152 Auf deutsch erschienen als Jackson, Michael: „Bier International“, Bern und Stuttgart 1994, S. 179 f.

153 Presseaussendung der Gesellschaft für Öffentlichkeitsarbeit der Deutschen Brauwirtschaft, 28. November 1994.

154 Olberg, A. J.: „Der vollkommene Brau- und Malzmeister“, Wien und Leipzig 1937, S. 93.

155 Wahl, Robert und Henius, Max: „American Handybook of the Brewing, Malting and Auxiliary Trades“, Chicago 1901, S. 829.

156 Eckhard, Fred: „Dortmund Adambier“ in: „Zymurgy Special“, Vol. 16, No. 4, Boulder 1993, S. 28 f.

157 Knaust, Heinrich: „Fünf Bücher von der göttlichen und edlenn Gabe der philosophischen, hochthewren und wunderbaren Kunst, Bier zu brawen“, Erfurt 1614, S. 69 f.

158 „Über Dünnbiere, Molkenbiere und Ersatzgetränke“ in: „Deutscher Brauer Kalender 1948/49“, Nürnberg 1948, S. 7 ff.